徐金仙 主编

面向本科院校的经济管理类教材

会计学（通用版）

ACCOUNTING

浙江工商大学出版社
ZHEJIANG GONGSHANG UNIVERSITY PRESS
·杭州·

图书在版编目(CIP)数据

会计学：通用版 / 徐金仙主编. —杭州：浙江工商大学出版社，2016.7(2022.7 重印)

ISBN 978-7-5178-1720-8

Ⅰ. ①会… Ⅱ. ①徐… Ⅲ. ①会计学—高等学校—教材 Ⅳ. ①F230

中国版本图书馆 CIP 数据核字(2016)第 160752 号

会计学(通用版)

徐金仙 主编

责任编辑 郑 建
封面设计 林朦朦
责任校对 穆静雯
责任印制 包建辉
出版发行 浙江工商大学出版社
(杭州市教工路 198 号 邮政编码 310012)
(E-mail:zjgsupress@163.com)
(网址:http://www.zjgsupress.com)
电话:0571-88904980,88831806(传真)
排 版 杭州朝曦图文设计有限公司
印 刷 浙江全能工艺美术印刷有限公司
开 本 787mm×1092mm 1/16
印 张 17
字 数 388 千
版 印 次 2016 年 7 月第 1 版 2022 年 7 月第 8 次印刷
书 号 ISBN 978-7-5178-1720-8
定 价 43.00 元

“面向本科院校的经济管理类教材”指导委员会

前　言

会计学作为一门实践性很强的学科，它不仅是会计专业学生的一门专业入门课，也是学习经济管理学的非会计专业学生的一门专业基础课。在学习《会计学》课程时，由于大家的目的是不同的，运用会计知识的方向是不一样的，因此，学习会计学的动力和方法是不同的。

会计专业的学生学习会计学，不仅要求学生能够进行会计业务的职业判断，而且要求学生能够正确客观地对业务进行分类记录汇总编制成会计报表，并且还要对报表的结果进行分析解释。因此，会计专业学生学习的重点在于熟练掌握会计业务的审核和处理、凭证、账簿和报表的编制，然后学会对报表的科学、客观、全面的分析，诊断企业经营存在的问题并预测企业的发展趋势。

非会计专业的学生学习会计学目的在于看懂报表，利用会计报表的信息为其所用，帮助他们进行正确的决策。因此，他们的学习重点在于能阅读报表、准确采集和使用报表信息。所以对会计学基本核算原理和操作技能只需要理解（尤其操作技能不强求熟练操作），能够帮助他们看懂报表，正确识别报表信息即可。

正是会计专业和非会计专业学生学习目的性不同，因此，教师讲授《会计学》课程的方法和侧重点也必然是不同的。为此，为了满足非会计专业学生的学习目的，我们特此编写了这本《会计学》教材。

编写这本《会计学》教材的过程中，首先，邀请了正在一线从事非会计专业《会计学》课程教学的老、中、青教师组成编写组，参阅了很多同类的教材和著作，博采众长，同时考虑到非会计专业学生的学习要求，这本《会计学》教材即不能按会计专业要求编成《基础会计》，又不能编成《中级财务会计》，几经酝酿，多次争论和求证，最后决定将教材分成两大篇：第一篇介绍会计的基本理论、基本的核算原理和基本的操作技能（由第一章至第四章组成）；第二篇介绍财务报表的解读和列报（由第五章至第十章组成）。第一篇的会计知识的学习是为了辅助第二篇报表的解读和列报的学习目的，整个大纲和教材的编写思路是强化报表的阅读、理解报表项目的经济内容和识别报表列报的经济信息，弱化会计业务的记账技能。

其次，在具体写作过程中，我和陈引教授又针对章节的处理多次磋商修改，以及在全体编写组老师们的共同努力下，终于完成了教材的编写工作。

本教材具有的特色：

1.结构新颖、主线明确。教材结构分成两篇，概括性地介绍了会计学的基础知识、阅读报表的专业知识，体现能快速读懂报表的主线。

2.内容重点突出、实例贯穿、通俗易懂。整个教材围绕快速读懂报表的主线展开，采用泰州铸造厂企业业务例子贯穿会计核算、报表编制和解读，内容系统。同时，考虑到初学者要系统学习投资性资产的具体核算难度太大，易产生厌学情绪，故忽略了难度大的核算，保留了对概念和基本计量的介绍，保证了学生理解报表的知识全面性。

3.适应群体广泛。教材既适合高校非会计专业学生学习会计学知识使用，也适合企业、行政事业单位非会计人员短期培训会计学知识使用。

本教材由浙江工商大学的徐金仙为主编，负责全书提纲的拟订以及全书定稿前的修改、补充和总纂。本教材各章的执笔人员如下：第一章、第五章由浙江工商大学陈引执笔；第二章、第六章由浙江工商大学胡霞执笔；第三章、第七章、第八章、第十章（第三节、第四节）由浙江工商大学徐金仙执笔；第四章由杭州商学院邢莉萍执笔；第九章由杭州商学院严倩执笔；第十章（第一节、第二节）由杭州商学院吴丽丽执笔。在本教材的编写过程中得到了浙江工商大学出版社社长鲍观明、财经事业部主任郑建和浙江工商大学吴晖教授的大力支持和帮助，在此深表感谢！

对本教材的不足和错误，恳请读者批评指正。

徐金仙

2016.4.15

目　录

第一篇　会计的基本理论、基本的核算原理和基本的操作技能

第一章　总　论

第二章　复式记账的基本原理

第三章　企业主要业务的具体核算

第四章　会计循环与会计信息生成

第二篇　财务报表的解读和列报

第五章　资产负债表中流动资产项目的解读和列报

第六章　资产负债表中非流动资产项目的解读和列报

第七章　资产负债表中负债项目的解读和列报

第八章　资产负债表中所有者权益项目的解读和列报

第九章　利润表及其项目的列报

第十章　财务报告的分析

第一篇　会计的基本理论、基本的核算原理和基本的操作技能

第一篇主要介绍会计的基本理论、基本核算方法和基本实际操作技能，目的希望非会计专业学生了解会计的基本核算原理、掌握会计的基本概念和常识，有助于学习和理解第二篇的报表的解读和列报，为第二篇学习做铺垫，打下坚实的基础。本篇内容包括：第一章至第四章内容。

第一章：主要介绍会计的基本概念和基本常识，树立正确的会计观。

第二章：主要介绍会计的账户和复式记账原理——借贷记账法的基本要点、记账步骤，帮助学生掌握基本的核算原理和方法。

第三章：主要介绍复式记账方法在制造业企业的具体运用，帮助学生掌握制造业企业主要业务的会计核算，更重要的是让学生在掌握业务核算的过程中，预先知悉报表上大部分的专业名称和项目内容，为后面报表的解读和列报打下坚实的基础。

第四章：主要介绍会计循环与会计信息生成。即会计循环的概念、会计核算流程：会计凭证到会计账簿再到会计报表以及会计账簿的送达。让学生了解理论上的复式记账在实际工作中是如何操作，有何制度规定和要求，会计信息如何生成。尤其每张报表编制的作用和意义。

第一章 总 论

第一节 会计概述

一、会计的产生与发展

会计是为了适应人类社会生产实践和经营管理的客观需要而产生和发展起来的。物质资料的生产是人类社会赖以生存和发展的物质基础。人类在生产活动中,一方面创造出物质财富,取得一定的劳动成果,另一方面发生各种劳动耗费,消耗一定的人力物力。为了提高生产效率,以尽可能少的劳动耗费取得尽可能多的劳动成果,需要不断改进生产技术,加强生产管理。基于这种客观要求,人类在进行生产活动的同时,需要对劳动耗费和生产成果进行记录和计算,并将两者进行比较,以便了解和控制生产活动过程,于是就产生了会计。

会计的产生可以追溯到原始社会后期。会计作为一种计算、记录和考核收支的工具,无论在中国还是外国都是很早以前就存在了。在原始社会后期,人们只是凭借头脑和一些最原始的形式记录生产活动,如"结绳记事""刻木求事"等,这种形式的记录很难称之为会计,但会计的萌芽却在这里出现了。随着文字的出现,人们开始用文字和数字对物质资料的生产和耗费进行专门的记录,这就是最初的会计。由于当时的生产力水平低下,生产规模很小,剩余产品也不多,因此用来记录生产活动的会计也极为简单,它只是生产职能的附带部分,由生产者在工作之余,附带地把收入和支出记录下来。随着生产力的发展和生产规模的扩大,出现了社会分工和私有制,之后会计才逐步从生产职能中分离出来,成为一种独立的、由专人从事的工作。

从我国会计来看,"会计"一词最早出现于西周。据《周礼·天官》记载:"会计,以日互考日成,以月要考月成,以岁会计考岁成。"其中"日互"是指十日成事文书,相当于现在的旬报;"月要"是一个月成事之文书,相当于现在的月报;"岁会"则是一年成事之文书,相当于现在的年报。西周政府还设置了会计官职——司会和单独的会计部门,掌管西周王朝的钱粮和财务收支,定期对西周王朝的收入和支出进行"月要""岁会",并实施会计监督。宋朝时出现了称之为"四柱清册"的记账方法。所谓"四柱",是指把账簿分成"旧管"(期初结存)、"新收"(本期增加)、"开除"(本期减少)、"实在"(期末结存)4 个部分，这 4 个部分的关系是：旧管＋新收－开除＝实在。根据这个平衡关系，可以全面系统地反映经济活动，还可以检查账簿记录是否正确。四柱清册法奠定了中式簿记的理论基础，并把中式簿记提高到一个较高的层次。明、清时期，中国商业、手工业有了较大发展，并且产生了资本主义萌芽。为适应当时生产管理的需要，会计工作者又设计出了“龙门账”和“天地合账”，这两种记账方法中已经具备了复式簿记的雏形，说明中国的会计技术取得了较大的发展。其中，“龙门账”将经济业务分为“进”（收入）、“缴”（费用）、“存”（资产）、“该”（负债及业主权益）4 大类，其关系是：进－缴＝存－该，并以此作为试算平衡公式，当该公式相等时称为合龙门。在此基础上，又创立了“天地合账”，对每一笔经济业务都从“来源”和“去向”两个方面加以登记，以全面反映经济业务的内容和来龙去脉。“四柱清册”“龙门账”“天地合账”显示了我国历史上各个时期传统中式簿记的特色。

从世界范围看，会计的发展也源远流长。早在原始印度公社时期已经出现记账员，负责登记与农业生产相关的事项。在奴隶和封建社会时期，商品经济尚不发达，会计主要被政府部门用来记录、计算和考核钱物出纳等的财政收支。中世纪（公元 11—15 世纪）地中海沿岸一些城市（如威尼斯、热那亚、佛罗伦萨等）商业和金融业比较繁荣，从而诞生了科学的复式记账法。1494 年，意大利数学家卢卡 • 巴其阿勒（Loca • Pacioli）出版的《算术、几何及比例概要》一书系统地介绍了借贷复式记账法，该书的出版及推广流传是会计发展史上一个重要的里程碑，标志着近代会计的开始。18 世纪末—19 世纪英国爆发了工业革命，工厂制度确立并出现了股份公司，经济活动日益复杂化，促进会计不仅在技术上而且在理论上均取得了较大的进步，使会计从一门应用技术发展成为一门独立的学科；同时，由于股份公司的所有权与经营权相分离，公司的广大股东迫切要求准确了解公司的真实财务信息，要求在经济活动和财务活动方面起“公正人”作用、以“自由职责”身份出现的注册会计师特许会计师随之产生，1853 年第一个会计师协会——爱丁堡会计师公会的成立，是会计发展史上的第二个里程碑。19 世纪末 20 世纪初，随着股份有限公司资产所有权与经营权的不断分离，为了进一步规范会计工作，提高会计报告的真实性和可比性，美国等国家的会计师协会开始制定公开会计信息的基本规范——“公认会计原则”，促进财务会计核算理论、方法不断完善。

伴随着经济的迅猛发展，市场竞争日益激烈，企业规模不断扩大，不仅会计信息的需求对象日益增加，而且需求内容也更加广泛，会计信息的重要性为世人瞩目，现代会计逐渐分成了对内报告会计（管理会计）和对外报告会计（财务会计）两个领域，会计标准和会计规范逐渐完善。同时，信息论、控制论、系统论、现代数学、行为科学和计算机技术等理论和技术引入会计，会计学科体系也逐渐完善起来，涌现了成本会计、电算化会计、人力资源会计、社会责任会计、国际会计、税务会计、审计等会计分支，会计理论也空前繁荣，进一步把会计理论和方法推上一个新的水平。

综上所述，会计是由于经济管理的客观需要而产生和发展起来的，随着社会生产力的发展，会计也经历了一个从简单到复杂，从低级到高级的发展过程，同时会计的重要性也逐渐为人们所认识。会计发展的历史证明：经济越发展，会计越重要。正如马克思指出，生产“过程越是按社会的规模进行，越是失去纯粹个人的性质，作为对过程的控制和观念总结的簿记就越是必要。”

二、会计的含义

会计的含义是对会计本质的总结。我国会计理论界对会计的含义有不同的理解，曾有过“管理活动论”“信息系统论”“控制系统论”“管理工具论”等。在我国，最具代表性的会计含义主要有如下两种：

(一)会计是一项经济管理活动

会计经济管理活动论认为，会计是以货币作为主要计量单位，综合反映和监督一个单位经济活动的一种经济管理活动。经济管理活动论认为会计的本质是一种经济管理活动，会计人员通过收集、处理和利用经济信息参与企业的管理工作。会计的作用是加强经济管理、提高经济效益、维护国家财经方针政策，会计工作是企业管理的重要组成部分。

(二)会计是一个经济信息系统

会计经济信息系统论认为，会计是旨在提高企业和各单位经济效益，为加强经济管理而建立的一个以提供财务信息为主的经济信息系统。经济信息系统认为会计的本质是一个经济信息系统，会计要依照会计准则对经济活动的原始数据进行收集、整理、分类、加工、汇总等会计处理，最后形成财务会计报告。财务会计报告是用会计语言，面对企业单位的利益相关和负责管理的有关各方传输信息的手段。会计提供的信息有据可查，详实可靠，其真实性可以予以复核。会计经济信息系统论认为，会计应围绕提供会计信息中心开展信息输入、信息加工、信息输出等各项工作。

实际上会计既是一个经济信息系统，也是一种经济管理活动。一方面它通过开展确认、计量、记录、报告、分析等一系列工作，为企业单位管理人员和利益攸关方做出趋利避害决策提供所需要的会计信息，另一方面它也利用会计信息参与企业单位的规划、组织、实施和控制等各个环节的管理工作之中。因此，将经济信息系统论和经济管理活动论两种观点结合起来看，会计是以货币作为主要计量单位，运用专门方法，连续、系统、全面地核算和监督一个企业或单位的经济活动，提供经济管理信息，使人们讲求经济效益，加强经济管理，使企业或单位经济活动顺利进行的一种管理活动。

三、会计对象

会计的对象是会计工作的客体，即会计反映与监督的具体内容即一定单位的资金运动，资金运动通过经济业务体现。实质上会计的对象可被表述为反映与监督“一定单位的经济业务”。所谓的经济业务是引起资金发生增减变动的业务。企业只有发生经济业务企业资金才会运动。

企业要开展生产经营活动，必须要有一定的物质基础，即所谓的资金——企业财产物资的货币表现，包括货币本身。资金进入企业后将随着生产经营的需要而进行循环和周转，即所谓的资金运动。资金运动的目的是为了获取投资的收益。尽管在经济社会中，“一定单位”(可以是企业、机关、事业及企业经济组织；从企业性质角度，可以是公司制企业、独资企业或合伙企业；从不同行业的角度，可以是制造业、商品流通业、银行及其它金融业，建筑业、农业等行业的企业；）的经济业务各不相同，但就资金运动过程来看，仍有一定的共性。若假定企业最初的资金形态都是现金或银行存款，则经营过程最为完整的制造业企业典型的资金运动过程可以是从货币资金形态，通过购买原材料，转变到储备资金形态；通过原材料的领用或投资生产，转变成生产资金形态，当生产完毕后又变成成品资金形态，最后等产成品出售后，收回货币资金，回到增值后的货币资金形态。具体过程如图 1-1 所示：

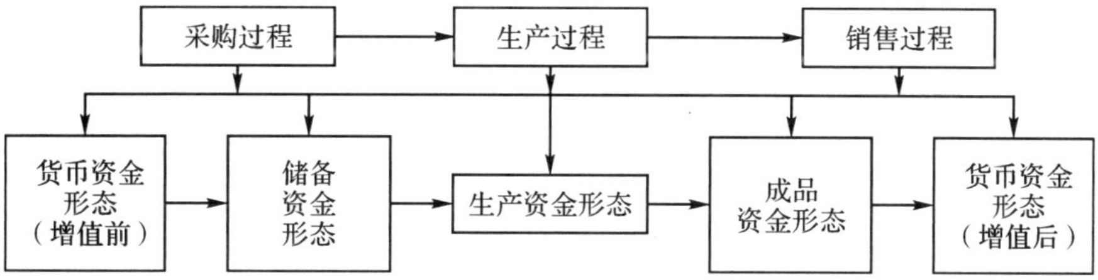

图 1-1 制造业企业资金运动流程图

企业资金经过上述过程即完成一个循环。当该循环周而复始，就形成资金的周转。资金在企业中，一方面表现为资产的存在形态，其存在形态可以是：现金、银行存款、应收账款、应收票据，固定资产等项目；从另一方面表现为来源渠道，其来源渠道可以是对银行或其他经济主体的负债，也可以是投资者的投入资本和利润等来源渠道所获取的权益，资金的变化最终是通过上述资金的存在形态和来源的增加变化来体现的。会计对象就是上述的资金及其运动过程。

但作为会计对象主体的"一定单位"必须是会计工作为其服务的特定单位或组织。这事实上就是会计基本假设中所设置的会计核算的空间范围。会计主体的概念与法律主体的概念是不相同的，所谓法律主体是民法学所规定的范畴，是相对于自然人而言的另一类民事主体，《中华人民共和国民法通则》第 36 条规定："法人是具有民事权利能力和民事行为能力，依法独立享有民事权利和承担民事义务的组织"。包括企业法人和非企业法人。企业法人是指以营利为目的，从事生产经营活动的法人；非企业法人，包括机关、事业单位、社会团体法人和基金会等非营利机构。通常一个法律主体必然是会计主体，比如某有限公司法人，雇有专业的会计人员处理特定的经济业务，则该公司就是会计主体；但会计主体并非一定是法律主体，比如独资企业、合伙企业可以是会计主体但并非是法律主体，因为独资企业、合伙企业在法律上不具有相应的民事权利能力和行为能力。

四、会计的基本职能

会计职能是指会计在经济管理工作中所能够发挥的功能。会计的职能是会计本质的体现，它不以人们的意志为转移，是客观上所能发生的固有功用。会计的职能有很多，但概括起来，会计的基本职能是核算与监督。

（一）核算职能

会计的核算职能，也称为反映职能，是通过价值量对经济活动进行确认、计量、记

录,并进行公正报告的职能。会计核算职能是会计的最基本职能,是会计其他职能的基础。会计核算职能的基本特点如下:

(1)会计核算主要以货币为主要计量单位,从价值量上反映各单位的经济活动状况。虽然会计可以采用货币量度、实物量度、劳动量度3种量度,从数量上反映各单位的经济活动状况,但是在市场经济条件下,由于货币是商品交换的一般等价物,具有价值尺度的功能,具有综合性的特点,会计主要以货币量度为主通过价值量反映经济活动的过程和结果,而实物量度、劳动量度在会计核算中处于辅助地位。

(2)会计核算具有完整性、连续性和系统性。所谓完整性,是指对所有的会计对象都要进行计量、记录、报告,不能有遗漏;所谓连续性,是指对各种经济业务应当按照发生的时间顺序依次进行登记,而不能有中断;所谓系统性,是指会计提供的数据资料必须在科学分类的基础上形成相互联系的、系统的、有序的整体,而不能杂乱无章。只有依据完整、连续和系统的数据资料,才能全面、系统地反映各单位的经济活动情况。

(3)会计核算要贯穿于各单位经济活动的全过程。会计核算包括事前核算、事中核算和事后核算。事前核算主要是提供有关预测未来经济活动的数据资料,编制财务计划,以便对经济管理做出调整和采取新的政策;事中核算是指会计利用价值数据、指标等对单位经济活动的控制和调节;事后核算是会计核算的主要内容,是指会计通过算账和报账,提供能综合反映经济活动现状和结果的核算指标。传统上会计核算要以凭证为依据,对已经发生和完成的经济业务进行确认、计量、记录和报告,以保证会计信息的真实性和客观性,但随着社会经济活动的日趋复杂和企业竞争的加剧,为了有效防范风险,以未来可能发生的经济情况为背景的会计预测活动越来越受到重视。然而,尽管会计核算范围已经扩大到未来的经济活动,但对外发布的财务会计报告仍然是面向过去反映已经发生的经济活动。

(二)监督职能

会计监督职能是指会计在核算经济活动的同时,对经济活动的合法性、合理性进行审查,促使经济活动按照规定的要求运行,以达到预期的目的。会计监督是会计的另一个基本职能,与会计的核算职能相辅相成。会计监督具有以下几个方面的特点:

(1)会计监督主要通过价值指标来进行。由于企业单位发生的经济活动会伴随着价值运动,表现为价值量的增减和价值形态的转化,因此,会计通过以会计核算提供的价值指标为核心为依据进行监督,可以全面、及时、有效地控制各个企业单位的经济活动。

(2)会计监督要对经济活动进行全过程监督。会计监督不仅体现在已经发生或已经完成的业务方面,还体现在业务发生过程中及尚未发生之前,包括事前监督、事中监督和事后监督。事前监督是指会计部门在参与编制各种计划和预算时,依据有关政策、法律和制度,对计划的可行性、合法性和合理性进行审核,是对未来经济活动进行控制;事中监督是指在日常会计核算过程中,对正在发生的经济活动已出现的问题提出解决的办法和措施,促使有关部门纠正偏差及失误,发挥控制经济管理进程的作用;事后监督是指以事先制定的目标、标准和要求为依据,通过对会计信息的分析研究,对已经发生的经济活动的合理性、合法性进行客观的评价、分析和考核。会计监督的目的是保证经济活动的合法性和合理性。

会计的核算职能与监督职能是密不可分和相辅相成的。核算职能是监督职能的基础，没有核算职能提供的会计信息，会计监督就没有客观依据，也就无法进行会计监督。同时会计的监督职能寓于会计的核算职能之中，是在核算过程中的监督；而会计监督职能又是核算职能的保证，没有监督职能提供有力的保证，就不可能保证会计核算所提供会计信息的质量。

五、会计的目标

会计目标是指会计工作所要达到的终极目的。从会计的本质来看，会计既是一个经济信息系统，也是一种经济管理活动。会计管理与其他管理不同，其最大的特点是其管理作用的发挥要借助于会计信息。离开了会计信息，会计管理也就无据可依。因此，会计的基本目标是为各种信息使用者提供经济决策有用的会计信息。我国《企业会计准则——基本准则》明确指出："财务会计报告的目标是向财务会计报告使用者提供与企业财务状况、经营成果和现金流量等有关的会计信息，反映企业管理层受托责任履行情况，有助于财务会计报告使用者做出经济决策。"会计信息的使用者包括投资者、债权人、政府及其有关部门、管理者、雇员、供应商、顾客和社会公众，他们利用会计提供的企业财务状况、经营成果和现金流量等有关会计信息来满足不同的经济决策需要。例如，投资者之所以利用会计信息评估管理层的受托责任，是为了能够做出是持有还是出售其投资、是续聘还是调换管理者等的决策。

会计是整个经济管理的重要组成部分，会计目标还必须满足经济管理总目标的要求。在社会主义市场经济条件下，经济管理的总目标是提高经济效益，作为经济管理重要组成部分的会计管理工作，应该以提高经济效益作为最终目标。

六、会计的分类

由于对会计的含义、目的、内容、对象的不同，会计或会计工作可以按以下角度进行分类。

(一)按报告对象分类

按其报告的对象不同而分为财务会计和管理会计。

财务会计：编制财务报表，为企业内部和外部用户提供信息。财务会计的信息是提供给广泛的用户。其重点在于报告财务状况和营运状况，主要是对外部提供参考。

管理会计：主要是对企业的管理层提供信息，作为企业内部各部门进行决策的依据。没有标准的模式、不受会计准则的控制。

(二)按行业分类

按行业分为：工业企业会计、商品流通会计 、金融证券会计 、保险企业会计 、施工企业会计 、房地产业会计 、邮电通讯会计 、农业企业会计、旅游餐饮会计 、医疗卫生会计 、交通运输会计 、文化教育会计 、物业管理会计、行政事业会计。由于现代社会公司集团化经营,跨行业经营的快速发展,行业会计之间的差异越来越模糊,因此,对行业会计的分类也用得比较少。

(三)按工作的岗位分类

按工作岗位分为:总账会计、往来会计、成本会计、材料会计等。

总账会计是负责企业全部账务统筹出报表的核算工作岗位。

往来会计是负责企业单位往来账款的核算业务的工作岗位。一般包括“应收账款”“应付账款”“其他应收款”“其他应收款”的核算。

成本会计是负责管理与核算成本的工作岗位。

材料会计是负责材料的出入库,每月月底和仓库保管核对出入库账目,提供材料报表的核算的工作岗位。

(四)按工作范围分类

按工作范围分为:公共会计(Certified Public Accountant)、私人(企业)会计。

第二节　会计的法律规范

一、会计法律规范

会计法律规范是协调、统一会计处理过程中对不同处理方法做出合理选择的假设、原则、制度等的总和,即是一套用于规定、约束会计信息系统的数据加工、处理与信息生成等行为的法律、准则、制度的总和。它是组织会计工作的指南和标准,是规范会计行为的依据。不同的国家,根据不同的文化背景和经济环境形成了不同的会计规范体系。我国的会计规范体系是以会计法为基础而构成的一个比较完整的法规体系,是由不同层次组成。一般包括会计法、会计准则和会计制度等法规、制度。

(一) 会计法,即《中华人民共和国会计法》,是于 1985 年 1 月 21 日由第六届全国人民代表大会常务委员会第九次会议通过颁布的法律,后又于 1993 年和 1999 年经两次修订。该法要求国家机关、社会团体、公司、企事业单位和其他组织均必须依照其办理会计事务。是国家强制要求国家机关、企事业单位等执行的规范准绳,是我国会计法规体系的最高层次和对会计的最高约束。其他准则和制度都是在其核心思想的指导下制定起来的。现行的会计法包括总则;会计核算;公司、企业会计核算的特别规定;会计监督;会计机构和会计人员;法律责任及附则等 7 部分。在该法中明确提出了制定该法的目的和执行的强制性,规定了会计核算和会计监督的内容,会计机构和会计人员的设置要求及违反该法所应承担的法律责任等。突出的中心在于要求单位通过强制执行该法,规范会计行为,保证会计资料真实、完整,不断加强经济管理和财务管理来提高经济效益,打击使用违法、虚假手段来谋取私利的行为,从而维护社会主义市场经济秩序。

(二)会计准则,即会计人员执行会计活动所应遵循的规范和标准,同时也是对会计工作进行评价、鉴定的依据和准绳。一般由国家的权威机构或国家认可授权的会计职业团体制定,对会计工作具有很强的约束力。

我国会计准则由基本会计准则、具体会计准则和具体准则应用指南组成。

基本会计准则是就企业会计核算的总则、会计信息质量要求、会计要素、会计计量和财务会计报告等方面做出的原则性规定。2006 年 2 月，财政部对外颁布了 1 项《企业会计准则——基本会计准则》，38 项具体会计准则，并要求上市公司在 2007 年 1 月 1 日正式执行。

此外，为了帮助广大的准则使用者使用和理解的方便，在 2006 年下半年又出台了《具体准则应用指南》，在《具体准则应用指南》中对各准则分别作了释义，并加了会计科目和主要账务处理的附录。由于小企业涉及的业务没有那么广，会计人员的专业素质也有待提高，因此，财政部在 2011 年 10 月颁布了《小企业会计准则》作为补充。2014 年 3 月，为了适应社会主义市场经济发展需要，进一步规范会计计量的方法，财政部先后发布了多项准则的增补或修订版（目前新增了企业准则第 39 号、第 40 号和第 41 号，即具体会计准则为 41 项），要求企业自 2014 年 7 月 1 日起执行。

（三）会计制度是以某一特定部门、行业或所有部门的企业为对象，着重对会计科目的设置、使用说明和会计报表格式及其编制加以详细说明的规范。主要有国家官方制定颁布和企业自主制定两种。

我国官方制定颁布的制度主要是通过财政部颁布，并要求企业强制执行。这些会计制度一般会随着我国经济体制和经济环境的不断变化，进行不断地修订和改编。如 1992 年财政部颁布了 13 个行业会计制度后，在 2000 年财政部考虑到各行业间的会计制度存在着一定的差异，会影响我国会计与世界各国会计的趋同，延缓我国进入 WTO 后的进程。因此，在 2000 年 12 月又颁布了《企业会计制度》，并同时废弃了《股份有限公司会计制度》，并相继要求股份公司和外商投资企业分别在 2001 年和 2002 年起施行。2004 年针对小企业的核算特征又颁布了《小企业会计制度》。直至 2011 年财政部颁布《小企业会计准则》，并规定将自 2013 年 1 月 1 日起施行，2004 年发布的《小企业会计制度》（财会〔2004〕2 号）予以废止。可见，目前现阶段我国是以《企业会计准则》（1 项基本会计准则和 41 项具体会计准则）和《小企业会计准则》共同指导我国的会计实务的。

我国企业自主制定的会计制度，是每个会计主体可以在不违背会计法、会计准则的前提下，根据自身的行业特点和管理要求制定自己企业的规章制度，以便每个职工和会计人员按制度进行业务开支和报销及会计处理，使得会计报表信息能真实地反映企业的财务状况和经营成果，帮助管理者进行决策。

（四）会计的其他规范是会计工作除遵循以上的法律、准则、制度外，对于财政部颁布要求企业执行的其他会计规定，也属于会计的法规体系部分。如《会计基础工作规范》《会计档案管理办法》等。

综上所述，我国会计法规体系可归纳如图 1-2 所示。

由于《企业会计准则》涉及的是会计核算的基本前提、一般原则及一些共性的规范知识，因此，在我们的基础会计中进行重点的介绍。而其他的会计规范在学习会计具体业务的核算中会逐步渗透到业务内容中进行介绍，在此不再深入。

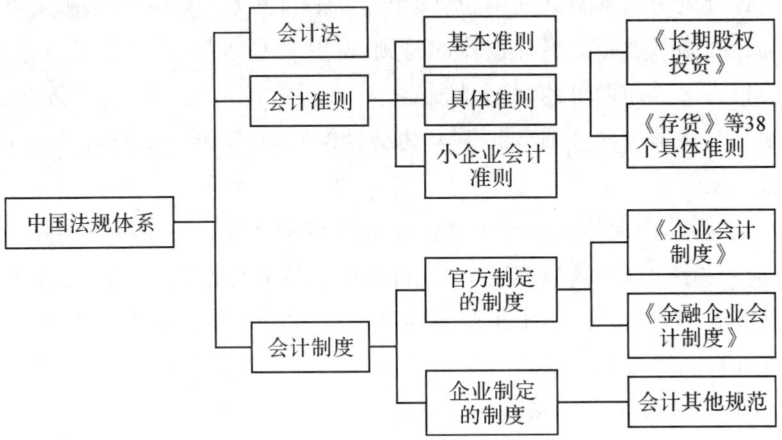

图 1-2　中国会计法规体系框架图

二、会计的基本假设和会计核算基础

(一)会计基本假设

会计核算的基本前提又称会计假设,是指为了保证会计工作的正常进行和会计信息的质量,对会计核算所处时间和空间环境等所做的合理假定,并在此基础上建立会计原则。只有企业面临的现实环境与这些基本前提相符,会计准则中规定的方法才可以被采用。如果企业面临的现实情况和约定的基本前提不相符,会计准则中规定的方法就不适宜采用,而应该用另外的程序和方法来进行会计核算。企业会计核算的基本前提包括会计主体、持续经营、会计分期和货币计量。

1. 会计主体

会计主体,是指会计核算服务的特定单位,它明确了会计核算的立场及空间活动。企业应当对其本身发生的交易或者事项进行确认、计量和报告,反映企业本身所从事的各项生产经营活动。组织核算工作首先应明确为谁核算的问题,划定会计所要处理的各项交易或事项的范围,要将该会计主体与其他会计主体、会计主体的所有者、内部职工之间的交易或事项严格区分开来。会计主体是从空间上对会计核算范围进行有效界定,会计只记录本会计主体的账,只核算和监督本会计主体所发生的经济业务。明确会计主体,有利于正确地反映一个会计主体所拥有的财产及承担的债务,计算其经营收益或可能遭受的损失,提供准确的财务信息。

应该注意的是,会计主体作为一个经济实体,与企业法人不是一个概念。当然,一个法人的经营和财务必然是独立的,应该建立独立的财务会计系统,独立反映其财务状况、经营成果和现金流量,因而一个法人必然是一个会计主体。但是,构成会计主体的并不一定都是法人。例如,会计主体可以是法人主体之下的分公司,也可以是多个法人主体组成的企业集团。

2. 持续经营

持续经营,是指企业在可以预见的将来,不会面临破产和清算,企业将会持续不断地按照当前的规模和状态继续经营下去，企业既不打算也没有必要实行清算或大幅缩小经营规模。持续经营基本前提明确了会计核算的时间范围。《企业会计准则——基本准则》明确规定："企业会计确认、计量和报告应当以持续经营为前提。"核算主体是持续不断地经营的，也就是假设它将按照既定用途使用资产，也将按照既定的合约条件清偿债务。企业只有在持续经营这一基本前提下，会计方法和程序才可能建立在非清算的基础上，而不是采用合并、破产清算等处理方法，这样才能保持会计信息处理的一致性和稳定性；才有必要进行会计分期，为采用权责发生制奠定了基础；也为固定资产、无形资产等按历史成本进行计量、在其预期的受益期分期摊销提供了依据。

当然，持续经营基本前提并不意味着企业将永久存在，更不排除企业因经营不善等原因而导致破产或清算的可能。在有充分证据表明企业无法持续、正常经营的情况下，财务会计报告就不能按照建立在持续经营基本前提下的会计准则来编制，而应采用合并、破产清算等特殊会计程序、方法来组织核算。

3. 会计分期

会计分期，是指会计把持续不断的经营过程划分成若干连续的、长短相同的期间，以便定期为使用者提供会计信息。会计分期是由持续经营和按期提供会计信息的要求决定的。由于有了会计分期，才产生了本期与非本期的区别，出现了收入、费用是按权责发生制还是按收付实现制为基础进行确认和计量的区别，进而出现了应收、应付、折旧、摊销等会计处理方法。

我国《企业会计准则——基本准则》明确规定："企业应当划分会计期间，分期结算账目和编制财务会计报告。会计期间分为年度和中期。" 其中，中期是指短于一个完整的会计年度的报告期间，一般又包括半年、季度、月份等会计期间。同时，我国会计期间是按日历年度划分的，会计法明确规定："会计年度自公历 1 月 1 日起至 12 月 31 日止。"

4. 货币计量

货币计量，是指会计核算采用货币作为主要计量单位，记录、反映企业的经营情况。会计计量是会计核算的关键环节，是会计记录和会计报告的前提。货币计量基本前提包括两个含义：一是会计以货币作为主要的计量单位（记账本位币）；二是假定作为计量单位的货币的价值是稳定或相对稳定的。

我国《企业会计准则第 19 号——外币折算》规定："记账本位币，是指企业经营所处的主要经济环境中的货币。企业通常应选择人民币作为记账本位币。"同时，对业务收支以人民币以外的货币为主的企业，也允许选用某种外币作为记账本位币，但是，编制的财务报表应当折算为人民币。

在运用货币作为计量单位时，必须以假定货币本身的价值是稳定或相对稳定为前提，只有这样，会计核算才可能对不同时期的经济业务作出一致的记录和比较。当然，如果发生通货膨胀或通货紧缩，单位货币所包含的价值将随着现行价格的波动而变化，基于货币稳定假设条件的货币计量就不能反映真实的财务状况和经营业绩，这时就应该改用特殊的物价变动会计程序和方法来组织核算。

当然，采用货币进行计量也有一定的缺陷，某些影响企业财务状况和经营成果的因素,如企业研发能力、市场竞争力等,这些信息对于信息使用者决策也很重要,但却难以用货币来计量。这时,会计人员应该在财务报告中补充披露有关非会计信息来弥补这个缺陷。

(二)会计核算基础

在企业经济活动中,交易或会计事项的发生时间往往与有关货币收支时间不一致,就产生了在何时记录和报告的问题。权责发生制与收付实现制是为解决何时记录和报告问题而产生的两种不同的确认基础。

权责发生制,又称应计制,是指会计核算应当以交易或事项是否发生为标准来确认收入、费用的归属期间,而不考虑相关的款项是否收到或支付。具体来说,凡是属于本期已经实现的收入,不论其款项是否收讫,均应作为本期的收入来确认;凡是属于本期应负担的费用,不论其款项是否支付,均应作为本期的费用来确认。反之,凡不该属于本期的收入、费用,即使其款项已收到或付出,也不得作为本期的收入或费用来确认。权责发生制是一种记账基础,建立在该记账基础之上的会计模式可以正确地将收入与费用相配合,以正确地计算损益。由上可知,实行权责发生制,收入和费用应该在应归属期间而不是收支时间予以确认。收入和费用的应归属期间,是指应获得收入的会计期间和应负担费用的会计期间。显然,权责发生制能正确地反映各期间的经营成果,因而它主要应用于计算经营的会计主体之中。

收付实现制,又称现金制,是按照款项实际收付的日期作为标准来确认收入、费用归属期的一种确认基础。具体来说,收到现金时反映收入增加,付出现金时反映费用增加。这种确认基础比较简便,同时由于收入与费用的确认时间与现金的收支时间一致,核算的经营成果与支付能力一致,便于会计信息使用者理解。但是,当期收到的现金可能是上期经营的成果,而当期付出的现金又可能要在以后期间才能带来成果,因此按照现金的实际收支时间确定的损益不能代表当期的真正经营成果。收付实现制主要应用于非营利组织的会计核算。

权责发生制原本主要用于解决收入和费用的确认时间问题,但根据会计等式和复式记账原理,一项收入的确认必然同时要确认一项资产的增加或负债的减少,一项费用的确认必然同时确认一项资产的减少或负债的增加,所以权责发生制可应用于所有会计要素的确认,成为所有会计要素的确认基础。我国《企业会计准则——基本准则》第9条规定:"会计应当以权责发生制为基础进行会计确认、计量和报告。"因此,我国企业会计应以权责发生制原则作为会计确认、计量和报告的基础。

三、会计信息质量要求

要实现会计信息决策有用性的目的,就必须保证会计提供的信息要符合一定的质量标准,满足一定的质量要求。会计信息质量要求是对企业会计信息质量的基本要求,是使财务报告中所提供会计信息对使用者决策有用应具备的基本特征。根据《企业会计准则——基本准则》的规定,我国会计信息质量要求主要包括8项:可靠性、相关性、可理解性、可比性、实质重于形式、重要性、谨慎性、及时性。

(一)可靠性

可靠性又称为客观性，是指会计核算应当以实际发生的交易或者事项为依据进行确认、计量和报告，如实反映符合确认和计量要求的各项会计要素及其他相关信息，保证会计信息真实可靠、内容完整。

会计信息要有用，必须以可靠为基础，因而可靠性是会计信息最基本的质量要求，是有用会计信息的核心特征之一。如果会计信息不能真实、客观地反映企业经济活动的实际情况，不仅不能发挥应有的作用，而且还将导致错误的决策。可靠性要求在会计核算的各个阶段必须符合会计真实客观的要求：会计确认必须以实际经济活动为依据；计量、记录的对象必须是真实的经济业务；财务会计报告必须如实反映情况，不得掩饰等。

(二)相关性

相关性要求企业提供的会计信息应当与信息使用者的经济决策需要相关，有助于信息使用者对企业过去、现在或者未来的情况作出评价或者预测。相关性是有用会计信息的主要特征之一。

一般来说，当会计信息能通过帮助信息使用者评估过去、现在或未来的事项，或者通过确证、纠正信息使用者过去的评价，影响到信息使用者的经济决策时，信息就具有反馈价值或预测价值，从而具有相关性。相关性要求对使用者决策有用的信息，企业应全面、准确地提供，而对决策无用的信息可以不提供。例如，财务报告区分收入和利得、费用和损失，就可以提高财务报告信息的预测价值，进而提升会计信息的相关性。

(三)可理解性

可理解性又称为明晰性，是指会计信息应当清晰明了，便于信息使用者理解和使用。会计信息的主要作用是为信息使用者进行决策提供帮助，而会计信息的可理解性是有效使用的前提条件，因而可理解性是有用会计信息的主要特征之一。

当然，会计信息毕竟是一种专业性很强的信息产品，可理解性一方面要求会计人员(信息的提供者)提供的会计信息要简洁、易懂，能清晰明了地反映企业的财务状况和经营成果，容易被信息使用者理解；另一方面也要求信息使用者也应设法提高理解会计信息的能力。国际财务报告准则《编报财务报表的框架》提出：“财务报表中所提供信息的基本质量特征之一，就是便于使用者理解。为此目的，人们假定使用者具有一定的工商经济活动和会计方面的知识，并且愿意相当努力地去研究信息。”因此，对会计信息使用者来说，掌握一定的会计基本知识和会计信息的分析方法是必要的。

但是，可理解性并不意味着企业可以不披露将影响信息使用者决策的复杂会计信息。对于某些复杂的信息，如果交易本身复杂或者会计处理复杂，但其对信息使用者的经济决策相关的，企业就应该在财务报告中予以充分披露。

(四)可比性

可比性是指一个企业与其他企业的同类会计信息、同一企业不同时期的会计信息应尽量做到口径一致，相互可比。因为会计信息的使用者通常是在比较不同企业或同一企业不同时期的财务状况、经营业绩和现金流量变动情况后再进行决策的，因此，信息的可比性是有用会计信息的主要特征之一。

可比性有两层含义：一是横向可比，即不同企业相同会计期间信息应该可比。为了评估不同会计主体相对的财务状况、经营业绩和财务状况变动，信息使用者必须能够比较不同会计主体的会计信息。这就要求不同企业发生的相同或者相似的交易或者事项时，应当采用规定的会计政策，确保会计信息口径一致、相互可比。在不损害会计信息可靠性的基础上，不同企业应尽可能按照规定的会计政策进行会计核算，采用规定的会计指标编报财务会计报告。二是纵向可比，即同一企业不同会计期间信息应该可比。为了明确会计主体财务状况和经营业绩的变化趋势，会计信息使用者必须能够比较该会计主体不同时期的会计信息。同一企业不同时期发生的相同或者相似的交易或者事项，应当采用一致的会计政策，不得随意变更。因此，对会计主体不同时点以及对不同会计主体而言，同类交易或事项的计量和列报，都必须采用一致的方法。

不能把可比性等同于单纯的统一性，更不应当允许其成为引入经过改进的会计准则的障碍。由于经济环境的变化，企业为了提供更相关、客观的会计信息，企业可以变更会计政策。为了使信息使用者能够辨别同一会计主体在不同时期以及不同会计主体对相同的交易或事项采用会计政策的差别，应当把编制财务报告所采用的会计政策、这些政策的变动和变动的影响告诉使用者。

(五)实质重于形式

实质重于形式是指会计核算应当按照交易或事项的经济实质进行确认、计量和报告，不应仅以交易或者事项的法律形式为依据。会计信息如果要想真实反映企业的经济业务，就必须根据它们的实质和经济现实，而不应仅仅根据它们的法律形式进行核算。

由于企业经营业务的复杂性和会计核算的多样性，有些经济业务的实质与其法律形式或人为形式的明显外表可能不一致。例如，某企业将一项资产处置给另一企业，可以在文件中声称将该资产的法律所有权转移给另一企业，但又存在确保企业急需享有该项资产中所包含的未来经济利益的协议。这时，将其作为一项销售来报告就不能真实反映所达成的这项经济业务。

(六)重要性

重要性是指应该根据会计信息对于使用者决策的影响程度来决定会计核算的精确程度及会计报表内容的详略程度。

对于那些预期可能对企业财务状况和经营成果有较大影响的会计事项，从而可能影响会计信息使用者作出正确决策的重要会计事项，应分别核算、分项反映、力求准确，并在财务会计报告中重点说明。对于次要的会计事项，在不影响会计信息的真实性和不误导会计信息使用者的前提下，则可适当简化会计核算程序，采取简便的会计处理方法进行处理，在财务会计报告中合并反映。

对某项会计事项判断其是否具有重要性，在很大程度上取决于会计重要性原则需要根据会计人员的职业判断确定。如果信息的省略或误报会影响使用者根据财务报表作出的经济决策,信息就具有重要性。重要性取决于需作出判断的项目的大小或在出现省略或发生误报的特定情况下,所导致差错的大小。例如,我国上市公司要求对外提供季度财务报告,考虑到季度财务报告披露的时间较短,从成本效益原则的考虑,季度财务报告没有必要像年度财务报告那样披露详细的附注信息。

相同的经济业务,在不同的企业,其重要程度是不一样的。判断信息是否重要的标准通常有两个方面:从性质方面看,如果提供的会计信息对信息使用者的决策有影响,说明该信息具有重要性;从数量方面看,如果某一交易或事项达到一定的数量时对信息使用者的决策有影响,就具有重要性。

(七)谨慎性

谨慎性,亦称稳健性或审慎性,指在不确定因素的情况下作出估计时,应保持一定的谨慎,以便不多计资产或收益,也不少计负债或费用。

市场经济环境下,企业的生产经营活动中充满着许多风险和不确定性,例如有疑问的应收账款的可收回程度,厂房和设备大概的使用年限,售出存货可能发生的退货或者保修等。当会计人员在对具有不确定性的某一会计事项有多种不同的处理方法可供选择时,谨慎性原则要求选择一种不导致高估资产或收益,不低估负债或费用的方法,以免损害企业的财务实力,防止信息使用者对企业的财务状况与经营成果持盲目乐观的态度。

谨慎性原则在我国会计实务中有多种表现,例如对应收账款提取坏账准备金、期末存货按成本与可变现净值孰低法计价、固定资产按加速折旧法提取折旧、确认或有负债等。然而,谨慎性的运用并不允许诸如设立秘密储备,过分地提取准备,故意压低资产或收益或故意抬高负债或费用等,因为那样编出的财务报表将扭曲企业实际的财务状况,对信息使用者的决策产生误导,将严重影响会计信息的可靠性。

(八)及时性

及时性是指企业的会计核算应当及时进行,不得提前或延后。

会计信息不仅要求真实相关,而且要及时提供给信息使用者。否则,信息提供过晚,导致决策者在做出决策时无法使用该信息,必将使信息的决策有用性大打折扣甚至完全丧失。

我国《企业会计准则——基本准则》规定:"企业对于已经发生的交易或者事项,应当及时进行会计确认、计量和报告,不得提前或延后。"从中可以看出,及时性原则包括两个方面:一是及时记录,就是要求企业要及时对企业的经济业务及时进行确认和计量,本期的经济业务应当在本期进行处理,不能延迟至下一个会计期间或提前到上一个会计期间;二是及时报告,就是财务会计报告应该在会计期间结束后规定的日期内呈报给会计信息的使用者。

关于会计报告的报送期限,我国规定,月度财务会计报告应于月份终了后 6 天内(节假日顺延,下同)对外提供;季度财务会计报告应于季度终了后 15 天内对外提供;半年财务会计报告应于 6 月份终了后 60 天内对外提供;年度财务会计报告应于年度终了后 4 个月内对外提供。随着市场经济的深入发展、市场条件的瞬息万变、企业竞争的日趋激烈,各方面对会计信息的及时性要求越来越高。

在实务中,企业可能需要在及时报告与提供可靠信息之间进行权衡。为了在及时的基础上提供信息,在了解某一交易或其他事项的所有各方面前,就可能有必要作出报告,这就会影响可靠性。相反,如果推迟到了解所有方面以后再报告,信息可能极为可靠,但是对于必须在事中决策的使用者,用处可能很小。要在相关性和可靠性之间达到平衡,决定性的问题是如何最佳地满足使用者的经济决策需要。

在实务中,常常需要在各质量特征之间权衡或取舍。其目的是为了达到质量特征之间的适当平衡,以便满足提供会计信息的目的。质量特征在不同情况下的相对重要性,需要会计人员以提供信息使用者决策有用的信息为目标做出合理的职业判断。

第三节　会计要素及其确认与计量

会计要素也称为财务报告要素,是对会计对象最基本的分类,也是财务报告的具体内容。我国《企业会计准则——基本准则》将会计要素分为资产、负债、所有者权益、收入、费用和利润。其中,资产、负债、所有者权益是反映财务状况的会计要素,应在资产负债表中披露;收入、费用和利润是反映经营成果的要素,应在利润表中披露。会计要素的确认是指将符合会计要素定义和标准的项目正式加以记录和纳入财务报告的过程;会计要素的计量是为了确认和列示各个会计要素而确定其金额的过程。会计要素的确认和计量是会计核算的核心。因此理解会计要素及其确认与计量是学习会计方法、阅读和使用会计信息的基础。

一、会计要素

1. 资产

资产是企业过去的交易或事项形成的、由企业拥有或控制的、预期会给企业带来经济利益的资源。具体来说,资产具有如下特征:

第一,资产是一种预期能给企业带来经济利益的资源。预期会给企业带来经济利益,是指直接或者间接导致现金和现金等价物流入企业的潜力。通过对资产的有效使用,能直接或间接导致现金和现金等价物流入企业。预期不能带来经济利益的资源就不能确认为企业的资产。因此,这一特征使资产的内涵比财产大得多。例如,企业未来能够收取款项的权利(各种应收款项)、能为企业带来超额利益的独占权利(专利权、商标权等)都属于企业的资产。

第二,资产由企业拥有或控制,即企业享有某项资源的所有权,或者虽然不享有某项资源的所有权,但该资源能被企业所控制。通常情况下,企业要将一项资源作为资产确认的前提是企业要拥有其所有权。但对于一些特殊方式形成的资产,如融资租入的固定资产,虽然企业不享有其所有权,但与资产所有权相关的风险与报酬能被企业实际控制,根据实质重于形式原则,也应当将其确认为企业的资产。

第三,资产是由过去的交易或事项所产生的。至于预期在未来发生的交易或事项,如计划购买的存货，现在不得作为资产确认。

资产按其流动性分类可分为流动资产和长期资产（非流动资产）。凡在一年或超过一年的一个营业周期内变现或耗用的资产称为流动资产，包括现金、银行存款、交易性金融资产、应收票据、应收账款、预付账款、存货等；凡在一年或超过一年的一个营业周期以上变现或耗用的资产称为长期资产（非流动资产），包括持有至到期投资、可供出售金融资产、长期股权投资、固定资产、无形资产等。

2. 负债

负债也称为债权人权益，是指企业过去的交易或事项形成的、预期会导致经济利益流出企业的现时义务。负债具有如下特征：

第一，负债是由于过去的交易或事项形成的现时义务。现时义务是企业在现行条件下已承担的义务。如由于企业的过去或现在赊购商品或接受劳务而形成的应付账款，应确认为负债；再如，企业销售时承诺实行包修，由于过去的销售而产生的未来修理费，也应确认为负债，已经发生的商品交易导致了这项负债的产生。但是，由于未来发生的交易或事项形成的义务，如企业管理层决定今后购买资产，其本身并不产生现时义务，不应当确认为负债。

第二，负债将预期导致经济利益流出企业。无论负债以何种形式出现，最终负债的履行预期将导致经济利益流出企业。具体可表现为支付现金或转让其他资产、提供劳务，或将该项义务转换为股权等。

负债按其偿还期限的长短可分为流动负债和长期负债。凡将在一年或超过一年的一个营业周期内偿还的债务称为流动负债，包括短期借款、应付票据、应付账款、预收账款、应付职工薪酬、应交税费等；凡将在一年或超过一年的一个营业周期以上偿还的债务称为长期负债，包括长期借款、应付债券和长期应付款等。

3. 所有者权益

所有者权益即是企业资产扣除负债后由所有者享有的剩余权益。股份制企业的所有者权益又称为股东权益。所有者权益是所有者对企业净资产的要求权，所有者权益表明了企业的产权关系，即企业归谁所有。

所有者权益的来源包括所有者投入的资本、直接记入所有者权益的利得和损失（如资产评估增值等）、留存收益等。具体来说，所有者权益的构成项目包括实收资本（或股本）、资本公积、盈余公积、未分配利润，这些项目应在资产负债表所有者权益下单独列示披露。

应当强调，企业的所有者权益所反映的产权关系只是整体意义的产权关系，它与企业特定的、具体的资产并无直接关系，即并不与企业任何具体的资产项目发生对应关系。虽然企业所有者是以货币资金、存货、固定资产或无形资产等具体形式对企业进行投资的，但只要这些资产投资进入企业之后，根据会计主体这一会计核算基本前提，便成为受资企业这个特定会计主体的资产，而不再是企业所有者的资产。特别是在企业有多个所有者的情况下，明确这一点尤为重要。

4. 收入

收入是指企业在日常活动中形成的、会导致所有者权益增加的、与所有者投入资本无关的经济利益的总流入。与收入相区别的概念是利得。利得是指由企业非日常活动形成的、会导致所有者权益增加的、与所有者投入资本无关的经济利益的流入。收入具有如下特征:

第一,收入来自企业的日常经营活动,而利得来自于偶发的交易或事项等非日常经营活动。企业为完成经营目标而从事销售商品、提供劳务等各种日常活动所产生的经济利益的流入属于收入。而非日常活动带来的经济利益的流入属于利得,不属于收入的范围,或确认为所有者权益项目,或确认为利润项目。

第二,收入将导致资产增加或负债减少,从而引起所有者权益的增加。收入为企业带来经济利益的形式多种多样,可能直接表现为资产的增加(如现销商只实现收入并取得银行存款),也可能直接表现为负债的清偿(如销售商品抵消原来的预收账款),还可能既增加资产又减少债务(如销售商品既收到部分银行存款也抵消原来的预收账款)。同时,收入引起这些经济利益流入企业,最终会导致所有者权益的增加。当然,所有者投入资本也会引起资产增加或负债减少,并引起所有者权益的增加,但所有者投入资本不是收入,而应确认为所有者权益。

企业可以从以下 3 方面取得收入,一是销售商品,二是提供劳务,三是让渡资产使用权。根据这些收入在企业经营中的主次程度,收入可以分为主营业务收入和其他业务收入。主营业务收入是指企业为完成其经营目标而从事的主要经营所取得的收入,如工业企业销售产品、自制半成品、提供工业性劳务等取得的收入;其他业务收入是指企业主要经营活动以外的其他日常经营活动所取得的收入,如包装物出租等实现的收入。

5. 费用

费用是指企业在日常活动中发生的、会导致所有者权益减少的、与向所有者分配利润无关的经济利益的总流出。费用具有如下特征:

第一,费用是企业在日常活动中发生的经济利益流出。损失是非日常活动所发生的、会导致所有者权益减少的、与向所有者分配利润无关的经济利益的流出。因此,费用与损失不同,费用是日常活动发生的,而损失是非日常活动所发生的。

第二,费用表现为资产的减少或负债的增加,会导致所有者权益的减少。费用的发生表现为资产的减少或负债的增加或两者兼而有之,并最终引起所有者权益的减少。如购买办公用品表现为现金的减少,月末分配工资费用则表现为应付工资的增加。

费用按其与收入的关系,可分为营业成本和期间费用。营业成本是指已销售商品的产品成本或已提供劳务的劳务成本,分为主营业务成本和其他业务成本。期间费用是指与产品生产无直接关系属于某一时期耗用的费用,包括管理费用、营业费用和财务费用。管理费用是企业行政管理部门为组织和管理生产经营活动发生的各项费用;销售费用是企业为销售商品而发生以及专设销售机构发生的各项费用;财务费用是企业筹集生产经营所需资金而发生的费用。

6. 利润

利润是指企业在一定会计期间的经营成果。利润往往是评价企业管理层业绩的一项重要指标,也是信息使用者进行决策的重要参考。

利润包括收入减去费用后的净额、直接计入当期利润的利得和损失等。收入减去费用的净额就是人们常说的营业利润，反映的是由企业日常经营活动的业绩。直接计入当期利润的利得和损失，是指应当计入当期损益、会导致所有者权益发生增减变动的、与所有者投入资本或者向所有者分配利润无关的利得或者损失。企业应该严格区分收入与利得、费用与损失的区别，以提高会计信息的相关性。

二、会计要素的确认

会计要素的确认是指将符合会计要素定义和确认标准的项目纳入财务报表的过程。某一项目一旦被确认，就要以文字和数据加以记录，其金额就应反映在财务报表合计数之中。会计要素确认主要解决3个问题：一是某会计事项是否应该确认；二是该会计事项应在何时确认；三是该会计事项应确认为哪个会计要素。

（一）会计要素的确认标准

当同时符合下列3个标准时，就应该确认为该会计要素：一是应予确认为某一要素的项目应符合该要素的定义；二是与该项目有关的未来经济利益很可能流入或流出企业；三是对该项目的成本或价值能够可靠地加以计量。例如，对符合资产定义的经济资源，当与该资源有关的经济利益很可能流入企业、该资源的成本或者价值能可靠地计量时，该资源就应该确认为资产；对符合负债定义的义务，当与该义务有关的经济利益很可能流出企业、未来流出的经济利益的金额能够可靠地计量时，该义务就应该确认为负债。

由于会计要素之间存在相互依存关系，当一个项目符合某个要素的定义和确认标准，就会自动要求确认另一个会计要素，比如说企业赊购存货，在确认存货这一资产的同时，要确认应付账款这一负债。

三、会计要素的计量

会计要素的计量是指为了在财务报表内确认和列示各个会计要素而确定其金额的过程。由于会计主要以货币为主要计量单位从价值量角度反映企业的经济活动状况，因此，会计要素的计量是会计核算的核心问题。

会计要素的计量主要包括计量单位（计量尺度）和计量属性（计量基础）两方面内容。就计量单位来说，当前世界绝大多数国家的物价是稳定或基本稳定的，根据货币计量这一会计核算基本前提，会计计量所使用的计量单位主要是企业所在国家（地区）的名义货币。就计量属性来说，存在着可用于会计要素计量的多种属性。目前世界各国会计常用的计量属性主要有：历史成本、重置成本、可变现净值、现值、公允价值等。

1. 历史成本

历史成本要求一切经济业务和事项，一律以原始成本为入账的标准。要求资产和权益应以经济业务发生时实际投入和实际付出的金额计价。具体说来，在历史成本计量下，资产按照购置时支付的现金或者现金等价物的金额，或者按照购置资产时所付出对价的公允价值计量；负债按照因承担现时义务而实际收到的款项或者资产的金额，或者承担义务的合同金额,或者按照日常活动中为偿还负债需要支付的现金或者现金等价物的金额计量。

会计选择历史成本计价的原因主要有:(1)历史成本是在交易时确定的,它能够比较客观地反映经济业务;(2)它核算时有可查核的原始凭证,具有较强的可验证性;(3)历史成本的资料容易取得。然而,按历史成本计价也存在固有的缺点:(1)资产的历史成本是在取得时确定的,一旦入账后不再变化。但该资产对企业的"价值"可能随时间延续而变化,时间长了以后已不能真实反映其经济价值。例如,某些早期的厂房账面价值很低而实际的经济价值并非如此;(2)不同时期取得的相同资产,其历史成本并不相同,在财务报表却将它们加在一起,难以作出合理解释;(3)在计算利润时,收入水平是现时的货币价值而成本是历史成本,两者不能合理配比。财务报表使用人应当注意历史成本计价的局限性,合理使用报表中的数据。因此,会计一般采用历史成本计量属性进行计量。

2. 重置成本

重置成本又称为现行成本,是指在正常的经营过程中,为获得具有同等营运能力或生产能力的资产而需支付的现金或现金等价物的金额。在重置成本计量下,资产按照现在购买相同或者相似资产所需支付的现金或者现金等价物的金额计量;负债按照现在偿付该项债务所需支付的现金或者现金等价物的金额计量。重置成本是现在时点下市场价格的表现。在原始交易日,重置成本与历史成本都等于当时资产的交易价格,但由于市场物价的变动、技术进步等原因,原始交易日后重置成本与历史成本往往出现偏差。

重置成本计量属性的优点主要有:(1)可以避免在物价上涨时虚计收益,能准确反映企业维护再生产能力所需生产耗费的补偿;(2)期末财务报表提供的是以现行成本为基础的现时信息,而非过去的历史信息;(3)以现行成本与现行收入相配比计算利润,具有逻辑上的一致性;(4)便于区分企业的经营收益与持有收益,有助于正确评价管理当局的经营业绩。重置成本计量属性存在的缺点主要体现在:(1)确定重置成本的难度较大;(2)如果将持有收益反映于利润表,便不能保证已消耗的生产能力得到补偿和更新,无法解决资本保全问题。

3. 可变现净值

可变现净值又称预期脱手价值,资产按照其正常对外销售所能收到现金或者现金等价物的金额扣减该资产至完工时估计将要发生的成本、估计的销售费用以及相关税费后的金额计量。例如,存货的可变现净值是存货的估计售价减去至完工时估计将要发生的成本、估计的销售费用以及相关税费后的金额。一般来说,存货应当历史成本计量属性计量,但当企业存货发生减值损失,使存货的可变现净值低于成本时,根据谨慎性原则的要求,企业应当按其可变现净值而不再采用成本对存货进行计量。企业确定资产的可变现净值,应当以取得的确凿证据为基础,以保证会计信息的真实、可靠。

4. 现值

现值是未来现金流量现值的简称,是指在正常经营中未来现金流量的现时折现价值。在采用现值计量属性时，资产按照预计从其持续使用和最终处置中所产生的未来净现金流入量的折现金额计量；负债按照预计期限需要偿还的未来净现金流出量的折现金额计量。例如，在企业融资租入固定资产时，在租赁开始日，当租赁资产的最低租赁付款额的现值低于其公允价值时，承租人应当采用最低租赁付款额的现值对融资租入的固定资产进行计量。现值以资产预期未来经济利益作为依据，考虑了现金流量的时间分布以及货币的时间价值等因素，在理论上较全面。但现值未来现金流入量与流出量的确定较难，且计算过程较为烦锁。

5. 公允价值

公允价值是指在公平交易中，熟悉情况的当事人自愿据以进行资产交换或负债清偿的金额。在公允价值计量下，资产和负债都应该按照公平交易中，熟悉情况的当事人自愿据以进行资产交换或负债清偿的金额计量。采用公允价值进行计量的前提是存在活跃市场，且公允价值能够取得并且可靠计量。例如，会计按照公允价值对金融资产进行计量，且公允价值可以根据活跃市场上代表了在公平交易中实际发生的市场交易价格的报价确定；再如，企业所拥有的为赚取租金或资本增值的投资性房地产，当市场的公允价值与原账面价值发生变化时，如果有确凿证据表明公允价值能够持续可靠取得，企业可以采用公允价值对其进行后续计量，并将公允价值与原账面价值的差额计入当期损益。

这 5 种计量属性各有优劣，但并不完全排斥，往往可以多种计量属性相互补充，以提高会计信息的有用性。我国《企业会计准则——基本准则》要求："企业在对会计要素进行计量时，一般应当采用历史成本，采用重置成本、可变现净值、现值、公允价值计量的，应当保证所确定的会计要素金额能够取得并可靠计量。"因此，企业按会计准则编制财务报告时最常采用的计量属性是历史成本，并常常采用其他计量属性来弥补历史成本的不足。例如，存货采用成本与可变现净值孰低计量，交易性金融资产采用公允价值计量，融资租入固定资产按公允价值与最低租赁付款额现值较低者计量等。

第四节 案例解读

一、案例信息

小李是一个公司的业务主管，2014 年恰逢他 30 岁。为了了解自己的财务状况，他对自己个人的收支及拥有的财产、债务进行了记录：

1. 1 月 1 日，小李拥有的财产及债务情况如表 1-1 所示：

表 1-1 小李的财产及债务一览表

2014 年 1 月 1 日　　单位：元

序号	有关财产及债务	金　额	备　注
1	一套自住商品房	600 000	原始成本 650 000 元，折旧 50 000 元；同类市场价 600 000 元。

续 表

序号	有关财产及债务	金额	备注
2	一辆已用了 1 年的小汽车	150 000	原始成本 180 000 元,磨损 30 000 元;同类市场价 150 000 元。
3	各类银行存款	30 000	
4	股票与国库券	80 000	原价 80 000 元;市价 80 000 元。
5	欠银行及亲朋好友款项	500 000	

2. 12 月 31 日,小李汇总了他一年来所发生的财务收支情况如表 1-2 所示:

表 1-2 小李的财务收支情况一览表

2014 年　　单位:元

序号	有关项目	金额	备注
1	12 个月的工资奖金	100 000	实际得到工资奖金
2	一年住房公积金收入	16 000	
3	归还欠款及利息	55 000	其中利息支出 25 000 元
4	日常生活开支	20 000	
5	汽车日常费用	15 000	
6	外出旅游费用	8 000	

3. 12 月 31 日,小李再次对他拥有的财产及债务情况进行汇总如表 1-3 所示:

表 1-3 小李的财产及债务一览表

2014 年 12 月 31 日　　单位:元

序号	有关财产及债务	金额	备注
1	一套自住商品房	590 000	原始成本 650 000 元,折旧 60 000 元;同类市场价 590 000 元。
2	一辆已用了 2 年的小汽车	120 000	原始成本 180 000 元,磨损 60 000 元;同类市场价 120 000 元。
3	各类银行存款	48 000	
4	股票与国库券	80 000	原价 80 000 元;市价 80 000 元。
5	欠银行及亲朋好友款项	470 000	

二、案例解读中的问题

1. 你认为小李所拥有的商品房、小轿车及股票与国库券应按哪种计量属性计量?为什么?

2. 2014 年小李的各项财产及债务是增加还是减少了?

3. 2014 年末,小李的总财富是多少,是增加了还是减少了?原因是什么?

三、案例的解读

1. 小李所拥有的商品房，小轿车属于固定资产，一般是初始计量用历史成本，后续计量需要按折旧后的价值计量。股票国库券假定是小李准备短期持有的交易性金融资产，应该用公允价值计量。

2. 2014 年 1 月 1 日小李的资产负债表如表 1-4 所示：

表 1-4　资产负债表

2013 年 12 月 31 日　　单位：元

资产	所有者权益
固定资产原值　830 000	实收资本 360 000
减：累计折旧　80 000	
固定资产净值　750 000	负债
银行存款　30 000	其他应付款　500 000
交易性金融资产　80 000	
资产合计 860 000	负债及所有者权益 860 000

3. 1 年后小李的资产负债情况及盈利情况如表 1-5，1-6 所示：

表 1-5　利润表

2014 年　　单位：元

项目	金额
收入	116 000
支出	
利息	25 000
其他（开支）	43 000
折旧费用	10 000＋30 000
净收入	8 000

表 1-6　资产负债表

2014 年 12 月 31 日　　单位：元

资产	所有者权益
固定资产原值　830 000	实收资本　360 000
减：累计折旧　120 000	盈利　8 000
固定资产净值　710 000	负债
银行存款　48 000	其他应付款　470 000

续 表

资产	所有者权益
交易性金融资产　80 000	
资产合计　838 000	负债及所有者权益合计　838 000

评价：小李总财富发生了增值，主要是收入高于支出所致。

思考题

1. 你对会计概念的理解如何？
2. 如何理解复式记账法的意义？
3. 会计的对象是什么？会计的对象要素包括哪些？
4. 会计职能有何特点？
5. 会计的目标是什么？

第二章 复式记账的基本原理

第一节 会计等式

一、会计等式

在会计核算中各会计要素并不是彼此孤立的，而是存在着密切的联系。反映各个会计要素之间数量关系的等式，称为会计等式，又称会计方程式、会计平衡公式。会计要素和会计等式都是会计核算中设置账户、复式记账和构筑会计报表的基本依据，也是整个会计核算方法体系的理论基础。

会计要素之间的平衡关系包括以下 3 个方面：

（一）资产、负债、所有者权益之间的数量关系

企业为了从事生产经营活动，首先必须筹集一定的经营资金，并用这些资金购置必要的劳动资料和劳动对象。企业所拥有的这些劳动资料和劳动对象，是能够为企业带来预期经济利益的资源，会计核算中称为资产。另一方面，这些资源又有特定的来源，要么来源于债权人，形成企业的负债；要么来源于投资者，形成所有者权益。投资人和债权人对企业投入了全部的资源，必然对企业的资产享有要求权，这种要求权在会计核算中统称为权益。一个企业拥有的资产和权益，是同一资金运动的两个不同的侧面，是从两个不同的角度观察和分析的结果："资产"体现了资金的占用形态，"权益"则体现了资金的来源渠道。从数量上看，一个企业的资产总额与权益总额必定相等，有一定数额的资产，就必然有相应数额的权益；有一定数额的权益，也必然对应着相应数额的资产，资产与权益是对等的。用公式表示：

资产＝权益

不同类型的资源提供者对企业的资产拥有的要求权不同。投资人拥有的权益称为所有者权益，债权人拥有的权益称为债权人权益，又称为负债。因此上述等式可进一步具体化为：

资产＝债权人权益＋所有者权益

或：资产＝负债＋所有者权益

上述等式从静态角度反映了资产、负债、所有者权益之间的平衡关系。从动态上看,企业的生产经营活动连续不断地进行,每时每刻都会发生经济业务,任何一项经济业务的发生都可能会引起资产、负债、所有者权益发生增减变化。但不论企业在生产经营过程中发生了多少经济业务,也不论资产、负债、所有者权益这三个要素在数量上如何发生增减变化,都始终不会破坏这一等式的平衡关系,故它又被称为“会计恒等式”。“会计恒等式”是会计核算中复式记账、账户余额试算平衡以及编制资产负债表的理论依据。

(二)收入、费用、利润之间的数量关系

企业的生产经营活动是以营利为目的的。企业在其生产活动过程中,一方面根据社会需要向社会提供商品和劳务,并获得相应的资金回报,形成企业的收入;另一方面,企业为了取得这些收入也将发生各种各样的耗费,这些耗费的货币表现就是费用。将取得的收入与相应的费用进行配比,全部收入减去全部费用的差额,正数代表盈利,负数代表亏损。因此,企业在生产经营过程中形成一定期间经营成果的平衡关系:

收入－费用＝利润(盈利或亏损)

这一等式反映了收入、费用、利润 3 个会计要素之间的关系,反映了企业在一定会计期间经营成果的形成过程,也是编制利润表的理论依据。

(三)6 个会计要素之间的数量关系

由于企业取得收入将会引起资产增加或负债减少,导致所有者权益随之增加;而费用会引起资产减少或负债增加,导致所有者权益随之减少。另一方面来看,由于企业是由所有者(投资者)投资创建的,企业实现的利润也只能是属于所有者,因此利润的实现表明所有者在企业中享有的所有者权益数额的增加;反之,企业经营亏损,也只能由企业的所有者承担,表明所有者在企业中享有的所有者权益数额的减少。因此,如果将上述两个公式结合起来,则可以得到如下反映资产、负债、所有者权益、收入、费用和利润各会计要素之间相互关系的会计等式:

资产＝负债＋所有者权益＋(收入－费用)

或:资产＝负债＋所有者权益＋利润

这一等式表明会计主体的财务状况与经营成果之间的相互联系。财务状况表明企业在某一特定日期资金的来源与占用情况,反映一定日期的资产的存量情况;经营成果则表现企业一定期间净资产增加(或减少)情况,反映一定期间的资产的增量(或减量)。企业的经营成果这一增量最终要影响到企业的财务状况这一存量,企业实现利润,将使企业资产存量增加,或负债减少;企业亏损,将使企业资产存量减少,或负债增加。

期末,企业的利润经过利润分配,形成盈余公积和未分配利润,又变成所有者权益的具体形式,这样,会计等式又恢复为:

资产＝负债＋所有者权益

这就是说,企业在生产经营过程中会发生各种各样的经济业务。这些经济业务会引起资产、负债、所有者权益、收入、费用和利润这 6 个会计要素的增减变动。资产、负债、所有者权益的增减变动不会影响“资产＝负债＋所有者权益”这一等式的平衡关系;

同样,收入、费用、利润的增减变动也不会影响"资产=负债+所有者权益"的平衡关系。因而,可以得出如下结论:企业的任何经济业务都不会破坏会计等式的平衡关系,"资产=负债+所有者权益"始终是成立的,称为"会计恒等式"。会计要素之间的相互关系具体如图 2-1 所示。

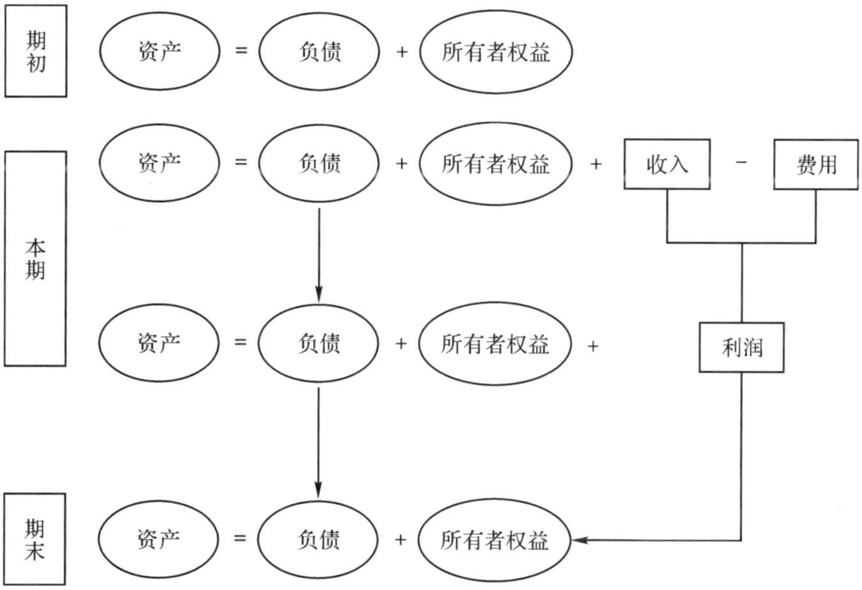

图 2-1 会计要素与会计等式

二、经济业务对会计等式的影响

企业生产经营过程中发生的、能够引起会计要素增减变化的事项,会计上通常称为经济业务(或称会计事项)。企业发生的经济业务虽然复杂繁多,但就其对企业资产和权益的影响来看,不外乎下述 4 种类型:

第一,经济业务的发生,引起企业资产和权益同时等额增加;

第二,经济业务的发生,引起企业资产和权益同时等额减少;

第三,经济业务的发生,引起企业资产内部相关项目此增彼减,增减金额相等;

第四,经济业务的发生,引起企业权益内部相关项目此增彼减,增减金额相等。

上述 4 种类型可以延伸为 9 种业务,具体举例如表 2-1 所示。

表 2-1 4 大类型 9 种经济业务举例

单位:万元

序号	业务举例	会计等式与要素的变化		
		资产 =	负债 +	所有者权益
		100	30	70
1	收到股东投资款 30	增加 +30		增加 +30

续 表

序号	业务举例	会计等式与要素的变化		
		资产 =	负债 +	所有者权益
		100	30	70
2	向银行借款 20	增加 +20	增加 +20	
3	股东收回投资款 5	减少 -5		减少 -5
4	归还银行借款 10	减少 -10	减少 -10	
5	用存款购买原材料 7	增加,减少 +7,-7		
6	向银行借款 10,归还应付账款		增加,减少 +10,-10	
7	将资本公积 10 转为实收资本			增加,减少 +10, -10
8	准备向股东分红 10,款项尚未支付		增加 +10	减少 -10
9	所欠某公司货款 5,转作该公司对企业投资款		减少 -5	增加 +5
合计		资产 =	负债 +	所有者权益
		135 =	45 +	90

此外,在将“资产=负债+所有者权益”关系递进为“资产=负债+所有者权益+收入-费用”条件下,企业经济业务的发生,也不会影响会计要素间的平衡关系。

如根据上述会计等式,企业将成本为 3 万元库存商品进行赊销,实现收入 5 万元。

	资产=	负债+	所有者权益+	收入-	费用
	135 万元	45 万元	90 万元		
本期赊账销售	+5 万元			+5 万元	
商品销售成本	-3 万元				-3 万元
合计	137 万元=	45 万元	+90 万元	+5 万元	-3 万元

因此,在动态的条件下,会计要素之间的上述关系,也会继续成立。

任何经济业务的发生,都不会超出上述 4 种类型。不管属于哪种类型,这些经济业务发生后都不会破坏会计等式的平衡关系。会计等式的这种平衡关系,是会计设置账户、复式记账和编制财务报表的理论基础。正确地理解和运用这种平衡关系,对于正确地进行会计核算具有重要的意义。

第二节　会计科目与账户

一、会计科目

(一)会计科目的意义

前面已经讲到,为了提供会计信息,要将会计核算对象的具体内容划分为若干个会计要素,这是对会计内容的第一次分类,也是最基本的分类。会计为了实现其职能,不仅要提供各个会计要素增减变化过程及其结果的总括数据,还要提供一系列更加具体、详细的分类数据,反映资金运动的全过程和结果。因此,必须对会计要素的具体内容按照一定标准再次进行分类,这样就形成了不同的会计科目。

会计科目是对会计要素的具体内容进一步分类核算的项目。例如:资产要素包括库存现金、银行存款、应收账款、原材料、固定资产等,由于它们的经济内容或用途不同,会计核算过程中应对它们进行分类,提供分类信息,分类的结果就形成了不同的资产类会计科目,从而将不同内容的资产项目区别开来;负债和所有者权益代表了企业资金的来源渠道,为了反映企业资金来源的具体渠道及每一种来源渠道的资金数额,会计上也应对它们进行分类,从而形成不同的负债类会计科目和所有者权益科目。收入、费用、利润要素亦是如此。可见,会计科目的实质,是在会计要素的基础上对会计核算内容的进一步分类,目的是为设置账户、进行分类核算提供依据。

(二)会计科目的分类

1. 按照反映的经济内容(会计要素)分类,可以分为资产类、负债类、所有者权益类、共同类、成本类、损益类 6 大类。

既然会计科目是对各会计要素的具体内容进一步分类所形成的项目,而会计要素分为资产、负债、所有者权益、收入、费用、利润 6 项,为什么会计科目的划分与会计要素不完全一致呢? 这是因为利润本身属于所有者权益,其会计科目可以归入所有者权益科目中;收入、费用都跟计算经营损益有关,统称为损益类;另外,为了对生产经营过程中发生的耗费进行归集,计算产品或劳务的成本,又产生了成本类会计科目。共同类科目是指:既有资产性质,又有负债性质,这样有共性的科目;共同类科目的特点需要从其期末余额所在方向界定其性质,共同类科目多为金融、保险、投资、基金等公司使用,包括清算资金往来、货币兑换、衍生工具、套期工具、被套期项目。这样,会计科目按照反映的经济内容来看,分为资产类、负债类、所有者权益类、共同类、成本类、损益类 6 大类。

2. 按照所提供信息的详细程度分类,可以分为总分类科目和明细分类科目。

总分类科目是对某一会计要素的具体内容进行总括分类而形成的项目,提供总括的会计数据,又称一级科目。

明细分类科目是对某一总分类科目进一步分类的项目,提供较为详细的会计数据,主要为企业内部经营管理使用。明细分类科目可以是 1 个级次,也可以是 2～3 个级次,视经营管理的需要而定。

例如,“原材料”科目属于总分类科目,反映企业库存的各种材料,包括原料及主要材料、辅助材料、外购半成品、修理用备件等。管理上需要掌握各种原材料在一定时期内增减变动和结存的详细情况,会计上就需要设置明细科目,进行明细分类核算,可先按材料的类别设置二级明细科目,如圆钢、方钢、钢板等,再在二级明细科目下按照各种材料的规格、型号等分设三级明细科目。

(三)会计科目表

在我国,会计科目是会计制度中的一项重要内容,总分类科目通常由国家财政部门统一制定,企业在不违反会计准则中确认、计量和报告规定的前提下,可以根据本单位的实际情况自行增设、分拆、合并会计科目。企业不存在的交易或者事项,可不设置相关会计科目。对于明细科目,企业可以比照“企业会计科目表”中的规定自行设置。会计科目编号供企业填制会计凭证、登记会计账簿、查阅会计账目、采用会计软件系统参考,企业可结合实际情况自行确定会计科目编号。为了便于掌握和运用会计科目,现将《企业会计准则——应用指南》中设置的会计科目如表 2-2 所示:

表 2-2 企业会计科目表

顺序号	编号	会计科目名称	会计科目适用范围
一、资产类			
1	1001	库存现金	
2	1002	银行存款	
3	1003	存放中央银行款项	银行专用
4	1011	存放同业	银行专用
5	1012	其他货币资金	
6	1021	结算备付金	证券专用
7	1031	存出保证金	金融共用
8	1101	交易性金融资产	
9	1111	买入返售金融资产	金融共用
10	1121	应收票据	
11	1122	应收账款	
12	1123	预付账款	
13	1131	应收股利	
14	1132	应收利息	
15	1201	应收代位追偿款	保险专用
16	1211	应收分保账款	保险专用
17	1212	应收分保合同准备金	保险专用
18	1221	其他应收款	

续 表

顺序号	编号	会计科目名称	会计科目适用范围
19	1231	坏账准备	
20	1301	贴现资产	银行专用
21	1302	拆出资金	金融共用
22	1303	贷款	金融共用
23	1304	贷款损失准备	金融共用
24	1311	代理兑付证券	金融共用
25	1321	代理业务资产	
26	1401	材料采购	
27	1402	在途物资	
28	1403	原材料	
29	1404	材料成本差异	
30	1405	库存商品	
31	1406	发出商品	
32	1407	商品进销差价	
33	1408	委托加工物资	
34	1411	周转材料	
35	1421	消耗性生物资产	农业专用
36	1431	贵金属	金融共用
37	1441	抵债资产	金融共用
38	1451	损余物资	保险专用
39	1461	融资租赁资产	租赁专用
40	1471	存货跌价准备	
41	1501	持有至到期投资	
42	1502	持有至到期投资减值准备	
43	1503	可供出售金融资产	
44	1511	长期股权投资	
45	1512	长期股权投资减值准备	
46	1521	投资性房地产	
47	1531	长期应收款	
48	1532	未实现融资收益	
49	1541	存出资本保证金	保险专用
50	1601	固定资产	

续　表

顺序号	编号	会计科目名称	会计科目适用范围
51	1602	累计折旧	
52	1603	固定资产减值准备	
53	1604	在建工程	
54	1605	工程物资	
55	1606	固定资产清理	
56	1611	未担保余值	租赁专用
57	1621	生产性生物资产	农业专用
58	1622	生产性生物资产累计折旧	农业专用
59	1623	公益性生物资产	农业专用
60	1631	油气资产	石油天然气开采专用
61	1632	累计折耗	石油天然气开采专用
62	1701	无形资产	
63	1702	累计摊销	
64	1703	无形资产减值准备	
65	1711	商誉	
66	1801	长期待摊费用	
67	1811	递延所得税资产	
68	1821	独立账户资产	保险专用
69	1901	待处理财产损益	
二、负债类			
70	2001	短期借款	
71	2002	存入保证金	金融共用
72	2003	拆入资金	金融共用
73	2004	向中央银行借款	银行专用
74	2011	吸收存款	银行专用
75	2012	同业存放	银行专用
76	2021	贴现负债	银行专用
77	2101	交易性金融负债	
78	2111	卖出回购金融资产款	金融共用
79	2201	应付票据	
80	2202	应付账款	
81	2203	预收账款	

续 表

顺序号	编号	会计科目名称	会计科目适用范围
82	2211	应付职工薪酬	
83	2221	应交税费	
84	2231	应付利息	
85	2232	应付股利	
86	2241	其他应付款	
87	2251	应付保单红利	保险专用
88	2261	应付分保账款	保险专用
89	2311	代理买卖证券款	证券专用
90	2312	代理承销证券款	金融共用
91	2313	代理兑付证券款	金融共用
92	2314	代理业务负债	
93	2401	递延收益	
94	2501	长期借款	
95	2502	应付债券	
96	2601	未到期责任准备金	保险专用
97	2602	保险责任准备金	保险专用
98	2611	保户储金	保险专用
99	2621	独立账户负债	保险专用
100	2701	长期应付款	
101	2702	未确认融资费用	
102	2711	专项应付款	
103	2801	预计负债	
104	2901	递延所得税负债	
三、共同类			
105	3001	清算资金往来	银行专用
106	3002	货币兑换	金融共用
107	3101	衍生工具	
108	3201	套期工具	
109	3202	被套期项目	
四、所有者权益类			
110	4001	实收资本	
111	4002	资本公积	

续 表

顺序号	编号	会计科目名称	会计科目适用范围
112	4101	盈余公积	
113	4102	一般风险准备	金融共用
114	4103	本年利润	
115	4104	利润分配	
116	4201	库存股	
五、成本类			
117	5001	生产成本	
118	5101	制造费用	
119	5201	劳务成本	
120	5301	研发支出	
121	5401	工程施工	建造承包商专用
122	5402	工程结算	建造承包商专用
123	5403	机械作业	建造承包商专用
六、损益类			
124	6001	主营业务收入	
125	6011	利息收入	金融共用
126	6021	手续费及佣金收入	金融共用
127	6031	保费收入	保险专用
128	6041	租赁收入	租赁专用
129	6051	其他业务收入	
130	6061	汇兑损益	金融专用
131	6101	公允价值变动损益	
132	6111	投资收益	
133	6201	摊回保险责任准备金	保险专用
134	6202	摊回赔付支出	保险专用
135	6203	摊回分保费用	保险专用
136	6301	营业外收入	
137	6401	主营业务成本	
138	6402	其他业务成本	
139	6403	税金及附加	
140	6411	利息支出	金融共用

续 表

顺序号	编号	会计科目名称	会计科目适用范围
141	6421	手续费及佣金支出	金融共用
142	6501	提取未到期责任准备金	保险专用
143	6502	提取保险责任准备金	保险专用
144	6511	赔付支出	保险专用
145	6521	保单红利支出	保险专用
146	6531	退保金	保险专用
147	6541	分出保费	保险专用
148	6542	分保费用	保险专用
149	6601	销售费用	
150	6602	管理费用	
151	6603	财务费用	
152	6604	勘探费用	
153	6701	资产减值损失	
154	6711	营业外支出	
155	6801	所得税费用	
156	6901	以前年度损益调整	

二、账户

(一)账户的意义

账户是根据会计科目开设的，具有一定的结构和格式，用于连续、系统、分类记录和反映各会计要素具体内容增减变动情况的一种工具。

设置账户，利用账户登记经济业务的数据，是会计核算的一种专门方法。每个账户都反映一定的经济内容，还有一定结构，用来反映该项目的增加、减少及结存情况。

账户与会计科目是两个既有联系又有区别的概念。它们的联系在于:账户是根据会计科目设置的，会计科目是账户的名称，账户则是会计科目的具体运用，两者所反映的经济内容相同。没有会计科目，账户便失去了设置依据;没有账户，就无法发挥会计科目的作用。两者的区别表现在:会计科目只是对会计对象具体内容进行分类的项目，本身没有结构，不能直接记录经济内容的增减变化情况;而账户则具有一定的结构，能够具体的记录经济业务的增减变动及其结果。在会计实务中，人们往往对会计科目和账户不加严格区分，而是相互通用。

(二)账户的基本结构

账户是在分类的基础上记录经济业务数据的工具和载体，这就决定了它必须具有合理的结构。这也是账户不同于会计科目之所在。

首先,任何一个账户都需要有一个名称。账户的名称即会计科目,它决定了账户所记录、反映的经济业务内容。其次,任何一项经济业务的发生都会引起会计要素及其具体项目的变动,而这种变动从数量上看不外乎两种情况:增加或减少,与此相适应,账户在结构上也应划分为左右两方,一方用于登记增加额,另一方用于登记减少额。至于哪一方记录增加,哪一方记录减少,则要取决于账户所记录的经济业务的内容和所采用的记账方法。在借贷记账法下,账户的左方称为"借方",右方称为"贷方"。账户名称加上登记增加额和减少额的两方,就构成了账户的基本结构。账户的简要格式如图 2-2 所示:

图 2-2　账户的基本结构

这种格式类似于英文字母"T",或中文的"丁"字,所以一般称之为"T"字形账户或"丁"字形账户。

在实际工作中,账户的格式并非如此简单,除账户名称和左右两方外,还需要设置若干辅助栏目,用以登记反映经济业务详细情况的其他内容。我国会计实际工作中常用的账户结构,一般包括以下项目:

(1)账户名称(即会计科目)——规定账户所要记录的经济业务内容;

(2)日期——记录经济业务的时间;

(3)凭证号数——登记账户的依据;

(4)摘要——简要说明经济业务的内容;

(5)金额——增加金额、减少金额和余额。

我国会计工作中常用的账户结构如表 2-3 所示:

表 2-3　常用的账户结构

账户名称:×××

年		凭证号数	摘　要	借 方	贷 方	借或贷	余　额
月	日						

(三)账户的指标及其关系

账户中所记录的金额包括期初余额、本期增加发生额、本期减少发生额和期末余额。即账户的 4 个指标。

本期增加发生额，是指一定时期内在账户中记录的增加金额。本期减少发生额，是指一定时期内在账户中记录的减少金额。增减相抵后的差额称为账户的余额，余额按其表示的时间不同，分为期初余额和期末余额。期初余额和本期增加发生额之和与本期减少发生额相抵后的差额，就是期末余额。本期的期末余额转入下期，就是下期的期初余额。上述 4 个指标的关系可用等式表示如下：

期末余额＝期初余额＋本期增加发生额－本期减少发生额

小结：通过上述内容的介绍可知，会计要素是反映会计对象内容的概念名称，会计科目是按会计要素的经济特征进一步分类的项目名称，即是表现资金运动的最小单位名称；会计账户是用来登记资金运动的具体格式或载体。

第三节　复式记账法

一、记账方法

设置账户，仅仅是对会计要素进行科学分类，为会计信息的加工处理提供了必要的"场所"。如何运用账户来记录经济业务及其引起的会计要素各有关项目的增减变动情况，还必须采用科学的记账方法。

记账方法，就是指在账户中记录经济业务的方式和方法。从会计发展的历史看，人类采用过并经过长期实践的记账方法主要有两种：单式记账法和复式记账法。

（一）单式记账法

单式记账法，是对发生的每一项经济业务只在一个账户中进行单方面记录的一种方法。它的主要特征是：通常只记录现金、银行存款的收付业务和应收、应付等往来款项的增减变动情况，而对实物的收付业务一般不作登记。例如，用银行存款 5 000 元购买原材料，记账时，只记银行存款减少 5 000 元，而不登记原材料增加；如果购买的这批原材料没有付款，也只在应付款的账户中登记增加，而不登记原材料的增加。可见，单式记账法的记账手续较为简单，但账户的记录是不完整的，不能全面、系统地反映经济业务的来龙去脉，账户记录也没有相互平衡的概念，不便于检查账户记录的正确性。因此，单式记账法很快被复式记账法所取代。

（二）复式记账法

复式记账法，是指对发生的每一项经济业务，都以相等的金额，同时在相互联系的 2 个或 2 个以上的账户中进行登记的一种记账方法。如前例用银行存款购买原材料，既要登记银行存款的减少，也要登记原材料的增加，这 2 个账户记录是相互联系的，说明购买原材料使用了银行存款，银行存款的减少是由于购买了原材料。可见，采用复式记账法，任何一笔经济业务至少要在两个账户中，以相等的金额，相互联系地登记；如果一笔经济业务涉及两个以上的账户，就要在两个以上的账户中相互联系地登记。复式记账法的产生，是人类会计史上跨越时代的进步，它使会计的记录体现了全面、辨证的思想。

复式记账法是以会计等式为依据建立的一种记账方法。根据会计等式的这个平衡原理,首先根据每一个会计要素的项目来设置会计科目或账户,当经济业务发生时,就对其所引起的会计要素及其项目的增减变动数据,在与其相对应的两个或两个以上相互联系的会计科目或账户中作成双重记录,这种双重记录就是复式记账。

与单式记账法相比较,复式记账法的科学性体现在以下两个方面:

第一,由于复式记账法对每一项经济业务都在相互联系的两个或两个以上的账户中作双重记录,不仅可以了解每一项经济业务的来龙去脉,而且在全部经济业务都登记入账以后,可以通过账户记录了解经济活动的全过程和结果;

第二,由于对每项经济业务都以相等的金额进行分类登记,因而可以利用账户记录进行试算平衡,以检查账户记录是否正确。

复式记账法由于具备上述特点,因而被世界各国公认为是一种十分科学的记账方法而被广泛采用。在我国会计史上,曾经出现了收付记账法、借贷记账法、增减记账法三种复式记账法。为了与国际会计接轨,我国于 1992 年 11 月颁布的《企业会计准则》规定,从 1993 年 7 月 1 日起,我国境内的所有企业一律采用借贷记账法。1998 年实施的《事业单位会计准则》《行政单位会计准则》也规定行政、事业单位一律采用借贷记账法。这样,在记账方法上我国与世界各国统一起来,增减记账法和收付记账法也就退出了我国会计实务。因此,本书重点介绍借贷记账法。

二、借贷记账法

借贷记账法是以“借”和“贷”作为记账符号,以会计恒等式为理论依据,对每一项经济业务都以借贷相等的金额同时在两个或两个以上相互联系的账户中进行登记的一种复式记账方法。

借贷记账法大约起源于 13 世纪前后的意大利,是当今世界各国普遍采用的一种复式记账方法,也是世界上最早产生的一种复式记账方法。借贷记账法的基本内容包括记账符号、账户结构、记账规则和试算平衡四项。

(一)记账符号

借贷记账法以“借”和“贷”作为记账符号。账户的左方称为“借方”,右方称为“贷方”。“借”和“贷”两字最初是有含义的,它同债权、债务有关,是从借贷资本家的角度来考虑解释的。借贷记账法产生于 13 世纪前后的意大利,当时借贷资本盛行,银行资本家为了记录吸收的存款和放出的贷款,把吸收进来的存款记在贷主名下,称为“贷”,表示“欠人”;把付出去的放款,记在借主名下,称为“借”,表示“人欠”。这样,“借”和“贷”两字最初是适应借贷资本家记录其货币的存入和放出,“借”“贷”两字表示借贷资本家的债权、债务及其增减变化。后来,随着经济的不断发展和经营管理要求的提高,记账内容逐步扩展,除了现金以外,还将实物形式的财产、物资,以及收入、费用等的增减变动也置于会计的核算与监督之中。这时,为了求得记账的一致,对于非货币资金的借贷业务,也用“借”“贷”两字来说明经济业务的变化情况。因此,“借”“贷”两字逐渐失去了原来的字面含义，成为会计学中纯粹的记账符号。

（二）账户结构

在借贷记账法下，账户的基本结构是：左方为借方，右方为贷方。但究竟哪一方登记增加的金额，哪一方登记减少的金额，则要视账户所反映的经济内容及其性质来决定。下面分别说明各类账户的具体结构：

1. 资产类账户

资产类账户的结构是：资产的增加金额记入账户的借方，减少金额记入账户的贷方，账户若有余额，一般为借方余额，表示资产的结余数额。其账户结构如图 2-3 所示：

借方		账户名称	贷方
期初余额 本期增加额 …	××× ×××	 本期减少额 …	 ×××
本期发生额合计	×××	本期发生额合计	×××
期末余额	×××		

图 2-3　资产类账户的结构

资产类账户期末余额的计算公式是：

资产类账户的期末借方余额 = 资产类账户的期初借方余额 + 本期借方发生额合计 − 本期贷方发生额合计

2. 负债类账户

负债类账户的结构是：负债的增加金额记入账户的贷方，减少金额记入账户的借方，账户若有余额，一般为贷方余额，表示负债的结余数额。其账户结构如图 2-4 所示：

借方		账户名称	贷方
 本期减少额 …	 ×××	期初余额 本期增加额 …	××× ×××
本期发生额合计	×××	本期发生额合计	×××
		期末余额	×××

图 2-4　负债类账户的结构

负债类账户期末余额的计算公式是：

负债类账户的期末贷方余额 = 负债类账户的期初贷方余额 + 本期贷方发生额合计 − 本期借方发生额合计

3. 所有者权益类账户

所有者权益类账户的结构与负债类账户的结构相同:增加的金额记入账户的贷方,减少金额记入账户的借方,账户若有余额,一般为贷方余额,表示所有者权益的结余数额。其账户结构如图 2-5 所示:

借方	账户名称		贷方
		期初余额	×××
本期减少额	×××	本期增加额	×××
…		…	
本期发生额合计	×××	本期发生额合计	×××
		期末余额	×××

图 2-5　所有者权益类账户的结构

所有者权益类账户期末余额的计算公式是:

所有者权益类账户的期末贷方余额 = 所有者权益类账户的期初贷方余额 + 本期贷方发生额合计 − 本期借方发生额合计

4. 收入类账户

收入的取得最终会导致所有者权益的增加,所以收入类账户的记录方法与所有者权益类账户相似:收入的增加额记入账户贷方,收入的减少额记入账户的借方,会计期末,应将账户的贷方与借方的差额(称为转销额)转入“本年利润”账户,结转后期末无余额。其账户结构如图 2-6 所示:

借方	账户名称		贷方
本期减少额	×××	本期增加额	×××
本期发生额转出	×××	…	
…			
本期发生额合计	×××	本期发生额合计	×××

图 2-6　收入类账户的结构

5. 费用类账户

费用的发生最终会导致所有者权益的减少,所以费用类账户的记录方法与所有者权益类账户相反:费用的增加额记入账户的借方,费用的减少额记入账户的贷方,会计期末,应将账户的借方与贷方的差额(称为转销额)转入“本年利润”账户,结转后期末无余额。其账户结构如图 2-7 所示:

借方	账户名称	贷方
本期增加额 ××× …	本期减少额 ××× 本期发生额转出 ××× …	
本期发生额合计 ×××	本期发生额合计 ×××	

图 2-7　费用类账户的结构

6. 利润账户

利润账户是反映企业在一定期间内盈利或亏损情况的账户。反映利润的账户有两个:"本年利润"账户和"利润分配"账户。"本年利润"账户是反映企业在一个会计年度内盈利或亏损情况的账户,"利润分配"账户则是反映企业对实现的利润进行分配或亏损的弥补情况的账户。从经济内容上看,利润本身属于所有者权益,但这两个账户的结构又有其特点,故需单独说明。

如前所述,利润与收入、费用有密切联系,某一期间的收入大于费用为盈利,反之收入小于费用为亏损,所以,它的记录方法与收入类账户、费用类账户相联系。在年度内,利润的核算通过"本年利润"账户来进行:由收入类账户转来的本期收入合计数记入该账户的贷方,由费用类账户转来的本期费用合计数记入该账户的借方,如贷方大于借方,余额在贷方,表示年度内的盈利;如借方大于贷方,余额在借方,表示年度内的亏损。年度终了,企业的利润或亏损要进行分配或亏损弥补,故要将"本年利润"账户中记录的全年的盈利或亏损转入"利润分配"账户,结转后,"本年利润"账户就没有余额了,下一年度再重新开设这个账户。由于利润分配的核算过程较为复杂,"利润分配"账户的结构我们在后续章节中再作介绍。"本年利润"账户的结构如图 2-8 所示:

借方	本年利润	贷方
期初余额(年度内亏损) ××× 本期费用转入额 ××× …	期初余额(年度内盈利) ××× 本期收入转入额 ××× …	
本期发生额合计 ×××	本期发生额合计 ×××	
期末余额(年度内亏损) ×××	期末余额(年度内盈利) ×××	

图 2-8　"本年利润"账户的结构

以上介绍了借贷记账法的记录方法和账户的结构,据此,可以将借贷记账法下利用账户登记经济业务数据的方法归纳如下:

第一,在借贷记账法下,任何账户都要分设为借方和贷方两个部分,但各个账户的借方和贷方,哪一方登记增加额,哪一方登记减少额,则要视经济业务的内容和该账户的性质而定。

第二,在账户中登记本期经济业务的数据之前,若该账户有期初余额,应先登记期初余额,然后再将本期发生的经济业务数据分别记入借方或贷方。会计期末要分别加计本期借方的金额合计数和本期贷方的金额合计数,根据每个账户的期初余额、本期借方发生额合计和本期贷方发生额合计,计算出账户的期末余额。本期的期末余额转入下期,即成为下期的期初余额。

此外,在借贷记账法下,还可以根据需要设置一些共同性质账户。共同性质账户又称"双重性质账户",是指具有资产和负债双重性质的账户。这类账户的余额可能在借方,也可能在贷方,但不可能同时出现借方余额和贷方余额。根据共同性质账户期末余额的方向,就可以确定账户的性质。如果余额在借方,就代表资产,如果余额在贷方,就代表负债。设置共同性质账户,可以减少账户数量,使账户处理更为简便灵活。

综合以上对各类账户结构的说明,现将账户全部借方和贷方所记录的经济内容整理归纳,如图 2-9 所示:

借方　　　　账户名称　　　　贷方

借方	贷方
资产的增加 负债的减少 所有者权益的减少 收入的减少 费用的增加 利润的减少	资产的减少 负债的增加 所有者权益的增加 收入的增加 费用的减少 利润的增加
资产的余额	负债和所有者权益的余额

图 2-9　各类账户借方、贷方登记内容示意图

(三)记账规则:"有借必有贷,借贷必相等"

记账规则也即记账规律,是对企业发生的所有经济业务在账户中进行登记的过程中所发现的共性特征的总结。按照复式记账原理,对发生的每一笔经济业务都以相等的金额同时在两个或两个以上相互联系的账户中进行登记。在借贷记账法下,账户的左方为借方,右方为贷方,哪一方登记增加金额,哪一方登记减少金额,须视经济业务的内容以及账户的性质而定。为此,在实际运用借贷记账法登记经济业务时,须考虑以下几个问题:

第一,经济业务的类型;

第二,确定应记入哪两个或两个以上的账户;

第三,根据不同会计要素账户结构,确定经济业务的增加金额和减少金额的记账方位,即每一个账户应记在借方还是记在贷方。

下面以泰州铸造厂发生的经济业务为例来总结在借贷记账法下账户登记的过程及记账的规律。

【例 2-1】泰州铸造厂发生的部分经济业务如下：

业务 1：收到投资者凯旋企业的追加投资 200 000 元，存入银行。

这笔业务使银行存款和实收资本同时增加了 200 000 元，"银行存款"账户记入借方，"实收资本"账户记入贷方，登记过程如图 2-10 所示：

借方	银行存款	贷方
① 200 000		

借方	实收资本	贷方
		① 200 000

图 2-10　收到股东投资款的登记

业务 2：以银行存款偿还所欠某公司货款 50 000 元。

这笔业务使银行存款和应付账款同时减少 50 000 元，"银行存款"账户记入贷方，"应付账款"账户记入借方，登记过程如图 2-11 所示：

借方	银行存款	贷方
		② 50 000

借方	应付账款	贷方
② 50 000		

图 2-11　偿还欠款的登记

业务 3：购入一台设备，价款 80 000 元，以银行存款支付。

这笔业务使固定资产增加 80 000 元，同时使银行存款减少 80 000 元，"固定资产"账户记入借方，"银行存款"账户记入贷方，登记过程如图 2-12 所示：

借方	银行存款	贷方
		③ 80 000

借方	固定资产	贷方
③ 80 000		

图 2-12　购入设备的登记

业务 4：按照法定程序，将公司盈余公积 100 000 元转增资本金。

这笔业务使盈余公积减少 100 000 元，同时实收资本增加 100 000 元，"盈余公积"账户记入借方，"实收资本"账户记入贷方，登记过程如图 2-13 所示：

借方	盈余公积	贷方
④	100 000	

借方	实收资本	贷方
④		100 000

图 2-13　盈余公积转增资本金的登记

从上述经济业务(包含了经济业务对会计等式影响的所有类型)记入账户的过程可以看出,它们都有一些共同的规律:

第一,任何一笔经济业务的数据,都必然同时记入两个或两个以上相互联系的账户;

第二,所记入的两个或两个以上的账户可以是属于同一类的,也可以是属于不同类的,这取决于经济业务的内容,但记入账户时,必然是一个记在借方,另一个记在贷方,即“有借必有贷”;

第三,记入两个或两个以上账户的借方金额和贷方金额必须相等,即“借贷必相等”。

将上述过程加以概括,可以得出借贷记账法的记账规则是:“有借必有贷,借贷必相等。”

(四)账户对应关系与会计分录

1. 账户对应关系

以上介绍了借贷记账法下账户的记录方法和记账规则。从上述记录过程中可以看出,运用借贷记账法记账,任何一笔经济业务至少涉及两个账户,在这些账户中登记经济业务数据后,账户之间就形成了一种相互对照的关系,这种关系被称之为“账户对应关系”,存在着对应关系的账户则称为“对应账户”。借贷记账法下的账户对应关系有以下 4 种形式:一个账户的借方与另一个账户的贷方相对应,即“一借一贷”的形式;一个账户的借方与几个账户的贷方相对应,即“一借多贷”;几个账户的借方与一个账户的贷方相对应,即“多借一贷”;几个账户的借方与几个账户的贷方相对应,即“多借多贷”。在以上 4 种账户对应关系中,前 3 种对应关系都比较清楚,第 4 种比较复杂,在工作中应尽力避免,只有在不可避免的情况下才使用“多借多贷”的对应关系。通过账户的对应关系,可以清楚地了解每一笔经济业务的内容;通过相互对应的账户记录,可以清楚地反映各项经济业务数据的来龙去脉,还可以利用这种账户对应关系检查经济业务的合法合理性,检查会计记录的正确性。

2. 会计分录

以上举例是把经济业务数据直接记入账户,实际工作中并非如此。由于同一笔经济业务的内容需要分别记录在两个或两个以上的账户中,当业务数量繁多时,很容易发生漏记、重记、错记等记账错误,事后检查也很不方便。为了保证账户记录的正确性,在把经济业务的内容记入账户之前,要先编制会计分录。所谓会计分录,是指对每笔经济业务确定其应借记、应贷记的账户名称及其金额的一种记录。会计分录包含3项要素：账户名称、应借应贷的方向、记录金额。编制分录时须按照“先借后贷、借贷错开、借贷方各自对齐”的格式来进行编制。

现将前面4笔经济业务的会计分录列示如下：

①借：银行存款　　200 000
　　贷：实收资本　　200 000

②借：应付账款　　50 000
　　贷：银行存款　　50 000

③借：固定资产　　80 000
　　贷：银行存款　　80 000

④借：盈余公积　　100 000
　　贷：实收资本　　100 000

会计分录按涉及账户数量的多少分为简单会计分录和复合会计分录。简单会计分录是指只涉及两个账户的会计分录，即一借一贷的会计分录。如前面列举的4笔业务的会计分录都是简单会计分录。复合会计分录是指涉及两个以上账户的会计分录，即一借多贷、多借一贷或多借多贷的会计分录。下面另举一例，以说明复合会计分录的编制方法：

【例2-2】泰州铸造厂购入一批商品，价款30 000元，以银行存款支付18 000元，其余12 000元暂欠。

这笔业务使库存商品增加30 000元，银行存款减少18 000元，应付账款增加12 000元，应编制会计分录如下：

借：库存商品　　30 000
　　贷：银行存款　　18 000
　　　　应付账款　　12 000

实际上，一笔复合会计分录可以分解成几笔简单会计分录。比如上一笔复合会计分录可拆分成如下简单会计分录：

借：库存商品　　18 000
　　贷：银行存款　　18 000
借：库存商品　　12 000
　　贷：应付账款　　12 000

将复合会计分录分解为简单会计分录后，账户的对应关系更加清楚了。但编制复合会计分录可以集中反映经济业务的全面情况，简化记账手续。需要说明的是，会计分录是经济业务本质的会计反映，一项经济业务需要编制的是简单会计分录还是复合会计分录，完全取决于这项经济业务本身。既不要人为地把多项经济业务合并成复合会计分录，也不要人为地把一项经济业务分离成若干个简单会计分录。在编制会计分录时，为了保持清晰的账户对应关系，应尽力避免编制多借多贷的会计分录，除非这是经济业务所必需的。

(五)过账

在会计核算中,编制会计分录是一项重要工作。在会计实务工作中,它通常是根据发生的经济业务编制会计分录以后,再根据会计分录记入有关账户(这个过程称为过账),这样就能够减少记账中的差错。所以,为了保持账户记录的真实和正确,就必须严格保持会计分录的正确。如前所述泰州铸造厂发生的经济业务,按照复式记账法的基本原理进行分析,首先编制成会计分录,然后根据会计分录登记到相应的账户中。

(六)试算平衡

经济业务按照借贷记账法的记账步骤记入账户后,对于登记结果是否正确要进行检查。如何检查? 可以使用试算平衡的方法来进行。

试算平衡,就是利用账户本期发生额和余额各自存在的等量关系,来检查和验证账户记录是否正确的一种方法。前面说明了借贷记账法的记账规则、编制会计分录和过账的方法。如果编制的会计分录和过账都未发生错误,任何一笔经济业务的会计分录过入账户后,两个或两个以上对应账户的借方发生额和贷方发生额必然是相等的;一个会计期间的全部经济业务过入账户后,全部账户的借方发生额合计数和贷方发生额合计数也必然是相等的。同样,全部账户的期末(初)借方余额合计必然等于全部账户的期末(初)贷方余额合计。如果双方合计数不等,就说明账户记录发生了错误。试算平衡就是运用上述原理,来检查和验证账户记录是否正确的一种方法。试算平衡的具体方法有"发生额试算平衡"和"余额试算平衡"两种。

发生额试算平衡的计算公式为:

全部账户本期借方发生额合计=全部账户本期贷方发生额合计

余额试算平衡的计算公式为:

全部账户借方期初余额合计=全部账户贷方期初余额合计

全部账户借方期末余额合计=全部账户贷方期末余额合计

这两种方法在实际工作中是通过编制"本期发生额及余额试算平衡表"进行的,如表 2-4 所示:

表 2-4 总分类账户本期发生额及余额试算平衡表

年 月 日　　　　单位:元

账户名称	期初余额		本期发生额		期末余额	
	借方	贷方	借方	贷方	借方	贷方
合计						

试算平衡表编制完成之后，如果全部账户期初余额、本期发生额和期末余额各自的借方合计数等于贷方合计数，说明账户记录基本是正确的。之所以说是基本正确，因为有时编制会计分录和登记账户金额的错误并不影响借贷平衡，所以也不可能通过试算平衡表来发现，比如：一笔经济业务借贷两方都漏记入账户或在账户中重记；一笔经济业务的会计分录，借方金额和贷方金额发生了相同的错误；一笔经济业务应借、应贷账户被颠倒了或错用了账户名称；一笔经济业务过账时金额有错误，但错误金额恰好抵销等等。以上错误都不会影响试算表的平衡，从而不能被发现。因此，会计分录的日常复核检查是必要的。反过来看，如果试算平衡表不平衡，则说明账户的记录或计算一定存在着错误，应进一步查明原因，予以更正。应该说，通过试算平衡可以揭示编制会计分录和记账、算账过程中的一些错误，但并不能保证完全正确。

三、借贷记账法应用举例

以上介绍了借贷记账法的基本内容，本部分将以富丽商贸公司发生的经济业务为例，进一步说明借贷记账法的应用过程。

【例 2-3】富丽商贸公司于 2016 年 1 月 2 日开业，开业的第一个月发生了以下经济业务。

(1)1 月 2 日，收到所有者投入的货币资金 30 万元，存入企业的开户银行。

(2)1 月 4 日，向银行申请借款 50 万元，期限为 1 年，年利率 6%，利息每季度结算一次，借款已存入银行。

(3)1 月 5 日，购入货车一辆，价款 30 万元，款项用银行存款支付。

(4)1 月 6 日，购入一批商品，价款 60 万元，其中，26 万元用银行存款支付，其余款项暂欠。

(5)1 月 8 日，向客户销售商品一批，售价为 48 万元。收到货款 25 万元，存入银行，余下货款 23 万元尚未收到。

(6)上述销售业务所售出的商品已经交付给客户，这些商品的进价成本为 30 万元。

(7)1 月 20 日，收到客户前欠货款 13 万元。

(8)1 月 25 日，以银行存款支付前欠购货款 18 万元。

(9)1 月 30 日，经汇总本月以银行存款支付本月职工工资 4.5 万元、房屋租金 8 000 元、水电费 3 000 元。

(10)1 月 31 日，结转本期的收入。

(11)1 月 31 日，结转本期的费用。

步骤 1：根据上述经济业务编制会计分录

(1)借：银行存款	300 000	
贷：实收资本		300 000
(2)借：银行存款	500 000	
贷：短期借款		500 000
(3)借：固定资产	300 000	
贷：银行存款		300 000

(4)借:库存商品　　600 000
　　贷:银行存款　　260 000
　　　　应付账款　　340 000
(5)借:银行存款　　250 000
　　应收账款　　230 000
　　贷:主营业务收入　　480 000
(6)借:主营业务成本　　300 000
　　贷:库存商品　　300 000
(7)借:银行存款　　130 000
　　贷:应收账款　　130 000
(8)借:应付账款　　180 000
　　贷:银行存款　　180 000
(9)假定本月发生的人工费、房租费、水电费等全部记入“管理费用”。
　借:管理费用　　56 000
　　贷:银行存款　　56 000
(10)借:主营业务收入　　480 000
　　贷:本年利润　　480 000
(11)借:本年利润　　356 000
　　贷:主营业务成本　　300 000
　　　　管理费用　　56 000

步骤 2:根据以上会计分录登记账户并结出本期发生额和期末余额,如图 2-14 所示。

借方		银行存款	贷方
期初余额	0		
(1)	300 000	(3)	300 000
(2)	500 000	(4)	260 000
(5)	250 000	(8)	180 000
(7)	130 000	(9)	56 000
本期发生额合计	1 180 000	本期发生额合计	796 000
期末余额	384 000		

借方		应收账款	贷方
期初余额	0		
(5)	230 000	(7)	130 000
本期发生额合计	230 000	本期发生额合计	130 000
期末余额	100 000		

借方	库存商品		贷方
期初余额	0		
(4)	600 000	(6)	300 000
本期发生额合计	600 000	本期发生额合计	300 000
期末余额	300 000		

借方	固定资产		贷方
期初余额	0		
(3)	300 000		
本期发生额合计	300 000	本期发生额合计	0
期末余额	300 000		

借方	应付账款		贷方
		期初余额	0
(8)	180 000	(4)	340 000
本期发生额合计	180 000	本期发生额合计	340 000
		期末余额	160 000

借方	短期借款		贷方
		期初余额	0
		(2)	500 000
本期发生额合计	0	本期发生额合计	500 000
		期末余额	500 000

借方	实收资本		贷方
		期初余额	0
		(1)	300 000
本期发生额合计	0	本期发生额合计	300 000
		期末余额	300 000

借方	主营业务收入		贷方
		期初余额	0
(10)	480 000	(5)	480 000
本期发生额合计	480 000	本期发生额合计	480 000
		期末余额	0

借方	主营业务成本		贷方
期初余额	0		
(6)	300 000	(11)	300 000
本期发生额合计	300 000	本期发生额合计	300 000
		期末余额	0

借方	管理费用		贷方
(9)	56 000	(11)	56 000
本期发生额合计	56 000	本期发生额合计	56 000
期末余额	0		

借方	本年利润		贷方
(11)	356 000	(10)	480 000
本期发生额合计	356 000	本期发生额合计	480 000
		期末余额	124 000

图 2-14 富丽商贸公司 2016 年 1 月份账户记录

步骤 3:根据上述账户资料,编制总分类账户本期发生额及余额试算平衡表如表2-5所示。

表 2-5 富丽商贸公司总分类账户本期发生额及余额试算平衡表

2016 年 1 月 31 日　　单位:元

账户名称	期初余额		本期发生额		期末余额	
	借方	贷方	借方	贷方	借方	贷方
银行存款			1 180 000	796 000	384 000	

续 表

账户名称	期初余额		本期发生额		期末余额	
	借方	贷方	借方	贷方	借方	贷方
应收账款			230 000	130 000	100 000	
库存商品			600 000	300 000	300 000	
固定资产			300 000	0	300 000	
短期借款				500 000		500 000
应付账款			180 000	340 000		160 000
实收资本				300 000		300 000
本年利润			356 000	480 000		124 000
主营业务收入			480 000	480 000		0
主营业务成本			300 000	300 000	0	
管理费用			56 000	56 000	0	
合计			3 682 000	3 682 000	1 084 000	1 084 000

由表 2-5 可以看出，富丽商贸公司所有账户的期初余额、本期发生额、期末余额各自保持平衡，这说明整个记账过程基本是正确的。

步骤 4：根据账户记录，编制简易利润表及资产负债表，如表 2-6、2-7 所示。

表 2-6 利润表

编制单位：富丽商贸公司　　2016 年 1 月　　单位：元

主营业务收入	480 000
减：主营业务成本	300 000
管理费用	56 000
利润总额	124 000

表 2-7 资产负债表

编制单位：富丽商贸公司　　2016 年 1 月 31 日　　单位：元

资　产	期末余额	负债和所有者权益	期末余额
银行存款	384 000	短期借款	500 000
应收账款	100 000	应付账款	160 000
库存商品	300 000	实收资本	300 000
固定资产	300 000	本年利润	124 000
资产合计	1 084 000	负债和所有者权益合计	1 084 000

第四节　案例解读

一、案例信息

王恺是某大学会计专业的毕业生,刚参加工作不久。月末结账前编制了公司的试算平衡表如表 2-8 所示:

表 2-8　××公司结账前试算表

20××年 9 月 30 日　　　　单位:元

账户名称	借方金额	贷方金额
库存现金	2 400	
银行存款	138 000	
应收账款	64 000	
原 材 料	83 000	
库存商品	96 000	
生产成本	19 000	
固定资产	670 000	
累计折旧		120 000
短期借款		40 000
应付账款		72 000
实收资本		800 000
主营业务收入		148 000
主营业务成本	75 000	
销售费用	9 800	
管理费用	9 800	
财务费用	500	
合计	1 167 500	1 180 000

二、案例解读中的问题

由于日常会计处理中的某些错误,故该表未能平衡。经逐笔核查各项会计处理记录,发现有下列问题:

(1)收回货款 9 800 元存入银行,编制会计分录时误看成 8 900 元;

(2)购买商品一批,价款 8 500 元,已支付,误作为固定资产处理并登记入账;

(3)用银行存款代购货单位支付购货运杂费 3 200 元,误作为公司的销售费用处理登记入账;

(4)以银行存款偿付所欠货款 4 900 元,记账时"应付账款"账户误记入贷方;

(5)赊销商品一批，价款 18 600 元，过账时“应收账款”账户借方误记为 16 800 元；

(6)主营业务收入中有一笔为 6 700 元，过账时误记为 7 600 元。

三、案例的解读

对上述资料中的错误进行更正。

编制一张正确的试算表。

简要评述试算平衡的原理和作用。

1. 更正错误：

(1)编制一笔会计分录进行补充更正，并登记入账。

借：银行存款　900

　贷：应收账款　900

更正后，银行存款：增加　900 元

　　　　应收账款：减少　900 元

(2)先要冲销原有错误的处理，然后再进行正确处理：

借：固定资产　[8 500]

　贷：银行存款　[8 500]

借：库存商品　8 500

　贷：银行存款　8 500

更正后，固定资产：减少　8 500 元

　　　　库存商品：增加　8 500 元

(3)代购货单位支付购货运杂费 3 200 元，不能计入公司的销售费用，应计入应收账款：

借：销售费用　[3 200]

　贷：银行存款　[3 200]

借：应收账款　3 200

　贷：银行存款　3 200

更正后：应收账款：增加　3 200 元

　　　　销售费用：减少　3 200 元

(4)以银行存款偿付所欠货款 4 900 元，记账时“应付账款”账户误记入贷方，导致“应付账款”余额多计 9 800 元：

更正后：应付账款：减少 9 800 元

(5)赊销商品一批，价款 18 600 元，过账时“应收账款”账户借方误记为 16 800 元，导致“应收账款”余额少计 1 800 元：

更正后：应收账款：增加　1 800 元

(6)主营业务收入中有一笔为 6 700 元，过账时误记为 7 600 元，导致“主营业务收入”多计 900 元：

更正后：主营业务收入：减少　900 元

综上所述,试算表各项目的调整结果为:

银行存款:138 000+900=138 900(元)

应收账款:64 000−900+3 200+1 800=68 100(元)

库存商品:96 000+8 500=104 500(元)

固定资产:670 000−8 500=661 500(元)

应付账款:72 000−9 800=62 200(元)

主营业务收入:148000−900=147 100(元)

销售费用:9 800−3 200=6 600(元)

2. 调整后试算表如表 2-9 所示:

表 2-9 ××公司试算表

20××年 9 月 30 日　　单位:元

账户名称	借方金额	贷方金额
库存现金	2 400	
银行存款	138 900	
应收账款	68 100	
原 材 料	83 000	
库存商品	104 500	
生产成本	19 000	
固定资产	661 500	
累计折旧		120 000
短期借款		40 000
应付账款		62 200
实收资本		800 000
主营业务收入		147 100
主营业务成本	75 000	
销售费用	6 600	
管理费用	9 800	
财务费用	500	
合计	1 169 300	1 169 300

3. 试算平衡表是利用账户本期发生额和余额各自存在的等量关系来检查和验证账户记录是否正确的一种方法。它主要根据借贷记账法的记账规则和会计等式可以推导出发生额平衡公式和余额平衡公式来检验会计业务登记的正确性的。

思考题

1. 什么是复式记账?它与单式记账有何区别?

2. 什么是会计等式?会计等式有何意义?

3. 什么是会计科目和账户?会计科目的作用是什么?账户结构如何?有哪些指标?

4. 借贷记账法的记账步骤包括哪些步骤?

5. 什么是试算平衡?试算平衡有何作用?

第三章 企业主要业务的具体核算

第一节 企业的资金运动和会计核算业务

为了帮助大家在第二篇中能顺利阅读报表、掌握报表信息。本章主要以企业设立、开展经营活动、最后实现利润及利润分配整个经营过程来介绍账户复式记账的具体运用,以便初学者通过学习,了解与报表项目内容相关的基础知识,掌握固定资产、原材料和产成品等资产的成本确定方法,收入、费用、利润及利润分配之间的勾稽关系。为阅读和快速掌握报表信息打下坚实的基础。

一、制造业企业的资金运动

制造业企业的经营过程主要是利用筹集的资金进行产品的生产、销售形成财务成果的过程。其资金的运动包括资金的筹集、资金在企业内部的运动和资金的退出 3 个阶段。具体资金运动的过程是:首先,企业进行资金的筹集(为了教学方便,假定筹集的资金均为货币资金),从货币资金形态开始,进入供应过程,通过购买原材料,转变到储备资金形态;其次,资金进入生产过程,通过原材料的领用或投资生产,转变成生产资金形态,当生产完毕后又变成成品资金形态;最后,资金进入销售过程,将完工的产成品出售后,收回货币资金,回到增值后的货币资金形态。若增值后的货币资金大于期初投入时的货币资金,企业实现盈利,就必须交税给国家、偿还债权人贷款或分红给投资者,于是就有部分资金退出企业。制造业企业的资金运动如图 3-1 所示。

二、制造业企业的会计业务

制造业企业的会计业务是围绕制造业企业的资金运动来展开。即分为资金筹集的业务、资金进入企业内部运动的业务和资金退出的业务。

(一)资金筹集的业务

资金的筹集主要通过投资者投入和向外部借入两种渠道。

投资者可以是国家、法人企业、个人及外商。这些投资者可以以自有资金直接投入企业,其中部分投资者也可以以发起人名义向社会发行股票的方式筹集投入。投资者

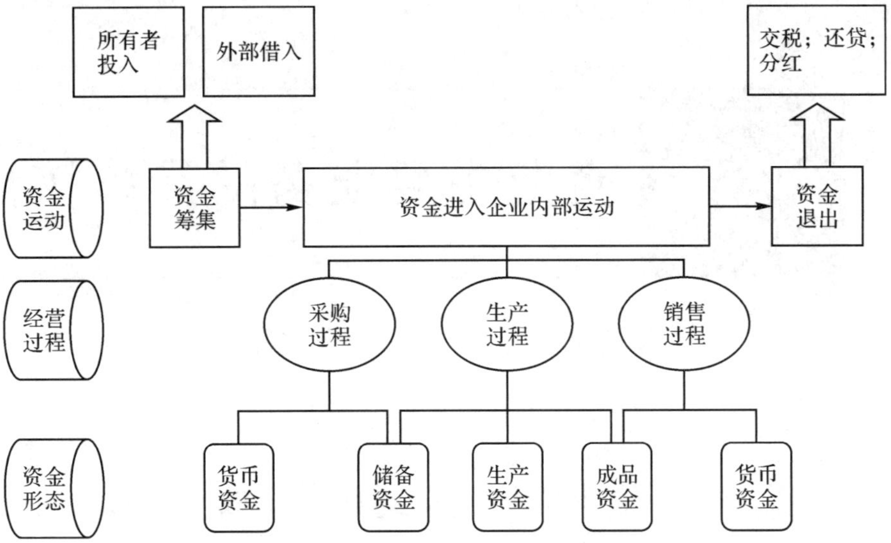

图 3-1 制造业企业的资金运动

可以用货币出资，也可以用实物、知识产权、土地使用权等可以用货币估价并可以以依法转让的非货币财产作价出资。但是，法律、行政法规规定不得作为出资的财产除外。对作为出资的非货币财产应当评估作价，核实财产，不得高估或者低估作价。法律、行政法规对评估作价有规定的，从其规定。

企业向外部借入的资金，主要通过向银行和金融机构借款、发行债券及向供应商赊账等方式。

因此，资金筹集的业务核算主要围绕投资者投入多少资金，以什么形式的资产投入，投资比例多少；企业从外部借入多少资金，以什么方式借入。具体如图 3-2 所示。

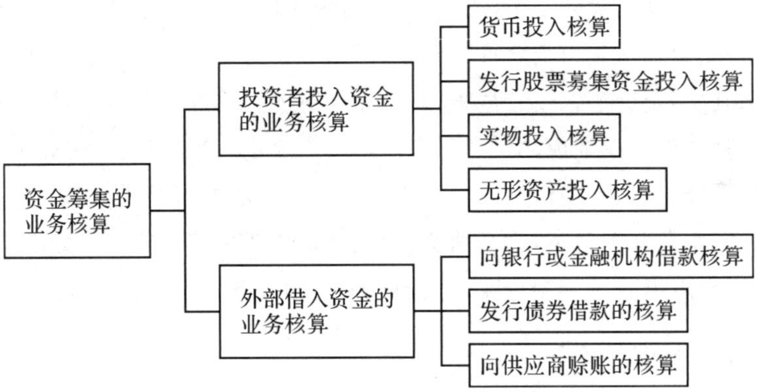

图 3-2 资金筹集的业务核算

(二)资金进入企业内部运动的业务

资金进入企业内部的运动是指企业将筹集的资金投资运用于企业内部(外部投资包括购买有价证券等，在基础会计里不做深入探讨)。包括用于购置生产资料(即生产经营所需要的厂房、机器设备、专利权、商标权等)形成的固定资金和用于制造业企业生产经营活动形成的流动资金的运动。制造业企业生产经营活动由采购过程、生产过程和产品销售3个阶段组成，其会计业务如下：

在采购过程中，企业通过对市场的原材料进行询价，用货币资金购进生产所需的原材料及储备物资，为生产前做好准备。在该过程中，企业付出货币，其价值转移形成原材料及储备物资的价值，构成了原材料及储备物资的取得成本——采购成本。因此，在该过程会计的主要业务是购买材料及储备物资等发生货税款的结算及确定材料采购成本的核算。

在生产过程中，劳动者运用劳动资料对劳动对象进行加工，生产出适合社会需要的产品。在该过程，企业一方面要进行人、财、物的投入，另一方面要进行产成品的产出。因此，在该过程会计的主要业务既要归集生产产品耗费的原材料、人工、固定资产的磨损等发生的费用，又要将归集的费用在完工的产品中进行分配，计算出每生产一个单位产品所耗费的成本。

在销售过程中，企业将所生产的产品根据产品的单位成本，再加上税金、自身利润等因素的考虑确定出产品单位售价，通过市场销售，实现收入收回资金的过程。在该过程，企业一方面销售商品和劳务实现收入，另一方面企业为实现收入必定要发生相关的成本、费用和税金。如果实现的收入大于相关的成本、费用和税金，企业实现利润。反之，则发生亏损。因此，在该过程的会计业务主要围绕收入实现、相关的成本费用、税金的核算及确定损益的核算。具体如图3-3所示。

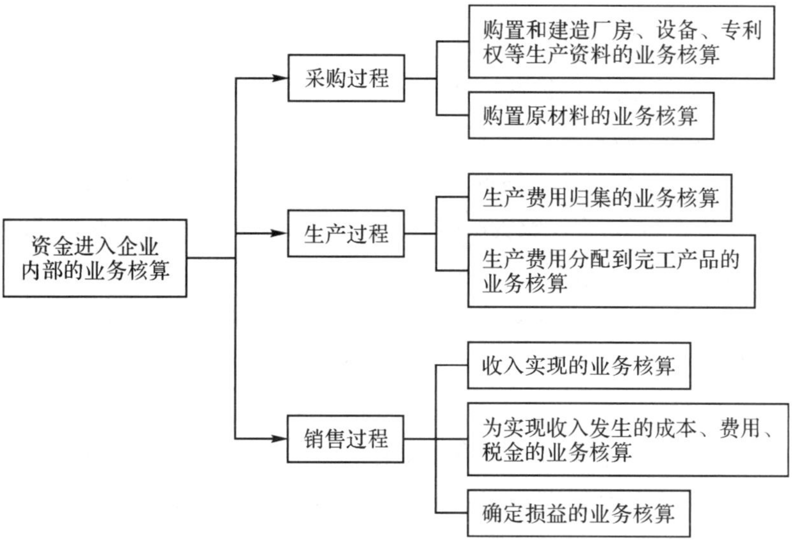

图3-3 资金在企业内部的业务核算

（三）资金的退出

资金的退出，企业通过供、产、销过程完成了一个生产经营过程，因而企业的管理者就需要了解在这个经营过程结束时企业的经营业绩和财务状况情况如何。企业若是盈利的，通常企业还要按税法规定缴纳所得税给国家；缴税后若企业有资金可能还要偿还债务；对纳税后企业形成的剩余利润，一部分留存企业形成盈余公积金，以满足企业以后扩大再生产需要，另一部分以利润（或股利）的方式分配给投资者。这样，在生产经营过程结束时就有一部分资金退出企业。会计为了满足管理者的需要,在销售过程结束、财务成果形成后,会计的主要业务是核算利润总额的形成、利润在投资者之间的分配及利润以税、债务的方式退出企业的情况。具体如图 3-4 所示。

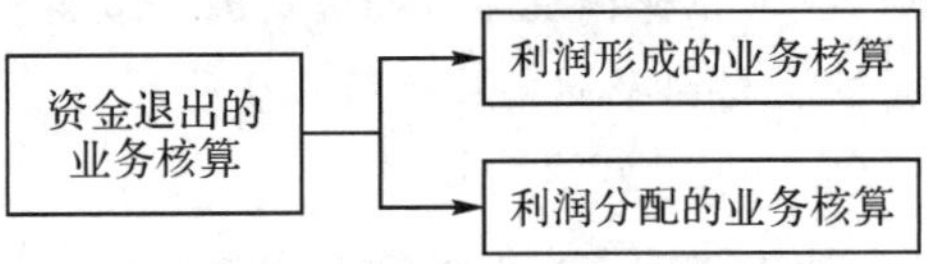

图 3-4　资金退出的业务核算

可见,资金的筹集业务、资金在企业内部的会计业务及资金的退出业务,共同构成了制造业企业的会计业务。

第二节　企业设立——资金筹集的核算

一、资金筹集的核算

资金的筹集主要通过投资者投入和向外部借入筹集资金两种渠道。故资金筹集的核算包括:所有者投入资本的核算和企业向外部借入资金的核算。

(一)所有者投入资本的核算

所有者以货币资金、财产物资、无形资产投入到企业,站在企业的角度一方面收到了资产,另一方面资产的来源——所有者的权益也增加。为了反映企业收到所有者投入的资金,会计上需要设置两方面的账户来反映:一方面设置"库存现金""银行存款""原材料""固定资产"等账户反映资产的增加,另一方面设置"实收资本"、"资本公积"等账户反映资产的来源——所有者权益的增加。为了循序渐进,先介绍以下几个账户:

1."库存现金"账户,是用来核算企业的库存现金的增减变化的。账户性质:资产类。该账户的借方登记现金的收入数,贷方登记现金的支付数,期末余额在借方反映实际持有的库存现金。

2."银行存款"账户,是用来核算存入银行或金融机构(企业注册所在地)的企业存款的增减情况的。账户性质:资产类。该账户的借方登记款项存入银行而引起的存款的增加数,贷方登记提取或支出存款而引起的减少数,期末余额在借方反映企业期末存放在银行的存款数。

3."固定资产"账户,是用来核算企业持有的固定资产原始价值,建造承包商的临时设施及企业购置的计算机硬件所附带的,未单独计价的软件的增减情况的。账户性质:资产类。该账户的借方登记取得的固定资产原始价值的增加,贷方登记因出售、报废、毁损等而减少的固定资产原始价值,期末余额在借方反映实际拥有的固定资产的原始价值总额。该账户按固定资产类别设置明细账,进行明细核算。

4."实收资本"账户,是用来核算企业实际收到投资者投入的资本金的增减情况的。账户性质:所有者权益类。该账户的贷方登记企业实际收到投资者投入企业资本的实际数额，借方登记按规定程序报批核准减少的注册资本的数额，期末余额在贷方反映企业实有的资本数额。该账户应按投资者名称设置明细账，进行明细核算。

【例 3-1】泰州铸造厂是一家制造业企业，收到国家以货币资金投入的资本金 3 000 000元，存入银行；宏达公司以原材料评估价 2 000 000 元投入资本，肖宏个人以现金 100 000 元投入。其会计分录如下：

借：银行存款	3 000 000	
库存现金	100 000	
原材料	2 000 000	
贷：实收资本—国家资本		3 000 000
—宏达公司		2 000 000
—肖宏		100 000

【例 3-2】泰州铸造厂还收到秦阳公司以专利权投入，专利权双方确认价值为 68 100元。

借：无形资产	68 100	
贷：实收资本—秦阳公司		68 100

泰州铸造厂

单位：元

资产：

借方	库存现金	贷方
100 000		

借方	银行存款	贷方
3 000 000		

借方	原材料	贷方
2 000 000		

权益：

借方	实收资本	贷方
		5 168 100

借方	无形资产	贷方
68 100		

资产合计:5 168 100　　　　权益合计:5 168 100

必须注意的是,对于收到的投入资本,有限责任公司采用"实收资本"账户,股份有限公司则采用"股本"账户核算。

5."股本"账户,是用来核算股份有限公司在核定的股本总额及核定的股份总额的范围内发行股票时,按每股面值和核定的股份总额的乘积确定的股本的增减情况的。账户性质:所有者权益类。该账户的贷方登记企业实际收到股东的股本,借方登记按规定程序报批核准减少的股本,期末余额在贷方反映股份有限公司发行在外实际拥有的股本总额。

6."资本公积"账户,是用来核算企业收到投资者出资额超出其注册资本或股本所占份额的部分以及直接计入所有者权益的利得和损失。账户性质:所有者权益类。该账户的贷方登记企业资本公积增加数额,借方登记企业资本公积减少数额,期末余额在贷方表示企业资本公积的结余数额。注:资本公积为企业在筹集资金过程中积累的资金。包括资本溢价、股本溢价;接受捐赠的资产;外币资本折算差额等。

【例 3-3】某股份公司委托海通证券公司代理发行普通股 100 000 股,每股票面值 5 元,每股发行价 5.5 元。假定发行费用为零。海通证券公司代理发行成功将股款 550 000 元全部划入该股份有限公司。该股份公司的分录如下:

借:银行存款　　550 000
　贷:股本　　500 000
　　资本公积——股本溢价　　50 000

(二)向外部借入资金的核算

企业借入资金可以通过向银行和金融机构借款、发行债券及向供应商赊账等方式筹借。但对于大多数企业来说,向银行等金融机构借款最为常见。在此主要介绍这种方式。企业向银行等金融机构筹借资金,按借款的用途和偿还时间的长短不同分为长期借款和短期借款。长期借款一般用于企业进行扩大再生产购建固定资产,偿还的时间为一年或一个经营期以上,短期借款则用于企业流动资金的周转,偿还的时间为一年或一个经营期以内。为了核算企业筹借资金的增减情况,会计核算上应设置"银行存款"反映资产的增加,"短期借款"和"长期借款"反映增加的资产来源——负债的增加。

1."短期借款"账户,是用来核算企业向银行或其他金融机构等借入的期限在一年以下(含一年)的各种借款。账户性质:负债类。该账户的贷方登记企业借入资金的实际数额,借方登记偿还借款的实际数额,期末余额在贷方表示企业尚未偿还的短期借款的本金。

2."长期借款"账户,是用来核算企业向银行或其他金融机构等借入的期限在一年以上(不含一年)的各种借款。账户性质:负债类。该账户的贷方登记企业借入的本金和发生的利息金额,借方登记偿还借款的本息金额,期末余额在贷方表示企业尚未偿还的长期借款的本息。

【例 3-4】泰州铸造厂于 2014 年 1 月 1 日向银行取得借款 120 000 元,年利率 8%,6 个月后偿还本息。其会计分录如下:

借:银行存款　　120 000

　贷:短期借款　　120 000

【例 3-5】泰州铸造厂以土地使用权作为抵押向银行贷款 1 170 000 元,用于建造厂房。该笔贷款年利率 7%,贷款期限两年。其会计分录如下:

借:银行存款　　1 170 000

　贷:长期借款　　1 170 000

泰州铸造厂

单位:元

资产:

借方	库存现金	贷方
100 000		

借方	银行存款	贷方
3 000 000 + 120 000 + 1 170 000 =4 290 000		

借方	原材料	贷方
2 000 000		

借方	无形资产	贷方
68 100		

权益:

借方	实收资本	贷方
		5 168 100

借方	短期借款	贷方
		120 000

借方	长期借款	贷方
		1 170 000

资产合计:6 458 100　　权益合计:6 458 100

第三节　采购过程——生产资料和原材料购置的核算

一、生产资料购置的核算

企业筹集到资金后，首先要购置(或租用)厂房设备或购买品牌、专有技术等长期资产，即准备好生产资料。生产资料购置完毕才进入供、产、销等生产经营过程。而对于生产资料的购置主要包括固定资产和无形资产。因此，生产资料购置的核算主要包括固定资产购置的核算和无形资产购置的核算。

(一)固定资产购置的核算

固定资产是指使用期限超过一年的房屋、建筑物、机器、机械、运输工具以及其他与生产、经营有关的设备、器具、工具等。

1. 固定资产原始价值的确定

固定资产的原始价值即固定资产取得当时的实际成本。通常按当时取得或建造时的实际成本入账，即按当时取得所有权并使它达到可供使用状态所发生的支出成本入账。具体包含的项目如下：

(1) 购置不需安装的固定资产：其实际成本(或原始价值)为实际支付的买价、包装费、运输费、缴纳的有关税金等。

企业购入不需安装的设备，发票价格 10 万元，包装费 0.5 万元，运输费 0.7 万元，关税 1.2 万元。则该设备的原始价值＝10＋0.5＋0.7＋1.2＝12.4(万元)

(2) 购置需要安装的固定资产：其实际成本(或原始价值)为购置安装完毕交付使用前所发生的全部支出。如买价、安装材料、安装人工费、缴纳的有关税金等。

企业购入计算机硬件和配件自行安装一台计算机。硬件的发票价格 2 000 元，安装材料 800 元，安装工 300 元，调试费 200 元。则该计算机的原始价值＝2 000＋800＋300＋200＝3 300(元)

(3) 自行建造的固定资产，其实际成本(或原始价值)按建造该项资产达到预定可使用状态前所发生的全部支出，并以此作为入账价值。

企业建造厂房：土建成本花费 100 万元，外墙建筑成本 50 万元，内装修 20 万元，验收成本 5 万元。则该厂房的原始价值＝100＋50＋20＋5＝175(万元)

(4) 投资者投入的固定资产，按投资各方确认的价值作为入账价值。

2. 固定资产购置的核算

固定资产的购置包括需要安装和不需要安装购置，因此会计核算也有所不同。

(1) 购置不需要安装的固定资产

购置不需要安装的固定资产，一方面“固定资产”增加，另一方面“银行存款”减少或“应付账款”增加。

【例 3-6】泰州铸造厂购进东方牌卡车一辆，价款共计 231 000 元。全部款项通过银行支付。

借：固定资产　　231 000

　　贷：银行存款　　231 000

(2)购置需要安装的固定资产

购置需要安装的固定资产，在安装完毕交付使用以前有固定资产买价、安装成本、缴纳相关税金等支出，等安装完毕交付使用才形成固定资产。因此，购置需要安装的固定资产在安装完毕交付使用以前发生的买价及安装成本等，先计入“在建工程”账户核算，等安装完毕交付使用才由“在建工程”账户转入“固定资产”账户核算。

“在建工程”账户，是用来核算企业基建、更新改造等在建工程发生的支出，包括在建工程发生的建筑工程成本、设备交付建造承包商建造安装时需要安装设备的价值、安装成本及在建工程发生的管理费、征地费、可行性研究费、临时设施费、公证费、监理费及应负担的税费等。账户性质：资产类。该账户的借方登记企业自营建造、修理和安装工程所发生的各项支出，贷方登记已经验收交付使用的固定资产的实际成本，期末余额在借方表示尚未完工工程的实际成本。

【例 3-7】泰州铸造厂购入需要安装的固定资产，买价 234 000 元，支付的运输费为 2 000 元，均用银行存款支付。同时安装车床时，领用的材料物资价值 1 500 元，发生应付工资 2 500 元。月末，安装完毕交付使用。其会计分录如下：

购置车床：

借：在建工程　　236 000

　　贷：银行存款　　236 000

发生安装成本：

借：在建工程　　4 000

　　贷：原材料　　1 500

　　贷：应付职工薪酬　　2 500

交付使用：

借：固定资产　　240 000

　　贷：在建工程　　240 000

(二) 无形资产购置的核算

无形资产，是指企业为生产商品、提供劳务、出租给他人，或为管理目的而持有的，没有实物形态的非货币性长期资产。包括专利权、非专利技术、商标权、著作权、土地使用权等。通常一个企业要获取超额利润或要生存,必须要拥有自己的特色、品牌或专有技术等,即无形资产。无形资产的获取最为常见的是购买和自创。外购的无形资产的取得通常按实际成本计价。即按取得该项资产并使它达到可供使用状态所发生的一切支出,具体包括买价、注册登记费等。自行开发的无形资产,其成本包括满足资本化条件后达到预定用途前所发生的支出总额,但对于以前期间已经费用化的支出不再调整。

为了核算无形资产的购置情况,需要设置“无形资产”账户。

“无形资产”账户,是用来核算企业取得的无形资产的价值的增减变化情况的。账户性质:资产类。该账户的借方登记取得的无形资产价值数额,贷方登记减少的无形资产价值数额,期末余额在借方表示企业期末拥有的无形资产的价值数额。该账户按无形资产类别设置明细账,进行明细核算。

【例 3-8】泰州铸造厂要求某软件开发公司为其定向开发软件和对其员工进行该软件使用的培训。软件开发费 28 000 元,培训费用 2 000 元。企业用银行存款支付了 20 000 元,余款等技术和服务全部到位才付,现暂欠。

泰州铸造厂取得软件开发的无形资产成本 28 000+2 000=30 000(元)。其会计分录如下:

借:无形资产—专利权	30 000	
贷:银行存款		20 000
贷:应付账款		10 000

二、原材料购置的核算

为了开展正常的生产经营活动,企业购置好生产资料,就必须购置原材料为生产前作好准备。生产资料的购置往往在生产开始时就一次性大规模资金的投入。而其成本的回收取决于生产经营过程产品生产、销售的业绩等情况。因而,供、产、销过程的运作情况直接会影响企业的生产资料的成本回收,直至企业的生存。因而,作为采购过程是企业生产经营过程的关键阶段之一。

采购过程,是指企业用货币资金购买材料及储备物资为生产前作好准备的过程。它通常从采购物资开始,直到物资验收入库为止的采购过程。在该过程,其资金运动如图 3-5 所示。该资金的运动由货币资金采购材料,变成材料的采购费用,等到材料验收入库,材料的采购费用最终才形成原材料的成本。

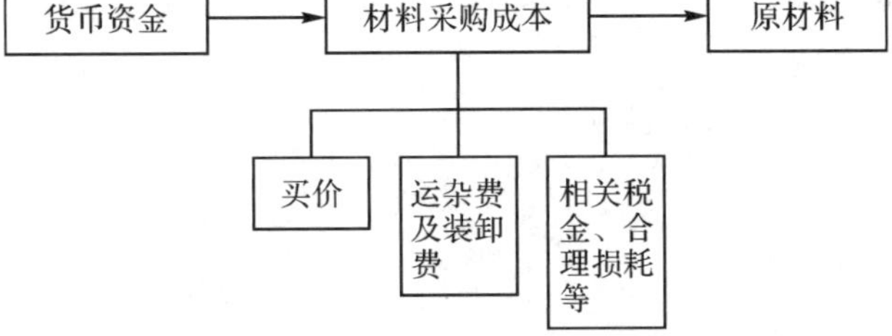

图 3-5　供应过程的资金运动

(一)材料采购成本的确定

材料的采购成本是指材料购进时所发生的实际成本。即取得材料的所有权并使它达到可供使用状态所发生的一切支出。具体包括：

1.买价，指进货发票所注明的货款金额，但不包括按规定可以抵扣的增值税额；

2.运杂费，包括运输费、装卸费、保险费、包装费、仓储费等；

3.运输途中发生的合理损耗；

4.按规定计入成本的税金，如进口材料按规定支付的进口关税；

5.入库前的挑选整理费等，包括挑选整理中发生的工费支出和必要的损耗，并减去回收的下脚废料价值；

6.其他费用，如大宗材料的市内运杂费。

在上述材料的采购成本项目中，按其与材料的成本关系不同，分为直接费用和间接费用。如买价、途中保险费及途中发生的合理损耗，按规定计入成本的税金等都是直接费用，能够直接分清由哪种材料负担的费用，应直接记入材料成本。其他剩余的成本项目则是间接费用，不能够直接分清由哪种材料负担的费用，应采用合理的分配标准(材料的重量、买价或体积比例)进行分配后记入材料的采购成本。

故：某种材料的采购成本(或实际成本)＝直接费用＋该种材料承担的间接费用

$$某种材料承担的间接费用=\frac{该材料的分配标准\times应分配的间接费用}{应负担的该费用的几种材料分配标准之和}$$

如：某企业购入材料，其中甲材料100千克，单价200元/千克；乙材料200千克，单价400元/千克。此外，运输两种材料还发生运杂费600元。假定运杂费按材料的重量比例分配。其他费用为零。甲、乙材料的采购成本计算如下：

甲材料

买价：100千克×200元/千克＝20 000(元)

运杂费：

运杂费分配率＝600元/(100千克＋200千克)＝2元/千克

100千克×2元/千克＝200(元)

采购总成本：20 200元

材料单位采购成本：202元/千克

乙材料

买价：200千克×400元/千克＝80 000(元)

运杂费：

200千克×2元/千克＝400(元)

采购总成本：80 400元

材料单位采购成本：402元/千克

此外，必须注意的是对于市内零星运杂费、采购人员的差旅费和采购机构的经费及供应部门和仓库的经费等,一般都不包括在材料的实际成本中。按规定允许抵扣的增值税也不包括在材料的实际成本中。

(二)增值税

增值税,是指对我国境内销售货物、进口货物,或提供加工、修理修配劳务的增值额征收的一种流转税。增值税的纳税人是在我国境内销售货物、进口货物,或提供加工、修理修配劳务的单位和个人。增值税是就货物和劳务的增值部分征收的一种税。它通常是独立于商品、劳务买卖价格之外另外计算的税种,是一种价外税。

按照纳税人的经营规模及会计核算的健全程度,增值税纳税人分为一般纳税人和小规模纳税人。

按照《中华人民共和国增值税暂行条例》规定,一般纳税人购入货物或接受应税劳务支付的增值税(即进项税额=进货成本×增值税率),符合抵扣条件的,可从销售货物或提供劳务按规定收取的增值税(即销项税额=销售收入×增值税率)中抵扣。准予从销项税额中抵扣的进项税额通常包括:从销售方取得的增值税专用发票上注明的增值税额和从海关取得的完税凭证上注明的增值税额等。

一般纳税人当期应纳增值税额=当期销项税额-当期进项税额。

如B企业是一般纳税人,增值税率17%,向A企业购进材料100千克,单价100元,购进时除了付给A企业进价成本10 000元外,还应付给A企业1 700元(100×100×17%)的增值税——即进项税额;B企业销售商品给C企业100千克,单价300元,B企业除了向C企业收取30 000元的收入外,还应收取销项税额5 100元。

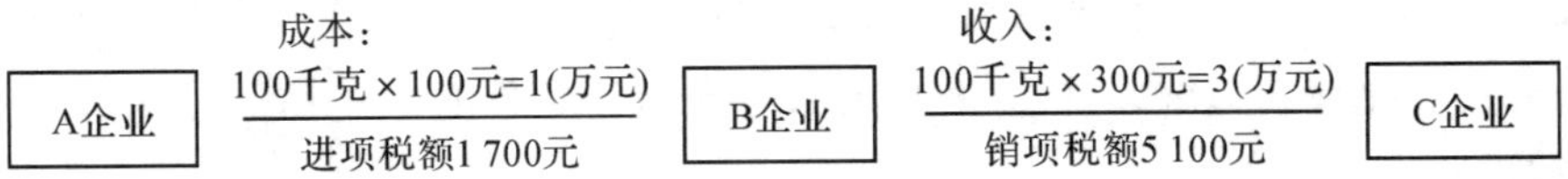

若上述例子采用价税合并定价结算,其他情况不变。B企业向A企业购进材料100千克,B企业应付给A企业的进货成本是采用价税合并定价方式结算(即进货货款中含增值税,或称含税成本)11 700元,B企业向C企业销售商品销售额采用价税合并定价方式结算(即销售额中含增值税,或称含税收入)35 100元,则企业需要进行价、税分离。

B企业进货成本=含税原材料价款/(1+税率)=11 700/(1+17%)=10 000(元)。

B企业的进项税额=含税原材料价款/(1+税率)×税率=11 700/(1+17%)×17%=1 700(元)。

B企业销售收入=含税收入/(1+税率)=35 100/(1+17%)=30 000(元)。

B企业的销项税额=含税收入/(1+税率)×税率=35 100/(1+17%)×17%=5 100(元)。

可见,若购进材料和销售商品是使用价税合并定价的,则要换算一下进货成本、销售收入。换算出来的结果和前面是一样的。

小规模纳税人不实行抵扣办法,其购进货物或接受应税劳务支付的增值税直接计入有关货物或劳务的成本,其应纳增值税额,按照销售额和规定的征收率计算确定。

(三)原材料的核算

为了核算和监督材料购入业务的情况,在会计核算上应设置相应账户来反映供应过程由货币资金转化为材料的采购费用,再最终形成原材料的资金运动过程。

(1)“在途物资”账户,是用来核算企业采用实际成本(或进价)进行材料、商品等物资的日常核算、货款已付尚未验收入库的在途物资的采购成本的。账户性质:资产类。该账户借方登记购入材料(或商品)物资的买价和采购费用,贷方登记验收入库转入原材料(或库存商品)的实际成本,期末余额在借方表示尚未到达或已到达尚未验收入库的材料(或商品)实际成本。即反映企业在途材料、商品等物资的采购成本。该账户可按供应单位和物资品种进行明细核算。

(2)“原材料”账户,是用来核算企业库存的各种材料,包括原料及主要材料、辅助材料、外购半成品(外购件)、修理用备件(备品备件)、包装材料、燃料等的实际成本。账户性质:资产类。该账户借方登记验收入库的材料实际成本,贷方登记减少的原材料实际成本,期末余额在借方表示库存原材料的实际成本。该账户可按按材料的保管地点(仓库)、材料的类别、品种和规格等设置明细账,进行明细核算。

企业在购买材料(或商品)等物资的过程中,往往会发生相关的税金。其中有些税金可记入材料的采购成本(如资源税、消费税、关税等),有些税金则不能记入材料的采购成本(如一般纳税人购货时发生的增值税的进项税额)。为了核算企业购买材料时发生的不能记入材料采购成本的税金——一般纳税人发生的增值税,需要设置“应交税费——应交增值税”账户。为了初学者易懂,先介绍“应交税费”总账,再介绍明细账。

(3)“应交税费”账户,是用来核算企业按照税法等规定计算应交纳的各种税费,包括增值税、消费税、营业税、所得税、资源税、土地增值税、城市维护建设税、房产税、土地使用税、车船使用税、教育费附加、矿产资源补偿费等。账户性质:负债类。该账户贷方登记应交纳的各种税金,借方登记已交纳的税金,期末余额通常在贷方表示企业尚未交纳的税金。期末若出现借方余额反映企业多交或尚未抵扣的税金。该账户按应交税金的税种设置明细账,进行明细核算。

其中,为了核算应交增值税的增减情况,设置了“应交税费——应交增值税”明细账户。该账户借方登记企业购进货物或接受应税劳务支付的进项税额和实际已交纳的增值税,贷方反映销售货物或提供应税劳务所发生的销项税额,期末余额在贷方反映企业尚未交纳的增值税;若在借方反映企业多交或尚未抵扣的增值税。

(4)“应付账款”账户,是用来核算企业因购买材料、商品和接受劳务等经营活动应付供应单位的货税款项。账户性质:负债类。贷方登记应支付但尚未支付的货税款项,借方登记偿还的货税账款,期末余额在贷方反映企业期末应付尚未支付的款项。该账户按供应单位设置明细账,进行明细核算。

(5)“预付账款”账户,是用来核算企业按照购货合同规定预付给供应单位的款项。账户性质:资产类。该账户借方登记企业按照购货合同规定预付给供货单位的款项,以及结算货款时补付给供货单位的款项,贷方登记企业预付货款中收到的物资的款项,以及收到供货单位退回的预付货款。期末余额在借方反映企业实际预付的款项;期末余额在贷方反映企业尚未补付的款项。该账户按供应单位设置明细账,进行明细核算。

泰州铸造厂是一家制造业企业,下面供产销业务的核算是以其2014年6月发生的供产销的业务来举例说明。

【例3-9】泰州铸造厂为一般纳税人,向衡阳钢铁厂购进原料铁30吨,单价4 700元,废钢15吨。单价3 400元,共计货款192 000元,增值税额32 640元;款项通过银行全部支付。

借:在途物资——原料铁	141 000	
——废钢	51 000	
应交税费—应交增值税(进项税额)	32 640	
贷:银行存款		224 640

【例3-10】泰州铸造厂用银行存款支付衡阳第一运输公司运输上述材料原料铁和废钢的运杂费4 500元(按材料重量分配采购费用)。

运杂费分配率=4 500/(30+15)=100(元/吨)

原料铁的运杂费=30×100=3 000(元)

废钢的运杂费=15×100=1 500(元)

借:在途物资——原料铁	3 000	
——废钢	1 500	
贷:银行存款		4 500

【例3-11】原料铁和废钢已运到企业,分别按其材料的实际成本验收入库。

原料铁的实际总成本=141 000+3 000=144 000(元)

原料铁的单位成本=144 000/30=4 800(元/吨)

废钢的实际总成本=51 000+1 500=52 500(元)

废钢的单位成本=52 500/15=3 500(元/吨)

借:原材料——原料铁	144 000	
——废钢	52 500	
贷:在途物资——原料铁		144 000
——废钢		52 500

第四节 生产过程——产品生产费用的归集和产成品形成的核算

一、生产过程的资金运动

生产资料和原材料购置完毕,资金进入生产过程。生产过程是指企业的劳动者利用机器设备将企业的劳动对象加工成完工产品的过程。在生产过程为了生产一定数量的产品,必定要发生一定的材料耗费、人工耗费及固定资产的磨损等耗费,这些在车间范围内为生产一定数量的产品发生的耗费,在会计上被称为生产费用。生产费用(在车间里所体现出来的是在产品)通过一定时间的生产最终将形成完工的产成品。因此,在生产过程发生的生产费用最终形成完工产品的成本。具体如图 3-6 所示。

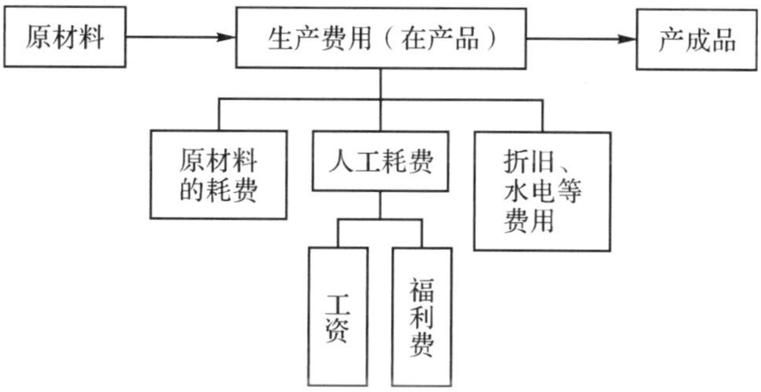

图 3-6　生产过程的资金运动

二、完工产品成本的确定

完工产品成本由生产车间为生产一定数量所发生的生产费用形成的。具体由生产一定数量的产品发生的原材料消耗成本、人工成本和固定资产所耗费的折旧、水电费等组成。这些费用按照其计入产品的成本关系不同分为直接费用和间接费用。

1. 直接费用，是指企业在生产产品和提供劳务过程中所耗费的直接材料、直接人工及其他直接费用。

直接材料费用，是指企业在生产产品和提供劳务过程中所耗费的，直接用于产品生产，构成产品实体的原材料、外购半成品、辅助材料及其他材料费用。

直接人工费用，是指企业在生产产品和提供劳务过程中，直接参加产品生产的工人工资以及按生产工人工资的比例规定计算提取的职工福利费等。

其他直接费用，是指企业发生的除直接材料费用和直接人工费用以外的，与产品生产或提供劳务有直接关系的费用。

2. 间接费用，即制造费用，是指应由产品生产成本负担的，不能直接计入必须通过一定的方法分配以后才计入各产品成本的有关费用。主要是指企业各生产单位（如生产车间）为组织和管理生产而发生的各项间接费用，包括车间管理人员的工资和福利费、折旧费、修理费、办公费、水电费、机物料消耗、劳动保护费以及其他制造费用。可见，间接费用是指无法直接计入产品成本，但却是为了生产几种产品必须发生的车间公共性费用。因此，车间发生的间接费用（公共性费用）必须由生产的几种产品共同承担，可按产品生产的工时比例、工资比例、机器工时比例、直接材料比例及直接总成本比例等进行分配到各种产品的成本上，然后按照合理的成本计算方法计算出各种产品的总成本和单位成本。

具体完工产品成本的费用构成用图表列示。如图 3-7 所示。

某种完工产品成本的项目构成包括：

直接材料耗费；

直接人工耗费；

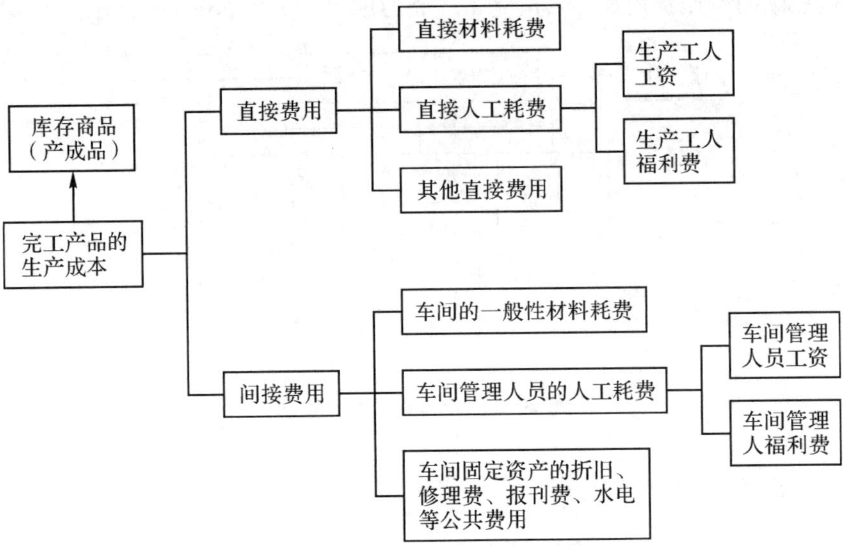

图 3-7　完工产品成本项目构成图

燃料与动力[①];

分配应承担的间接费用。

某种产品的完工总成本=某种产品耗费的直接材料+某种产品耗费的燃料和动力+某种产品耗费的直接人工+某种产品承担的间接费用。

某种完工产品的单位成本=某种产品的完工总成本/完工产品数量

若企业本期期初期末有完工的在产品成本的,则

某种产品的完工总成本=期初在产品+本期投入的生产费用-期末在产品

某种完工产品的单位成本=某种产品的完工总成本/完工产品数量

例:某企业生产 A、B 产品,期初在产品成本资料如表 3-1 所示:

表 3-1　×××

单位:元

在产品名称	直接材料	直接人工	制造费用	合计
A 产品	22 000	18 000	10 000	50 000
B 产品	14 000	10 000	6 000	30 000
合计	36 000	28 000	16 000	80 000

本月发生的生产费用如表 3-2 所示:

① 注:由于燃料和动力属于国家的重要能源,对能源耗费较大的产品生产企业国家一般要考核该企业生产的产品产生的企业效益和社会效益。因此,要求能源耗费较大的产品单独列出"燃料和动力"的成本项目。对于能源耗费小的产品成本项目则不用单独列示,可以将燃料并入材料耗费中,动力并入间接费用中。

表 3-2　×××

单位:元

	直接材料	直接人工
A 产品	175 000	55 000
B 产品	80 000	15 000

制造费用共计 140 000 元,按产品的人工费用比例分配。月末 A、B 产品投入的生产费用全部完工形成 1 000 件 A 产品,500 件 B 产品。计算 A、B 产品的总成本和单位成本如表 3-3 所示:

表 3-3　×××

单位:元

成本项目		A 产品（1000 件）	B 产品(500 件)
直接材料		22 000+175 000=197 000	14 000+80 000=94 000
直接人工		18 000+55 000=73 000	10 000+15 000=25 000
间接费用	期初余额	10 000	6 000
	间接费用分配率	140 000/(55 000+15 000)=2(元/元)	
	本月投入	55 000×2=110 000	15 000×2=30 000
	小计	120 000	36 000
完工产品的总成本		390 000	155 000
完工产品的单位成本		390(元/件)	310(元/件)

三、生产过程生产产品的核算

为了核算生产过程发生的生产费用的归集和确定完工产品的成本。需要设置以下账户:

(1)"生产成本"账户,是用来核算企业进行工业性生产发生的各项生产成本,包括生产各种产品(产成品、自制半成品等)、自制材料、自制工具、自制设备等所发生的各项生产费用。账户性质:成本类。该账户的借方登记在生产过程中发生的直接材料、直接人工及其他直接费用及月末分配来的制造费用,贷方登记企业已完工并已验收入库的产成品或自制半成品的实际成本,期末余额在借方表示企业尚未完工的各项在产品成本。该账户分别可按照成本核算对象(产品的品种、类别、订单、批别、生产阶段等)设置明细账。

(2)"制造费用"账户,是用来核算企业生产车间(部门)为生产产品和提供劳务而发生的各项间接费用。如车间管理人员的工资和福利费、折旧费、修理费、办公费、水电费、机物料消耗、劳动保护费以及其他制造费用。该账户的性质:成本类。该账户的借方登记发生的间接费用,该账户的贷方登记月末分配结转的应由各种产品负担的间接费用,月末结转后"制造费用"账户无余额。

企业生产产品发生的生产费用,一方面设置了“生产成本”“制造费用”账户归集,另一方面相应的原材料、人工发生了耗费、固定资产发生了磨损等造成资产的减少。因此,为了反映这些资产的减少,需要设置与“生产成本”“制造费用”相对应的账户:“原材料”“应付职工薪酬”“累计折旧”等账户。由于“原材料”账户在上节内容已介绍,故在此不再陈述。

(3)“应付职工薪酬”账户,是用来核算企业根据有关规定应付给职工的各种薪酬。应付职工薪酬账户的性质:负债类。该账户的贷方登记应付职工薪酬的总额(即按职工提供服务的受益对象应确认的应付职工薪酬),借方登记实际支付的职工薪酬,期末余额在贷方表示期末应付尚未支付的职工薪酬总额。

固定资产在使用过程中因有形和无形损耗而丧失的价值称为固定资产折旧。企业在生产过程中因加工产品导致固定资产磨损发生折旧,折旧费用一方面变成生产产品的生产费用,另一方面使固定资产价值减少,但是折旧造成固定资产价值的减少一般不直接冲减“固定资产”账户,而是使用“累计折旧”账户反映。

(4)“累计折旧”账户,是用来核算固定资产折旧额的增减变化情况的。账户性质:是“固定资产”的抵减账户。该账户的贷方登记固定资产的折旧增加,借方登记已提固定资产折旧的减少或转销数,期末余额在贷方表示现有固定资产已提折旧的累计数。故“累计折旧”账户的贷方余额抵销“固定资产”账户的借方余额(现有固定资产的原始价值),即为现有固定资产的净值。

泰州铸造厂车间为生产 18.5 千瓦电机壳、11 千瓦电机壳发生业务如下:

【例 3-12】泰州铸造厂车间为生产 18.5 千瓦电机壳、11 千瓦电机壳领用原料铁、废钢如表 3-4 所示:

表 3-4 材料发出汇总表

材料名称 / 材料用途	原料铁		废钢		金额合计(元)
	数量(吨)	单价(元)	数量(吨)	单价(元)	
18.5 千瓦电机壳耗用	14.5	4 800	10	3 500	104 600
11 千瓦电机壳耗用	9	4 800	5	3 500	60 700
车间一般耗用	0.5	4 800			2 400
合计	24		15		167 700

根据上述材料耗用的情况,企业为了生产产品和管理耗用材料,一方面原材料减少,记入“原材料”账户的贷方,另一方面材料被车间和行政管理部门耗用。其中车间耗用变成了车间生产产品发生的生产费用,对于直接用于产品生产的材料耗费为直接费用,记入“生产成本”账户的借方,车间一般耗用为间接费用,记入“制造费用”账户的借方。其会计分录如下:

借:生产成本——18.5 千瓦电机壳　　104 600

　　　　　——11 千瓦电机壳　　60 700

　　制造费用　　2 400

贷:原材料 167 700

【例 3-13】泰州铸造厂车间为生产 18.5 千瓦电机壳、11 千瓦电机壳发生人工耗费。根据有关工资结算凭证,本月共发生应付工资 125 000 元,按用途汇总如下:

生产工人工资:	
18.5 千瓦电机壳生产工人工资	70 000
11 千瓦电机壳生产工人工资	50 000
车间管理人员工资(分摊)	10 000
合计	130 000

工资既是支付给职工的劳动报酬,又是产品生产的劳动耗费,构成费用的一部分,称为工资费用。工资费用应根据发生的地点和用途不同,分别计入有关的费用成本账户。为生产产品和管理发生活劳动的耗费,一方面耗费了工资费用形成生产费用和管理费用。其中:生产产品耗费的生产工人工资为生产费用的直接费用,记入“生产成本”账户的借方,车间管理人员工资为生产费用的间接费用,记入“制造费用”账户的借方;另一方面,耗费了职工的工资费用在本月进行了核算但在本月没有实际支付,故形成了企业本月应付未付的工资负债。记入“应付职工薪酬”账户的贷方。其会计分录如下:

借:生产成本——18.5 千瓦电机壳 70 000
——11 千瓦电机壳 50 000
制造费用 10 000
贷:应付职工薪酬 130 000

【例 3-14】企业出纳从银行提取现金 130 000 元,并进行了工资发放。其会计分录如下:

第一步:提取现金
借:库存现金 130 000
贷:银行存款 130 000
第二步:进行工资发放
借:应付职工薪酬 130 000
贷:库存现金 130 000

【例 3-15】月末,按照规定的折旧率,计算本月份固定资产折旧额:

车间生产使用固定资产应计折旧额	12 000
厂部行政管理部门使用固定资产应计折旧额	8 000
合计	20 000

企业使用固定资产进行产品生产和行政管理,发生固定资产磨损,这些磨损费用转化成为生产产品的生产费用和管理费用,其中:车间固定资产发生的磨损属于生产费用的间接费用,记入“制造费用”账户的借方,厂部行政管理部门发生的固定资产磨损记入“管理费用”账户的借方;另一方面固定资产因磨损发生资产价值的减少,记入“固定资

产”的抵减账户“累计折旧”账户的贷方。其业务会计分录如下：

借:制造费用　　12 000

　管理费用　　8 000

　贷:累计折旧　　20 000

【例 3-16】企业用银行存款支付应由本月负担的固定资产保养费 15 000 元。其中车间应承担的固定资产保养费 11 000 元,厂部应承担的固定资产保养费 4 000 元。

固定资产的保养费根据受益部门不同分别按车间和厂部承担的金额记入“制造费用”和“管理费用”账户借方,另一方面用银行存款支付,故形成了企业银行存款的减少,记入“银行存款”账户的贷方。其业务会计分录如下：

借:制造费用　　11 000

　管理费用　　4 000

　贷:银行存款　　15 000

【例 3-17】企业用现金购买了办公用品 890 元并交付使用。其中车间使用办公用品 540 元,厂部行政管理部门使用办公用品 350 元。用银行存款支付了报刊费 3 000 元,其中车间承担 2 000 元,厂部行政管理部门承担 1 000 元。

企业一方面现金、银行存款减少,记入“库存现金”、“银行存款”的贷方;另一方面现金、银行存款减少都耗用变成了制造费用和管理费用。属于车间耗费的记入“制造费用”的借方;属于厂部行政管理部门的耗费记入“管理费用”的借方。其业务会计分录如下：

借:制造费用　　2 540

　管理费用　　1 350

　贷:库存现金　　890

　　银行存款　　3 000

【例 3-18】企业用银行存款支付劳保福利费 23 260 元。其中支付 18.5 千瓦电机壳的生产工人的劳保福利 9 800 元;支付 11 千瓦电机壳的生产工人的劳保福利 7 000 元;还用银行存款支付了车间管理人员劳保福利 1 400 元,车间装饰费 5 060 元。

企业用银行存款支付劳保福利费,一方面银行存款减少,记入“银行存款”的贷方;另一方面劳保福利费形成职工的活劳动的一部分。发生在直接生产 18.5 千瓦电机壳、11 千瓦电机壳产品的生产工人的劳保费属于车间的直接费用,直接记入“生产成本”账户借方;发生在车间管理人员劳保福利费、车间装饰费属于生产费用的间接费用,记入“制造费用”账户借方。其业务会计分录如下：

借:生产成本——18.5 千瓦电机壳　　9 800

　　　　——11 千瓦电机壳　　7 000

　制造费用　　6 460

　贷:银行存款　　23 260

【例 3-19】企业月末将本月归集的制造费用 44 400 元,见“制造费用”账户。按工资比例分配计入 18.5 千瓦电机壳、11 千瓦电机壳两种产品成本中。其中 18.5 千瓦电机壳耗费的工资为 70 000 元,11 千瓦电机壳耗费的工资为 50 000 元。

制造费用是生产产品发生的生产费用的间接费用,它应由生产的几种产品共同承担。因此，生产费用的间接费用必须按生产产品的工资、工时比例等进行分配。本例要求按工资比例分配，具体分配如下：

资产：

借	制造费用　　　　贷
(12)2 400	(19)44 400
(13)10 000	
(15)12 000	
(16)11 000	
(17)2 540	
(18)6 460	
44 400	44 400

制造费用分配率＝制造费用总额/两种产品的工资之和

＝44 400/(70 000＋50 000)

＝0.37(元/元)

18.5 千瓦电机壳产品应分配的制造费用＝70 000×0.37＝25 900(元)

11 千瓦电机壳产品应分配的制造费用＝50 000×0.37＝18 500(元)

制造费用分配到 A、B 产品的成本后，即制造费用全部结转到 A、B 产品的生产成本中。因此，“制造费用”账户记贷方，“生产成本”账户记借方。其业务会计分录如下：

借：生产成本——18.5 千瓦电机壳产品　　25 900

——11 千瓦电机壳产品　　18 500

贷：制造费用　　44 400

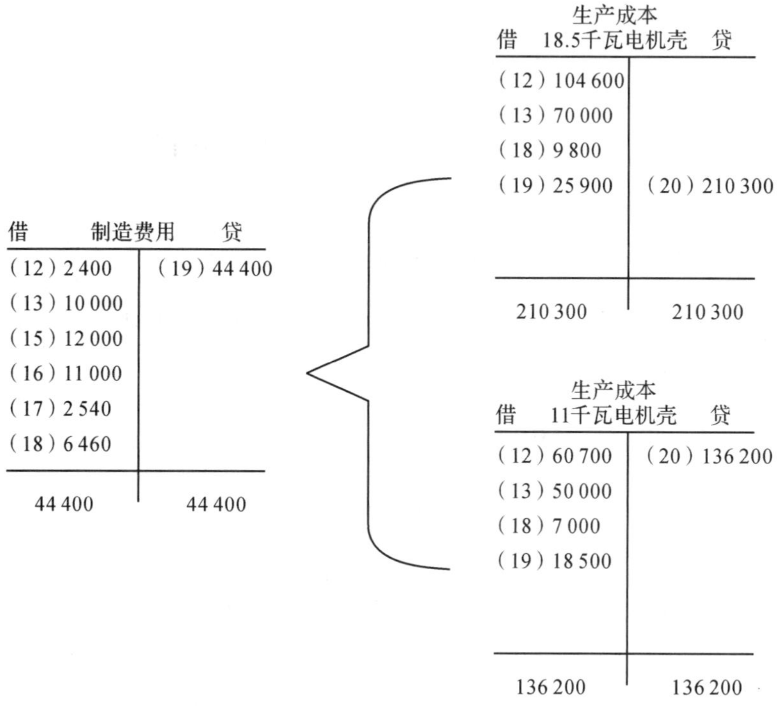

【例 3-20】本月完工入库 18.5 千瓦电机壳、11 千瓦电机壳产品的制造成本。18.5 千瓦电机壳完工入库 405 件,11 千瓦电机壳完工入库 260 件。按 18.5 千瓦电机壳、11 千瓦电机壳产品的实际成本进行结转。

完工产品的实际成本通常由直接材料、直接人工和制造费用构成。其实际成本的计算在实务中通常使用产品成本计算单计算,如表 3-5 所示,而产品成本计算单则是根据“生产成本明细账”进行编制的。

表 3-5　产品成本计算单

单位:元

成本项目	18.5 千瓦电机壳(405 件)		11 千瓦电机壳(260 件)	
	总成本	单位成本	总成本	单位成本
直接材料	104 600	258.27	60 700	233.46
直接人工	70 000	172.84	50 000	192.31
直接福利费	9 800	24.2	7 000	26.92
制造费用	25 900	63.95	18 500	71.15
合计	210 300	519.26	136 200	523.84

18.5 千瓦电机壳、11 千瓦电机壳产品投入的生产费用在本期全部完工形成完工产品的成本。因此,“生产成本”账户归集的生产费用全部形成完工产品的实际成本。因此,生产费用的减少记入“生产成本”账户的贷方,完工产品成本的增加记入“库存商品”的借方。其业务会计分录如下:

借:库存商品——18.5 千瓦电机壳　　210 300
　　　　　——11 千瓦电机壳　　136 200
　贷:生产成本——18.5 千瓦电机壳　　210 300
　　　　　　——11 千瓦电机壳　　136 200

为了方便大家理解,将上面产品的归集与成本的计算用图展示。如图 3-8 所示。

第五节　销售过程——营业利润的核算

一、销售过程的资金运动及其相关概念

产品完工后进入市场销售,资金进入销售过程。销售过程是指企业将完工的产品通过市场销售出去收回货币的过程。如图 3-9 所示。

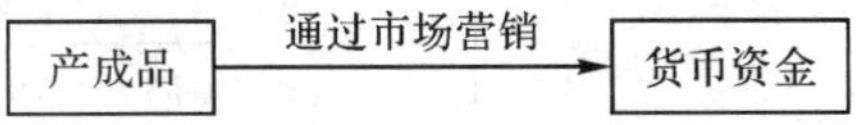

图 3-9　销售过程的资金运动

在这过程中,企业一方面把产品销售出去实现收入,另一方面为获取一定的收入要发生一定的成本、税金及相关费用。最后,比较出企业是实现盈利还是发生亏损。下面

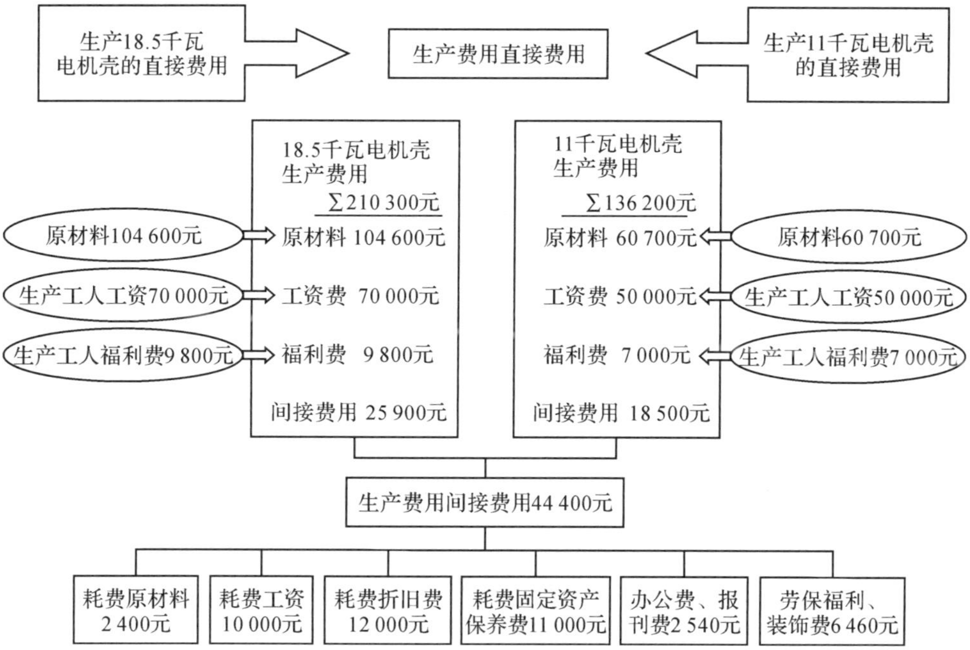

图 3-8 完工产品成本计算图

介绍与销售过程相关的概念。

(一) 营业收入

(一)营业收入,是指企业在生产经营活动中,因销售产品或提供劳务而取得的各项收入。接收入性质不同分为主营业务收入和其他业务收入。主营收入是指企业经常性,主要业务就产生的基本收入。其他业务收入是指除上述各项主营业务收入之外的其他业务收入。如制造业销售产品,提供工业性劳务作业的收入就为主营业务收入。企业销材料取得的收入就为其他业务收入。其他业务收入在企业收入中就占比重较小。

营业收入的计量通常按主营业务收入和其他业务收入分别计量。一般计算公式如下:

主营业务收入=销售数量×销售单价

其他业务收入=销售数量×销售单价

如泰州铸造厂将完工的产品 18.5 千瓦电机壳 405 件(单位成本 519.26 元/件)、11 千瓦电机壳 260 件(单位成本 523.84 元/件),分别按单位售价每件 1 600 元,每件 1 400 元对外出售了。则:

主营业务收入=销售数量×销售单价=405×1 600+260×1 400=1 012 000(元)

泰州铸造厂将闲置不用的原材料工作服(单位成本 160 元/套)10 套按 1 760 元出售。则:

销售工作服的收入=1 760(元)

其他业务收入=1 760(元)

营业收入=主营业务收入+其他业务收入=1 012 000+1 760=1 013 760(元)

注:提供他人使用本企业资产获取的收入中的利息收入和使用费收入的计算例外,利息收入=本金×年利率×时间;使用费收入根据合同或协议的规定确定。

(二)营业成本,是指企业为取得收入所发生的已售商品、劳务及材料等的销售成本。即是企业取得收入过程中必须付出的成本代价。销售成本根据获取收入的性质不同分为主营业务成本和其他业务成本。主营业务成本是指企业为获取主营业务收入所发生的已售产品、商品或已提供劳务的实际成本。其他业务成本是指企业确认的除主营业务活动以外的其他经营活动所发生的支出,包括销售材料的成本、出租固定资产的折旧额、出租无形资产的摊销额、出租包装物的成本或摊销额等。

营业成本的计量通常也按主营业务成本和其他业务成本计量。一般计算公式如下:

主营业务成本=销售数量×单位产品成本

其他业务成本=销售数量×单位材料成本(或单位劳务成本)

如泰州铸造厂将完工的产品18.5千瓦电机壳(单位成本519.26元/件)、11千瓦电机壳(单位成本523.84元/件),分别按每件1600元,每件1400元对外出售了200件和100件。则:

主营业务成本=销售数量×单位成本=200×519.26+100×523.84=156 236(元)

泰州铸造厂将闲置不用的原材料工作服(单位成本160元/套)10套按1 760元出售。则:

其他业务成本=10×160=1 600(元)

营业成本=主营业务成本+其他业务成本=156 236+1 600=157 836(元)

(三)税金及附加,是指企业销售主要经营的产品、商品、提供劳务等按规定应缴纳的税金及附加。包括在经营活动中发生的消费税、城市维护建设税、资源税和教育费附加等相关税费。这些税金及附加费是企业取得收入过程中必须缴纳给国家的税金代价。但必须注意增值税不属于营业税金,它是一种价外税,不包含在收入金额内,因此,增值税不从收入中抵减。

如泰州铸造厂本月为实现营业收入发生了城市维护建设税和教育费附加4 190元,由于城市维护建设税和教育费附加属于价内税是包含在收入里的,则:

税金及附加=4 190(元)

(四)期间费用,是指企业当期发生的不计入产品成本,必须从当期收入得到补偿的费用,具体包括销售费用、管理费用和财务费用。

销售费用是指企业在销售商品和材料、提供劳务的过程中发生的各种费用,包括保险费、包装费、展览费和广告费、商品维修费、预计产品质量保证损失、运输费、装卸费等以及为销售本企业商品而专设的销售机构(含销售网点、售后服务网点等)的职工薪酬、业务费、折旧费等经营费用以及企业发生的与专设销售机构相关的固定资产修理费用等后续支出。

管理费用是指企业为组织和管理企业生产经营所发生的管理费用,包括企业在筹建期间内发生的开办费、董事会和行政管理部门在企业的经营管理中发生的或者应由企业统一负担的公司经费(包括行政管理部门职工工资及福利费、物料消耗、低值易耗品摊销、办公费和差旅费等)、工会经费、董事会费(包括董事会成员津贴、会议费和差旅费等)、聘请中介机构费、咨询费(含顾问费)、诉讼费、业务招待费、房产税、车船使用税、土地使用税、印花税、技术转让费、矿产资源补偿费、研究费用、排污费等。

财务费用是指企业企业为筹集生产经营所需资金等而发生的筹资费用,包括利息支出(减利息收入)、汇兑损益以及相关的手续费、企业发生的现金折扣或收到的现金折扣等。

如泰州铸造厂本月为实现营业收入还发生了销售费用、管理费用、财务费用分别为20 000 元、305 000 元、5 000 元。

则:

期间费用=销售费用+管理费用+财务费用=20 000+305 000+5 000=330 000(元)

(五)资产减值损失,是指企业应当在资产负债表日判断资产是否存在可能发生减值的迹象。资产如果存在减值迹象的,应当进行减值测试,估计资产的可收回金额。资产的可收回金额低于资产的成本时,要在报表中反映这部分减值损失。在估计资产可收回金额时,应当遵循重要性原则,一般主要对持有至到期投资、长期股权投资、固定资产、无形资产等作减值测试,反映其减值损失。

(六)公允价值变动收益,是指企业交易性金融资产、交易性金融负债,以及采用公允价值模式计量的投资性房地产、衍生工具、套期保值业务等公允价值变动形成的应计入当期损益的利得或损失。

(七)投资收益,是指企业对外投资所取得的收益减去对外投资发生的损失后的净额。

如泰州铸造厂本月从联营投资单位分来投资收益 3 530 元。

投资收益=3 530(元)

(八)营业利润,是指企业通过生产经营所获取的经营利润。营业利润是企业一定期间的营业收入与一定期间为获取营业收入所发生的成本、税金、费用等代价相抵之差。具体计算公式为：

营业利润=营业收入－营业成本－税金及附加－销售费用－管理费用－财务费用－资产减值损失+公允价值变动收益+投资收益

根据上述泰州铸造厂本月的收入、成本、费用和税金情况，可以计算出其营业利润。如图 3-10 所示。

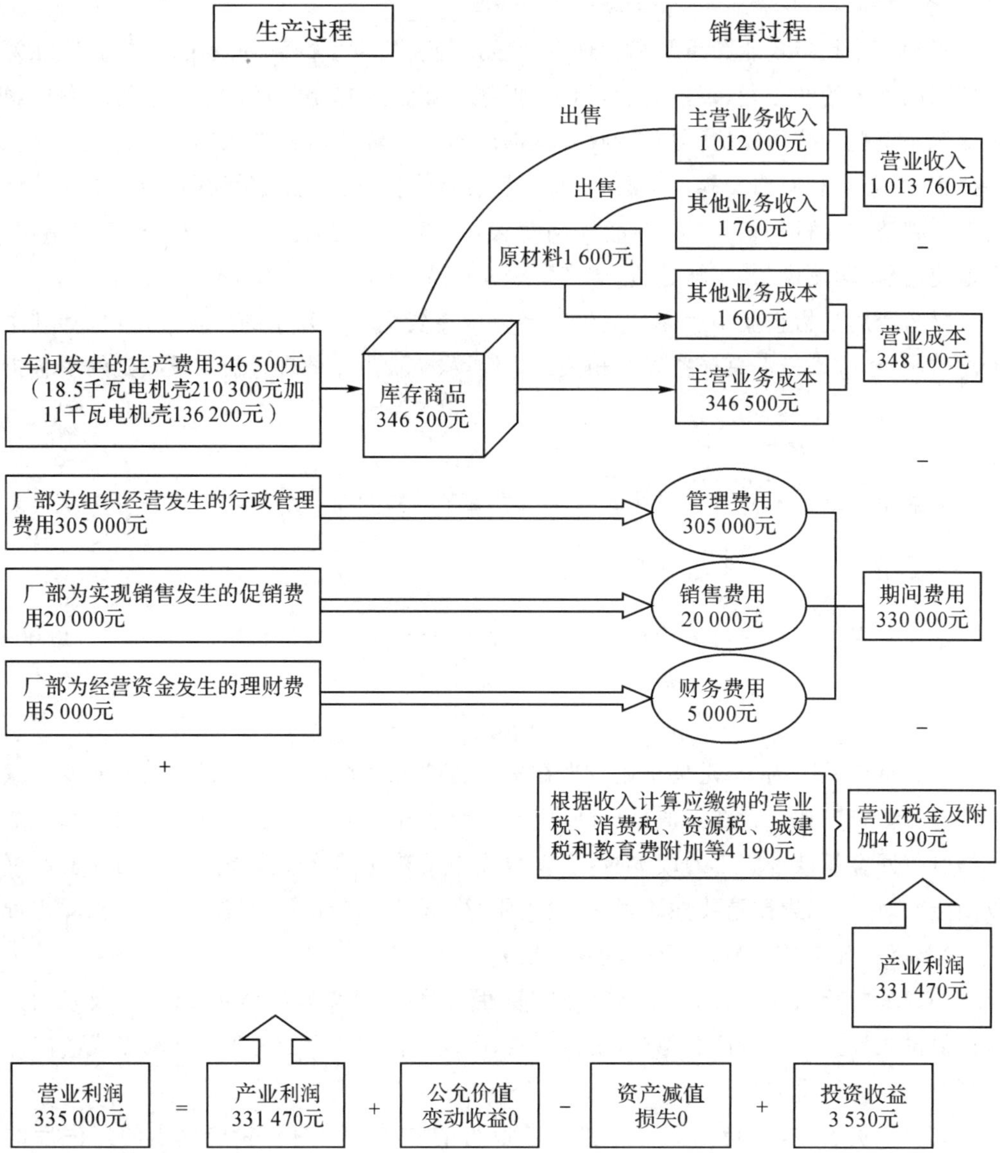

图 3-10 营业利润计算图

二、销售过程的会计核算

销售过程取得的销售收入由主营业务收入和其他业务收入构成。因此，销售过程的会计核算也包括主营业务收入和其他业务收入的核算。为了核算这些业务需要设置以下账户：

1.“主营业务收入”账户，用来核算企业确认的销售商品、提供劳务等主营业务的收入。账户性质：收入类。该账户贷方登记平时销售主要经营的产品、商品、提供劳务等所获取的收入，月末通过该账户借方再将本期的贷方发生额结转到“本年利润”账户。结转后该账户月末无余额。

2.“主营业务成本”账户，用来核算企业确认销售商品、提供劳务等主营业务收入时应结转的成本。账户性质：费用类。该账户借方登记企业销售主要经营的产品、商品、提供劳务等所发生的已售产品、商品或已提供劳务的实际成本，月末通过该账户贷方再将本期的借方发生额结转到“本年利润”账户。结转后该账户月末无余额。

3.“税金及附加”账户，用来核算企业经营活动发生的消费税、城市维护建设税、资源税和教育费附加等相关税费。账户性质：费用类。该账户借方登记企业按规定计算应交的消费税、资源税、城市维护建设税、教育费附加等，月末通过该账户贷方再将本期的借方发生额结转到“本年利润”账户。结转后该账户月末无余额。

4.“其他业务收入”账户，用来核算企业原材料销售、包装物出租和出售、技术转让等业务所取得的收入。账户性质：收入类。该账户贷方登记平时企业原材料销售、包装物出租和出售、技术转让等业务所取得的收入，月末通过该账户借方再将本期的贷方发生额结转到“本年利润”账户。结转后该账户月末无余额。

5.“其他业务成本”账户，用来核算企业确认的除主营业务活动以外的其他经营活动所发生的支出，包括销售材料的成本、出租固定资产的折旧额、出租无形资产的摊销额、出租包装物的成本或摊销额等。账户性质：费用类。该账户借方登记企业为取得其他业务收入而发生的已售原材料、包装物、技术转让的实际成本，月末通过该账户贷方再将本期的借方发生额结转到“本年利润”账户。结转后该账户月末无余额。

6.“销售费用”账户，是用来核算企业在销售商品和材料、提供劳务的过程中发生的各种促销费用。账户性质：费用类。该账户的借方记入企业发生的营业费用，月末，将借方归集的营业费用全部由本账户的贷方转入“本年利润”账户的借方，记入当期损益，结转营业费用后，该账户无余额。

7.“管理费用”账户，核算企业行政管理部门为组织和管理企业生产经营所发生的管理费用。账户性质：费用类。该账户的借方记入企业发生的管理费用，月末，将借方归集的管理费用全部由本账户的贷方转入“本年利润”账户的借方，记入当期损益，结转管理费用后，该账户无余额。

8.“财务费用”账户，是用来核算企业为筹集生产经营所需资金等而发生的筹资费用。账户性质：费用类。该账户的借方记入企业发生的财务费用，月末，将借方归集的财务费用全部由本账户的贷方转入“本年利润”账户的借方，记入当期损益，结转财务费用后，该账户无余额。

9.“资产减值损失”账户，是用来核算企业计提各项资产减值准备所形成的损失。账户性质：费用类。该账户的借方记入企业期末发生的资产减值损失费用，该账户的贷方记入企业期末发生的资产减值的恢复，月末，将借方归集的资产减值损失费用的净额(借方发生额减去贷方发生额的差额)全部由本账户的贷方转入“本年利润”账户的借方，记入当期损益，结转资产减值损失费用后，该账户无余额。

10."公允价值变动损益"账户,是用来核算企业交易性金融资产、交易性金融负债,以及采用公允价值模式计量的投资性房地产、衍生工具、套期保值业务等公允价值变动形成的应计入当期损益的利得或损失。账户性质:收入类。该账户贷方登记采用公允价值模式计量的投资性房地产、衍生工具、套期保值业务等公允价值变动形成的应计入当期损益的利得,该账户借方登记采用公允价值模式计量的投资性房地产、衍生工具、套期保值业务等公允价值变动形成的应计入当期损益的损失,期末,应将本账户贷方发生额减去借方发生额的净额转入"本年利润"科目,结转后该账户无余额。

11."投资收益"账户,用来核算企业对外投资所取得的收益或发生的损失。账户性质:收入类。该账户的贷方登记投资获取的收益,借方登记投资发生的损失。期末余额在贷方表示企业投资获取的净收益。

12."应收账款"账户,用来核算企业销售商品、提供劳务等业务形成的应向购货单位和个人收取的货税款的债权。账户性质:资产类。该账户借方登记应收账款债权的增加,贷方登记应收账款债权的减少。该账户的期末余额在借方表示企业期末应收未收的货税款债权。该账户按往来单位和关系人设置明细账进行明细核算。

13."预收账款"账户,用来核算买卖双方根据协议商定,由购买方预先支付部分货物的订金给销售方(销售方在将来的时间以商品或提供劳务的方式偿还)而形成的销售单位的负债。账户性质:负债类。该账户的贷方登记销售单位预收购买单位的部分货款,借方登记销售单位以商品或提供劳务的方式冲销的预收款。该账户的期末余额通常在贷方表示销售单位尚未冲销的预收款。该账户按往来单位和关系人设置明细账进行明细核算。但注意有些企业预收账款情况不多的企业,也可以不设置"预收账款"账户,将预收的款项直接记入"应收账款"账户的贷方。

仍旧续用泰州铸造厂的例子,泰州铸造厂将生产的产品18.5千瓦电机壳和11千瓦电机壳通过市场进行销售。

【例3-21】泰州铸造厂销售18.5千瓦电机壳405件给北京电机厂,每件售价1 600元,销售11千瓦电机壳260件给华南公司,每件售价1 400元。北京电机厂的货款计648 000元,增值税110 160元,已收存银行;华南公司的货款计364 000元,增值税款61 880元,货税款暂欠。

销售商品给购买单位,一旦销售成立,不论其款项是否收到,均应作销售处理。一般纳税人除了向购买单位收取一定的货款收入外,还应该向购买单位代征销项税额。因此,企业销售商品向购买单位收取的金额包括货税款。即收入款和销项税额之和。货税款金额记入"银行存款"或"应收账款"的借方;收入款记入"主营业务收入"的贷方,销项税款不是收入,故应记入"应交税金—应交增值税(销项税额)"的贷方。其业务会计分录如下:

借:银行存款	758 160	
应收账款	425 880	
贷:主营业务收入		1 012 000
应交税费—应交增值税(销项税额)		172 040

【例3-22】泰州铸造厂,通过汇总本月份已售18.5千瓦电机壳405件,11千瓦电机

壳 260 件。其中 18.5 千瓦电机壳的单位生产成本 519.26 元，11 千瓦电机壳的单位生产成本 523.84 元。

库存商品的减少是为了获取主营业务收入，因而，库存商品的减少变成了为实现主营业务收入而发生的成本代价，故

一方面：库存商品减少：

18.5 千瓦电机壳成本＝405 件×519.26 元/件＝210 300[①] 元

11 千瓦电机壳成本＝260 件×523.84 元/件＝136 200[②] 元

另一方面：主营业务成本增加：

主营业务成本＝A 商品成本＋B 商品成本
＝405 件×519.26 元/件＋260 件×523.84 元/件
＝346 500 元

其业务会计分录如下：

借：主营业务成本	346 500	
贷：库存商品——18.5 千瓦电机壳		210 300
——11 千瓦电机壳		136 200

【例 3-23】泰州铸造厂将泰州铸造厂将闲置不用的原材料工作服(单位成本 160 元/套)10 套按 1 760 元出售，货款通过银行转账收讫。

其业务会计分录如下：

借：银行存款	1 760	
贷：其他业务收入		1 760
借：其他业务成本	1 600	
贷：原材料		1 600

【例 3-24】本月以银行存款支付销售商品广告费 20 000 元，银行利息和手续费 5 000 元，用现金支付业务招待费 8 000 元。此外，通过汇总本月公司总部为组织行政管理工作还发生了办公费 128 460 元，材料消耗 40 000 元，人工费 60 000 元，差旅费 22 190 元，固定资产财产保险费 12 000 元，运输费 22 000 元，共计 284 650 元均已登记入账。

销售商品的广告费属于企业的销售费用，记入“销售费用”账户的借方；银行手续费属于理财费用，记入“财务费用”账户借方；而业务招待费则属于管理费用，记入“管理费用”账户的借方。公司总部为组织行政管理工作还发生了办公费、材料消耗、人工费、差旅费、固定资产财产保险费、运输费也属于管理费用，由于已登记入账故不用再登记入账。其业务会计分录如下：

借：销售费用	20 000	
财务费用	5 000	
管理费用	8 000	
贷：银行存款		25 000

---

① 计算出来应该是 210300.3 元是因为前面单位成本小数点取了两位的缘故。

② 计算出来应该是 136198.4 元是因为前面单位成本小数点取了两位的缘故。

　　库存现金　　8 000

【例 3-25】假设月末计算出本月应交纳城市维护建设税和教育费附加 4 190 元。

城市维护建设税、教育费附加属于为获取收入发生的税金费用,因而月末计算出这些税金记入“税金及附加”账户借方,另一方面月末尚未交纳形成负债记入“应交税费”账户。其业务会计分录如下:

借:税金及附加　　4 190

　　贷:应交税费　　4 190

【例 3-26】假设月末联营投资单位宣布分配泰州铸造厂投资收益 3 530 元。

企业一方面实现投资收益 3 530 元,贷记“投资收益”贷方,另一方面股利尚未收到,借记“应收股利”借方。

借:应收股利　　3 530

　　贷:投资收益　　3 530

【例 3-27】月末将本月实现的收入、成本、费用和税金结转“本年利润”账户。

本月实现的营业收入与为本月实现营业收入而发生的成本、税金、费用等代价进行配比计算出本月的营业利润。而营业利润的核算是通过“本年利润”账户核算进行。月末将增加利润的“主营业务收入”“其他业务收入”结转到“本年利润”账户的贷方,将冲减利润的“主营业务成本”“其他业务成本”“税金及附加”“销售费用”“管理费用”“财务费用”结转到“本年利润”账户的借方。

其业务会计分录如下:

借:主营业务收入　　1 012 000

　　其他业务收入　　1 760

　　投资收益　　3 530

　　贷:本年利润　　1 017 290

借:本年利润　　682 290

　　贷:主营业务成本　　346 500

　　　　其他业务成本　　1 600

　　　　税金及附加　　4 190

　　　　管理费用　　305 000

　　　　销售费用　　20 000

　　　　财务费用　　5 000

上述业务账户记录如下:

主营业务成本

借	贷
（22）346 500	（27）346 500

本年利润

借	贷
（27）682 290	（27）1 017 290
	335 000 → 营业利润

主营业务收入

借	贷
（27）101 2000	（21）1 012 000
101 2000	1 012 000

其他业务成本

借	贷
（23）1 600	（27）1 600

其他业务收入

借	贷
（27）1 760	（23）1 760

税金及附加

借	贷
（25）4 190	（27）4 190

投资收益

借	贷
（27）3 530	（26）3 530

销售费用

借	贷
（24）20 000	（27）20 000

管理费用

借	贷
（15）8 000	（27）30 5000
（16）3 000	
（17）1 350	
（24）8 000	
284 650	
305 000	305 000

财务费用

借	贷
（24）5 000	（27）5 000

第六节　利润分配的核算

一、利润总额和净利润的形成

企业在一定期间通过生产经营活动和投资收益获得营业利润，但并非企业最终获取的经营成果。企业还可以通过一些与生产经营活动无直接关系的事项所引起的利得（如债权人对企业进行债务豁免；企业对贫困地区进行捐赠）也会增减企业的盈亏。故企业最终实现的经营成果应是利润总额。

会计准则规定，企业利润总额由营业利润、营业外收入、营业外支出、所得税费用等项目组成。其中，利润总额为营业利润、营业外收益之和。净利润为利润总额减去所得税费用之差。其计算公式如下：

利润总额（或亏损总额）＝营业利润＋营业外收益＝营业利润＋营业外收入－营业外支出

净利润＝利润总额－所得税费用

其关系如图 3-11 所示。

在上述的计算公式中，营业利润在销售过程已经介绍过在此不再复述。其他概念

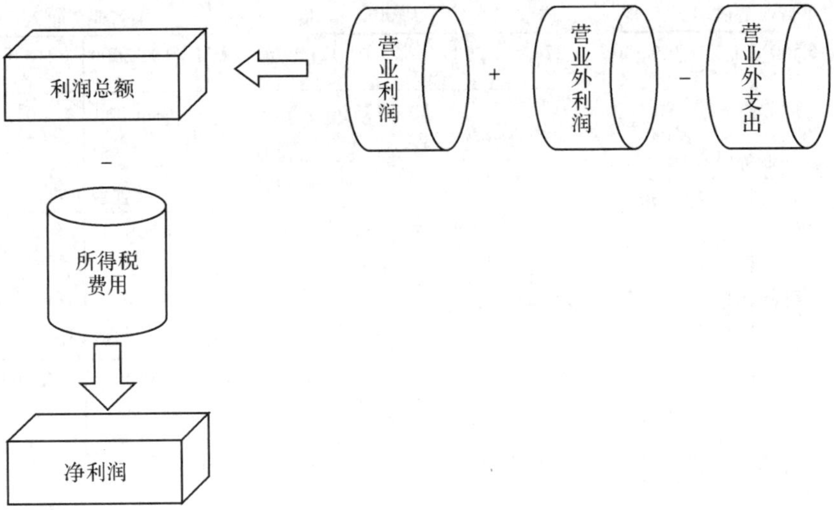

图 3-11　利润及净利润计算图

介绍如下：

(一) 营业外收益

营业外收益，是指企业发生的与其生产经营活动无直接关系的各项收入和各项支出之差。即是指与企业生产经营活动无直接关系的营业外收入减去营业外支出后的余额；营业外收入主要包括非流动资产处置利得、非货币性资产交换利得、债务重组利得、政府补助、盘盈利得、捐赠利得等。营业外支出主要包括非流动资产处置损失、非货币性资产交换损失、债务重组损失、公益性捐赠支出、非常损失、盘亏损失等。

(二) 所得税费用

所得税是指企业根据应纳税所得额和适用税率计算的应纳税金，是盈利企业的一项资产流出，通常在净利润前扣除，所以，所得税是盈利企业的一项费用。企业应记入当期损益的“所得税费用”，平时会计上一般根据利润总额及所得税率预先计算交纳，年末再将利润调整为应纳税所得额进行所得税的汇算清缴。

二、利润形成的核算

利润分配的核算首先要核算利润总额和净利润的形成，然后再进行净利润分配的核算。

为了核算企业实现的利润总额和净利润，在会计上应根据利润的构成项目设置下列账户：

1. “营业外收入”账户。该账户用来核算企业发生的各项营业外收入。账户性质：收入类。该账户的贷方登记实现的营业以外的收入(如非流动资产处置利得、非货币性资产交换利得、债务重组利得、政府补助、盘盈利得、捐赠利得等)。月末，通过该账户借方将本期贷方发生额结转到“本年利润”账户，结转后该账户月末无余额。

2.“营业外支出”账户。该账户用来核算企业发生的各项营业外支出。帐户性质：

费用类。该账户的借方登记营业活动以外发生的支出(如包括非流动资产处置损失、非货币性资产交换损失、债务重组损失、公益性捐赠支出、非常损失、盘亏损失等)。月末,通过该账户贷方将本期借方发生额结转到"本年利润"账户,结转后该账户月末无余额。

3."所得税费用"账户。该账户用来核算企业确认的应从当期利润总额中扣除的所得税费用。账户性质:费用类。该账户的借方登记发生的所得税,年末通过该账户贷方将本期借方发生额结转到"本年利润"账户,结转后该账户月末无余额。

4."本年利润"账户。该账户用来核算企业当期实现的净利润(或发生的净亏损)。账户性质:利润类。企业期(月)末结转利润时,企业将各收益类账户的本期贷方发生额转入"本年利润"账户的贷方,将各成本数费用类账户的本期借方发生额转入"本年利润"账户的借方。结平各收益类账户、各成本和费用类账户(即损益类账户)。结转后本科目的贷方余额为当期实现的净利润;借方余额为当期发生的净亏损。年度终了,应将本年收入和支出相抵后结出的本年实现的净利润,转入"利润分配"科目,年度结账后,"本年利润"账户无余额。

上述账户关系如图 3-12 所示:

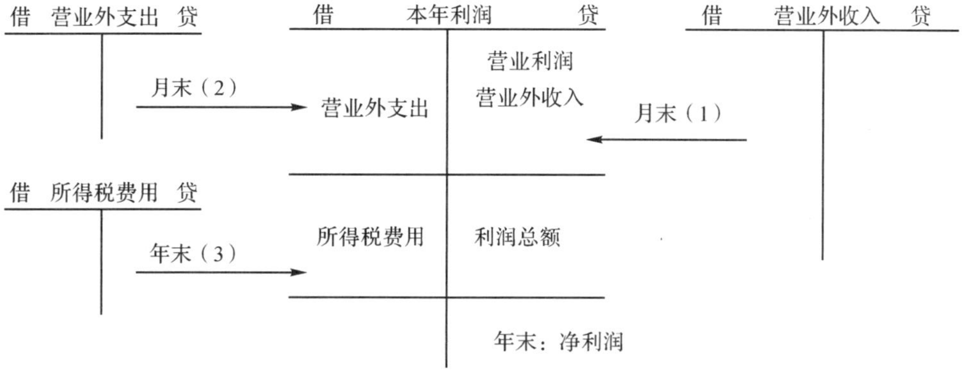

图 3-12 利润及净利润账户关系图

通过上面例子的介绍,泰州铸造厂将生产的产品 18.5 千瓦电机壳和 11 千瓦电机壳通过市场进行销售,实现了营业利润 335 000 元。下面仍旧续用泰州铸造厂的例子。

【例 3-28】泰州铸造厂通过上述业务已经获取了营业利润 335 000 元的基础上,经汇总本月债权人对本企业进行了债务豁免 5 000 元,企业通过希望工程对贫困地区捐款 40 000 元,以银行存款进行支付。

第一步:归集发生的营业外收益;债权人对本企业进行了债务豁免,本企业欠债权人的应付账款不用偿还直接冲减,借记"应付账款",同时,企业营业外收入增加,贷记"营业外收入";通过银行存款支付对外捐赠,贷记"银行存款",对外捐赠的支出属于"营业外支出"增加,故记借方。

借:应付账款	5 000	
贷:营业外收入		5 000
借:营业外支出	40 000	
贷:银行存款		40 000

第二步：本月实现的营业外收益是利润总额的构成部分，故“营业外收入”和“营业外支出”均要在月末结转进入“本年利润”计算利润总额。

结转营业外收支：

借：营业外收入　　5 000

　　贷：本年利润　　5 000

借：本年利润　　40 000

　　贷：营业外支出　　40 000

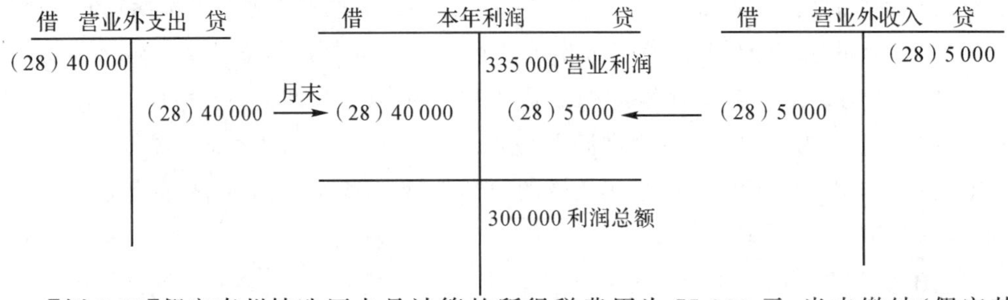

【例 3-29】假定泰州铸造厂本月计算的所得税费用为 75 000 元，尚未缴纳（假定其他月份累计利润为零）。

企业实现了利润就要交所得税给国家，企业一方面所得税费用发生了，记入“所得税费用”账户借方；另一方面税金尚未缴纳欠税务局税金，记入“应交税费”贷方。

借：所得税费用　　75 000

　　贷：应交税费——应交所得税　　75 000

第二步：所得税构成净利润计算一部分，所以要将所得税费用结转“本年利润”账户①。

借：本年利润　　75 000

　　贷：所得税费用　　75 000

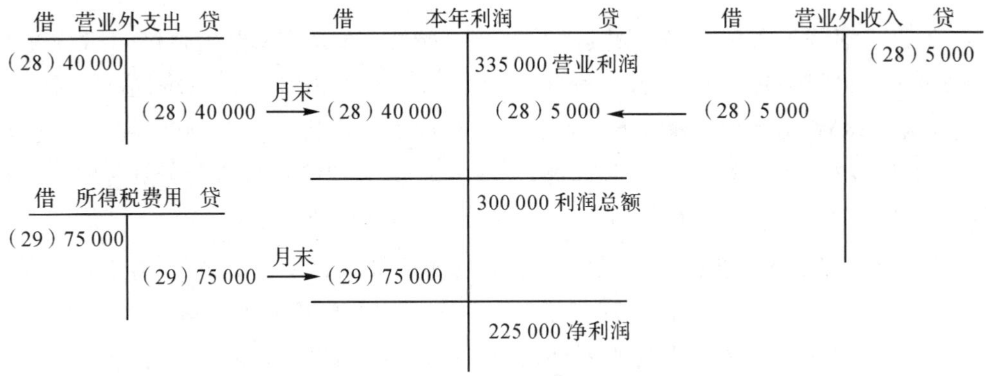

① “所得税费用”一般是年末将一年的所得税结转到“本年利润”账户中。为了核算方便，例子用一个月来说明净利润形成。故在此月末结转。

三、利润分配的核算

（一）利润分配的次序

企业取得的净利润，应当按照国家的有关规定和股东大会的决议进行分配。企业本年实现的净利润加上年初未分配利润为可供分配的利润。可供分配的利润应按下列顺序分配：

1. 提取法定盈余公积金，按照本期实现的净利润的10%提取，留在企业用于弥补亏损或转增资本。当法定盈余公积金的累积额达到注册资本的50%以上时，可以不再提取。

2. 提取任意公积金，经股东大会决议可以按净利润的一定比例提取任意公积金。（这部分不是强制要求的，由企业视情况而定。）

3. 分配投资者利润，企业提取了盈余公积后还有剩余，经股东大会决议可以向投资者分配利润或股利。

4. 未分配利润，可供分配的利润减去盈余公积和分配投资者利润后，剩下来的就是未分配利润。

若企业发生亏损，可以用以后年度实现的利润弥补，也可以用以前年度提取的盈余公积弥补，必须注意：第一，企业以前年度亏损未弥补完，不能提取法定盈余公积。第二，企业在提取法定盈余公积前，不得向投资者分配利润。

（二）利润分配的核算

企业为了反映利润分配的过程和结果，需要设置下列账户：

1. “利润分配”账户。该账户用来核算企业利润的分配（或亏损的弥补）和历年分配（或弥补）后的余额。账户性质：所有者权益。年度终了，企业应将本年实现的净利润，自“本年利润”科目转入该账户贷方，该账户的借方登记净利润的分配，年终出现贷方余额表示企业累计的未分配利润；出现借方余额表示企业有未弥补的亏损。

2. “盈余公积”账户。该账户用来核算企业从净利润中提取的盈余公积。账户性质：所有者权益类。该账户贷方登记实际提取数，借方登记弥补亏损或转增资本而减少的金额，余额通常在贷方表示企业期末盈余公积的实际结存数。

3. “应付股利”账户。该账户核算企业分配的现金股利或利润。企业根据股东大会或类似机构审议批准的利润分配方案，按应付未付股东的现金股利或利润登记在该账户的贷方，按实际支付现金股利或利润，登记在该账户的借方，该账户的期末贷方余额，反映企业应付未付的现金股利或利润。

续接泰州铸造厂的例子进行利润分配的会计核算。

【例3-30】泰州铸造厂本月实现的净利润225 000元，其他月份累计利润为零，年末该企业按本年实现净利润的10%提取法定盈余公积金；按本年实现净利润的5%提取

任意公积金;宣布分配投资者股利 50 000 元①

第一步:企业实现净利润要结转到利润分配。企业要进行利润分配首先要将实现的净利润从“本年利润”转入“利润分配”账户。在“利润分配”账户进行净利润的分配。

借:本年利润　　225 000(元)

　　贷:利润分配　　225 000(元)

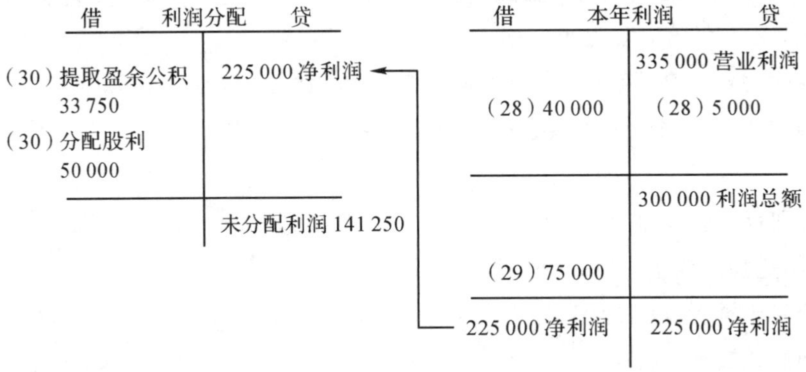

第二步:利润分配:

法定盈余公积=本年净利润×10%=225 000×10%=22 500(元)

任意公积金=本年净利润×5%=225 000×5%=11 250(元)

借:利润分配——提取法定盈余公积　　22 500

　　　　　——提取任意公积金　　11 250

　　贷:盈余公积——提取法定盈余公积　　22 500

　　　　　　——提取任意公积金　　11 250

借:利润分配——应付利润　　50 000

　　贷:应付股利　　50 000

第七节　资金退出业务的核算

企业通过设立、采购、生产、销售,最后实现了利润和净利润,并进行了利润分配,完成了企业一个简单生产过程,但在进入下一个再生产过程前,会有部分资金退出企业。如偿还借款、支付利息,向投资者和股东支付股利,偿还货款,财产报废等。归纳起来,资金退出业务不外乎偿还借款和贷款业务、支付股东股利和财产报废 3 种类型。

一、偿还借款和货款

企业通过向银行借款筹借到资金,使用后到期要还本付息。即除了偿还本金,还要支付利息。企业赊购货物通过“应付账款”占用供应商资金,到期只需偿还本金,往往不需要支付利息。

【例 3-31】前面【例 3-4】泰州铸造厂于 2014 年 1 月 1 日向银行取得借款 120 000 元,

① 净利润一般是年末才进行分配。

年利率8%，每季末付息。6个月后偿还本息。本年6月末用银行存款还本付息。其会计分录如下：

泰州铸造厂取得短期借款当月就开始占用银行资金发生利息，月末，一方面要按月计算应计利息（120 000×8%×1/12=800元），借记“财务费用”；另一方面企业要季末才支付，故贷记“应付利息”。由于前面第一季度（1—3月）利息已经应计和支付了，现在6月末用银行存款还本付息是与第二季度（4—6月）的应计利息相关。

4月末计息：

借：财务费用　　800

　　贷：应付利息　　800

5月末、6月末计息：分录同上

6月末还本付息：

借：应付利息　　2 400

　　短期借款　　120 000

　　贷：银行存款　　122 400

【例3-32】泰州铸造厂用银行存款支付【例3-8】中欠某软件开发公司的货款10 000元，对方因技术配套服务全部到位提出了收款要求。其会计分录如下：

泰州铸造厂取得软件开发公司开发的软件，为了促使对方技术配套服务到位，暂缓全部结清货款，欠供应方货款。现在对方履行合同，故泰州铸造厂支付暂欠10 000元，借记“应付账款”，贷记“银行存款”。其会计分录如下：

借：应付账款　　10 000

　　贷：银行存款　　10 000

二、支付股利和缩减资本

企业宣布分配给投资者股利，就意味着企业的这部分净利润的所有权属于投资者，等到用银行存款支付股利给投资者，这部分资金就退出企业了。

【例3-33】泰州铸造厂用银行存款支付【例3-30】股东大会已宣布分配给投资者股利50 000元。其会计分录如下：

企业用银行存款支付股利，一方面银行存款减少，贷记“银行存款”账户；另一方面欠股东的股利已经支付了，则借记“应付股利”。

借：应付股利　　50 000

　　贷：银行存款　　50 000

若企业股东要抽回资本金，缩减资本，必须经有关部门批准，按合法程序操作后，会计上一方面实收资本减少，另一方面银行存款减少。故分录为：

借：实收资本

　　贷：银行存款

三、企业资产的处置

企业在生产经营过程中，对于那些不适用或不需用的固定资产，可以通过对外出售的方式进行处置;对那些由于使用而不断磨损直到最终报废,或由于技术进步等原因发生提前报废,或由于遭受自然灾害等非正常损失发生毁损的固定资产应及时进行清理。此外,企业因其他原因,如对外投资、捐赠、抵偿债务等而减少的固定资产,也属于固定资产的处置。固定资产就会从企业消失,其资金就相应退出企业。固定资产处置往往会产生利得和损失。如固定资产使用到预计的自然使用期限或者因为科技进步提前淘汰,不能继续使用就得报废处置。固定资产报废时往往还有剩余的账面净值,同时还有可能会发生了清理费用,报废时也有可能会出现残值收入。因此,报废时就会产生损益。因此,固定资产的处置一般通过"固定资产清理"账户进行核算。

"固定资产清理"账户是专门用来核算和监督固定资产处置所发生的成本、费用和取得的收入,以计算出固定资产处置的损失和利得。该账户的借方登记被处置的固定资产的账面价值、发生的清理费以及处置过程中发生的各种税费等的被处置的固定资产的处置成本;贷方登记处置固定资产取得的收入。如果贷方发生额合计数大于借方发生额合计数,则表示固定资产的处置利得,应结转到"营业外收入"账户贷方;如果借方发生额合计数大于贷方发生额合计数,则表示固定资产的处置损失,应结转到"营业外支出"账户借方;结转后应无余额。

【例 3-34】泰州铸造厂的拆除废弃了的仓库原价 600 000 元,已计提折旧 550 000 元,其残料估计价值 80 000 元,残料已办理入库。发生的清理费用 20 000 元,以银行存款支付。应做如下会计处理:

(1)将毁损的仓库转入清理时

借:固定资产清理	50 000	
累计折旧	550 000	
贷:固定资产		600 000

(2)残料入库时

借:原材料	80 000	
贷:固定资产清理		80 000

(3)支付清理费用时

借:固定资产清理	20 000	
贷:银行存款		20 000

(4)结转毁损固定资产发生的损失时

借:固定资产清理	10 000	
贷:营业外收入	10 000	

借 营业外收入 贷	
	(4)10 000

借 固定资产清醒 贷	
(1)50 000	(2)80 000
(3)20 000	
(4)10 000	10 000

第八节　案例解读

一、案例信息

洪磊、高翔是某高校两名大学生，他们决定利用业余时间勤工俭学丰富自己的阅历，在校园内开办一家贸易公司经营花卉、水果推销等事项。经过多方咨询调查，他们开办的企业可以享受当地政府的免税政策及零注册资本金注册。7 月 1 日，洪磊、高翔成立了艺缘贸易公司。他们用自己的积蓄 4 500 元租了一个门面，租赁期 3 个月。同时，又向各自父母借了 5 000 元(注：用自己的积蓄均为洪磊、高翔各付一半)。

该公司 7 月份发生下列业务：

(1)用自己的积蓄现金支付银行开户费 200 元；

(2)向各自父母借了 5 000 元现金，并将其存入银行；

(3)用自己的积蓄现金支付广告费 100 元，支付了 3 个月的房租费 4 500 元；

(4)从朋友处廉价 500 元购买了一批花瓶、花架及水果篮等经营器具，用银行存款支付；

(5)与花卉供应商签订协议，第一次进货全额付款，以后每次进货先预付货款的 50%，等出售完毕结清货款。用银行存款支付了第一次花卉进货成本 2 000 元；

(6)从银行提取现金 1 000 元，向水果供应商购买 2 000 元水果，先支付 1 000 元，赊欠 1 000 元；

(7)销售后获取花卉收入 3 500 元，水果收入 2 500 元，现金收入款全部存入银行；

(8)本月以后分次销售花卉收入共计 16 500 元，水果收入共计 20 000 元，只收到货款 30 000 元存入银行，还有余款赊欠未收；

(9)本月以后分次进货的花卉成本共计 10 000 元，水果成本 16 000 元，支付了12 000元，其余赊欠未付；

(10)洪磊、高翔他们请了一位帮工，每月工资 800 元，直接从银行账户上打到工资卡里；

(11)用转账支票支付水电费 650 元，包装材料费 1 500 元，各种杂费 200 元；

(12)本月购进的所有花卉、水果 80%出售完毕。

二、案例解读中的问题

1.艺缘贸易公司7月份取得的营业收入是多少？发生的营业成本是多少？期间费用分别是多少？实现的净利润是多少？

2.艺缘贸易公司7月末的资产项目分别为哪些,金额是多少？负债项目分别为哪些,金额是多少？所有者权益项目分别为哪些,金额是多少？资产是否等于负债加所有者权益？

3.简要评述艺缘贸易公司7月份的经营是否成功？资金变动状况及以后的发展思路。

三、案例的解读

要解决艺缘贸易公司案例的问题,首先,必须编制分录,进行账户核算。再进行归集各要素项目。最后,再进行评述该公司经营情况。

第一步:编制分录(过账、结账占篇幅太大,略)

(1)借:库存现金 200 贷:实收资本——洪磊 100 ——高翔 100 借:长期待摊费用 200 贷:库存现金 200	(2)借:银行存款 10 000 贷:长期应付款——洪磊父母 5 000 ——高翔父母 5 000
(3)借:库存现金 4 600 贷:实收资本——洪磊 2 300 ——高翔 2 300 借:销售费用 100 管理费用 1 500 长期待摊费用 3 000 贷:库存现金 4 600	(4)借:管理费用 500 贷:银行存款 500
(5)借:库存商品 2 000 贷:银行存款 2 000	(6)借:库存现金 1 000 贷:银行存款 1 000 借:库存商品 2 000 贷:库存现金 1 000 应付账款 1 000
(7)借:银行存款 6 000 贷:主营业务收入 6 000	(8)借:银行存款 30 000 应收账款 6 500 贷:主营业务收入 36 500
(9)借:库存商品 26 000 贷:银行存款 12 000 应付账款 14 000	(10)借:管理费用 800 贷:银行存款 800
(11)借:管理费用 850 销售费用 1 500 贷:银行存款 2 350	(12)借:主营业务成本 24 000 贷:库存商品 24 000

第二步:

1.7月份的营业收入、营业成本、期间费用、净利润计算如下:

营业收入＝主营业务收入＋其他业务收入＝6 000＋36 500＝42 500(元)

营业成本＝主营业务成本＋其他业务成本＝24 000(元)

销售费用＝100＋1 500＝1 600(元)

管理费用＝500＋1 500＋800＋850＝3 650(元)

财务费用＝0

期间费用＝1 600＋3 650＋0＝5 250(元)

净利润＝利润总额－所得税

利润总额＝42 500－24 000－5 250＝13 250(元)

由于免税,故7月份的净利润＝13 250(元)

2.7月末的资产总额、负债总额、所有者权益总额计算如下:

资产总额＝库存现金＋银行存款＋应收账款＋长期待摊＝0＋27 350＋6 500＋6 000＋3 200＝43 050(元)

负债总额＝应付账款＋长期应付款＝15 000＋10 000＝25 000(元)

所有者权益＝实收资本＋未分配利润＝4 800＋13 250＝18 050(元)

3.简要评述艺缘贸易公司7月份的经营情况和资金情况

将上述艺缘贸易公司7月份的会计核算编制成简易报表如表3-6、表3-7所示:

表3-6　利润表

单位:艺缘贸易公司　　　　××年7月　　　　单位(元)

一、营业收入	42 500
减:营业成本	24 000
销售费用	1 600
管理费用	3 650
财务费用	
加:投资收益	
公允价值变动收益	
减:资产减值损失	
二、营业利润	13 250
营业外收入	
减:营业外支出	
四:利润总额	13 250
减:所得税费用	
五:净利润	13 250

表 3-7 资产负债表

单位:艺缘贸易公司　　　　××年 7 月 31 日　　　　单位(元)

资　产		负债:	
银行存款	27 350	应付账款	15 000
应收账款	6 500	长期应付款	10 000
库存商品	6 000	负债合计:	25 000
长期待摊费用	3 200	所有者权益:	
		实收资本	4 800
		未分配利润	13 250
		所有者权益	18 050
资产合计	43 050	权益合计	43 050

评述:通过核算艺缘贸易有限公司 7 月份的经营状况非常良好,毛利率达到了 43.53%,利润率达到 31.18%。企业目前的财务状况尚好,但负债率偏高。因此,公司应抓住机遇,要求父母的借款延续并适当支付一定的利息或转为投资款比较有利。

思考题

1. 资金筹集有哪些渠道?
2. 原材料的采购成本包括哪些项目?
3. 产品生产成本项目包括哪些?直接费用和间接费用如何计入产品成本?
4. 营业利润、利润总额和净利润如何计算?
5. 企业的实现的利润如何进行分配?未提取盈余公积可以分配投资者利润或股利吗?

第四章 会计循环与会计信息生成

第一节 会计循环概述

为提供真实可靠的会计信息数据，不仅需要运用会计理论知识和专门技术方法，还应当按照一定的步骤对企业主体的资金运动进行正确及时、全面系统的核算，最终通过财务报表的形式反映企业的财务状况、经营成果和现金流量等信息。由此可见，从企业日常发生的各种经济业务到最终生成企业会计报表，不是一步可以完成的，会计活动的最终产品——会计报表的生成需要经历多道步骤，这些步骤依次继起，并在不同的会计期间内周而复始，循环往复。

一、会计循环的含义

从复式记账的原理得知，会计记账程序必须经过 以"审核原始凭证——填制记账凭证——登记会计账簿——编制财务报表"为内容的会计步骤。会计循环就是这些步骤依次继起，并在不同的会计期间内周而复始，循环往复的过程。

由于会计分期人为地把会计期间划分为年度、半年度、季度和月份，因而，若一个单位以一年为一个会计期间，则会计循环历时 1 年，如果企业按月(季)结账和编制财务报表，则会计循环历时 1 个月(季)。

二、会计循环的意义

虽然每个企业单位的经济业务性质和规模大小各有差异，但在具体组织会计核算时，总体上是一致的，从文件运用角度(会计信息载体)而言，会计处理都要经过证(会计凭证)、账(会计账簿)、表(财务报表)3 个基本环节。正确确定会计循环的步骤具有重要意义。首先，它是保证会计工作顺利进行的前提，一个会计期间内发生的经济业务很多，如果没有科学的会计程序，工作就会发生混乱，影响会计工作效率；其次，为会计信息质量提供保证。会计信息最终取得都是经过各个会计程序的审核验证，在客观上起到了相互监督稽核的作用。

三、会计程序

会计程序是会计信息产生的步骤,即会计核算的基本过程。在企业经营过程中,会计人员一开始接受的大量的、零星的经济业务,如原材料的购买、发出、产品的生产、销售等,要在企业编制的财务报告中充分反映这些情况,就必须经过一系列有条不紊的工作步骤,对这些原始的会计事项进行分类、汇总。完整的会计程序所涉及的基本步骤应该包括:

(1)审核原始凭证:企业单位的经济业务发生之后,会计人员首先要填制、取得原始凭证,并审核其合法性、合理性。

(2)编制记账凭证(会计分录):对每笔经济业务列示其应借记和应贷记的账户名称及金额,并填入记账凭证。

(3)登记会计账簿:根据记账凭证所确定的会计分录,在有关的日记账和分类账中进行登记。

(4)根据账簿记录编制财务报表:会计报表是向会计信息使用者提供会计信息的最终产品。编制会计报表是会计人员对记录在各种账簿中的经济业务数据进行汇总整理而形成一个完整的报告体系,以反映资产、负债和所有者权益情况及一定期间的经营成果和现金流量等情况。

尽管目前会计电算化已得到长足的发展,财务软件得到普遍应用,会计人员通过计算机搜集、处理并最终生成会计信息,但无论是手工操作还是电算化,会计处理过程的流程指令依然以复式记账原理和会计循环的会计程序为依据的。

第二节　经济业务与会计凭证

一、会计凭证的含义

企业单位在日常经营中,会进行各种经济活动,为了保证会计信息的可靠性和可稽核性,如实地反映各种经济业务对企业会计诸要素的影响情况,经过会计确认而进入复式记账系统的每一项经济业务在其发生时所涉及的每一个原始数据都必须有根有据,这就要求企业对外或对内所发生的每一项经济业务,都应该在其发生时具有相关的书面文件来载明这些数据。这些具有一定格式,用以记录经济业务发生和完成情况、明确经济责任的书面证明,就是会计凭证。如:外购一批材料,已付款。为了从会计角度如实地反映这项经济业务的发生情况,首先,经办人员须从销货方取得该批材料的发票。发票中应填明销货方名称、购货方名称,材料的数量、单价、金额等,同时需加盖销货方的有关印章以示责任。其次,所取得该批材料的发票是体现经济业务的会计凭证。材料发票一方面显示了采购业务的发生,明确有关单位、经办人的责任,另一方面为了表明相关人员对书面文件所反映的有关内容的合法性、合理性和真实性负责。只有审核无误的会计凭证,才能作为登记材料等有关账簿的依据。因此,经济业务在实务中是通过会计凭证来体现和记录的,审核和登记会计凭证是会计程序的重要内容和编制报表重要基础。

二、会计凭证的分类

由于各个单位的经济业务复杂多样，体现的会计凭证种类繁多。按照会计凭证填制的程序和用途不同，分为原始凭证和记账凭证两大类。

(一)原始凭证

1. 原始凭证的概念与作用。原始凭证又称单据，是在经济业务发生或完成时取得或填制的，用以证明经济业务已经发生或完成情况的原始证据，也是记账的原始依据。

一切经济业务发生时，应由有关部门或人员向会计部门提供一种单据即原始凭证，证明它所记录的经济业务的最初面目和实际情况。凡是能够证明某项经济业务已经发生或完成情况的书面单据就可以作为原始凭证，如有关的发票、收据、银行结算凭证、收料单、发料单等；凡是不能证明该项经济业务已经发生或完成情况的原始书面文件就不能作为原始凭证，如派工单、材料请购单等，只能作为原始凭证的附件。

2. 原始凭证的分类

由于企业在日常活动中会发生各种各样的经济业务，因此，原始凭证的种类很多。

(1)原始凭证按照来源不同，可以分为自制原始凭证和外来原始凭证。

自制原始凭证是指由本单位经办业务的部门或人员在执行或完成某项经济业务时自行填制的凭证。常见的有领料单、收料单、制造费用分配表等。领料单是证明仓库发出材料的原始凭单，一般为四联。第一联为存根联，留领料部门备查；第二联为记账联，留会计部门，作为出库材料核算依据；第三联为保管联，留仓库作为仓库材料明细账的发出依据；第四联为业务联，留供应部门作为物资供应统计的依据。格式如表 4-1 所示。

外来原始凭证是指在经济业务发生或完成时，从其他单位或个人处取得的凭证。外来原始凭证一般都是一次性凭证。如交通工具的票据、增值税专用发票等。增值税专用发票是一般纳税人在销售货物时开具的销货发票，用以证明销售活动的完成，一式四联。销货单位留两联，一联存有关业务部门，一联作为会计机构的记账凭证；交购货单位两联，一联作为购货单位的结算凭证，一联作为税款的抵扣凭证，格式如表 4-2 所示。

表 4-1　领料单

领料单位：

年　　月　　日　　　　仓库发料第　　号：

材料编号	类别	名　称	规格	计量单位	数　量		金　额	
					请领	实发	单价	金额
合　计								
用　途								

第　联

发料人：　　　记账：　　　领料部门负责人：　　　领料人：

表 4-2　××增值税专用发票　　　N0. 00001234

发票联

开票日期　年　月　日　　　　第二联　购货方记账凭证

<table>
<tr><td rowspan="2">购货单位</td><td>名　称</td><td colspan="3"></td><td colspan="2">税务登记号</td><td colspan="2"></td></tr>
<tr><td>地址、电话</td><td colspan="3"></td><td colspan="2">开户银行账号</td><td colspan="2"></td></tr>
<tr><td colspan="2">货物或应税劳务名称</td><td>规格型号</td><td>计量单位</td><td>数量</td><td>单价</td><td>金　额</td><td>税率(%)</td><td>金　额</td></tr>
<tr><td colspan="2"></td><td></td><td></td><td></td><td></td><td></td><td></td><td></td></tr>
<tr><td colspan="2"></td><td></td><td></td><td></td><td></td><td></td><td></td><td></td></tr>
<tr><td colspan="2"></td><td></td><td></td><td></td><td></td><td></td><td></td><td></td></tr>
<tr><td colspan="2">合　计</td><td></td><td></td><td></td><td></td><td></td><td></td><td></td></tr>
<tr><td colspan="2">计价合计</td><td colspan="7">万　仟　佰　拾　元　角　分　¥</td></tr>
<tr><td colspan="2">备　注</td><td colspan="7"></td></tr>
<tr><td rowspan="2">销货单位</td><td>名　称</td><td colspan="3"></td><td colspan="2">税务登记号</td><td colspan="2"></td></tr>
<tr><td>地址、电话</td><td colspan="3"></td><td colspan="2">开户银行账号</td><td colspan="2"></td></tr>
</table>

第二联：发票联购货方记账凭证

销货单位(章)：　　收款人：　　复核：　　开票人：

(2)按填制的手续及内容不同,可以分为一次凭证、累积凭证、汇总凭证。

一次凭证是指填制手续一次完成的凭证。它是对一项经济业务或若干项同类经济业务,在其发生后一次填制完毕的原始凭证,如现金收据、发货票等外来凭证一般都是一次凭证,自制原始凭证不全是一次凭证。

累积凭证是指在一定时期内,将连续发生的若干项同类经济业务登记在一起,至期末按其累计数作为记账依据的原始凭证。其特点是其填制手续分次完成,在一张凭证上累积登记同类经济业务。它一般为自制原始凭证,如限额领料单,格式如表 4-3 所示。

汇总原始凭证亦称原始凭证汇总表,是指在一定时期内将许多反映同类经济业务的原始凭证进行汇总编制而成的原始凭证。汇总原始凭证可以简化编制记账凭证的手续。如材料领用汇总表,格式如表 4-4 所示。

表 4-3　限额领料单

领料单位：　　　　　　　　　　　　　　　　　　　　　　　　编号：

用途：　　　　　　　　　　　年　　月　　　　　　　　　　　发料仓库：

材料编号	材料名称及规格	计量单位	领用限额	实际领用			计划产量	单位消耗定额
				数量	单价	金额		

日期	请　领		实　发　退　回						备注	限额结余
	数量	领料部门负责人签章	数量	发料人签章	领料人签章	数量	收料人签章	退料人签章		
	合计									

核算：　　　　　　　仓库主管：　　　　　　　　　　　　　　　发料：

表 4-4　材料领用汇总表

年　月　　　　　　　　　　　　第　页

类别	编号	材料名称及规格	单位	单价	产品 A		产品 B		产品 C		合计	
					数量	金额	数量	金额	数量	金额	数量	金额
		合计										

制表：　　　　　　　　　　　　　　　　　　　　　　审核：

3. 原始凭证的填制

填制原始凭证是会计核算工作的起点和基础。《会计法》第十条规定“下列经济业务事项，应当办理会计手续，进行会计核算：(一)款项和有价证券的收付；(二)财物的收发、增减和使用；(三)债权债务的发生和结算；(四)资本、基金的增减；(五)收入、支出、费用、成本的计算；(六)财务成果的计算和处理；(七)需要办理会计手续、进行会计核算的其他事项。”《会计法》第十四条规定“办理本法第十条所列的经济业务事项，必须填制或者取得原始凭证并及时送交会计机构。”

(1)原始凭证的基本内容

因为经济业务的性质不同，所以记录不同经济业务的原始凭证的格式和具体内容也不完全相同，但为了满足会计工作的需要，无论哪一种凭证都必须详细、客观地载明经济业务的发生和完成情况，明确经办单位和人员的经济责任。因此，各种原始凭证都需要具备以下方面的基本内容：

①原始凭证的名称。凭证名称能够体现凭证所代表的交易或事项类型，如增值税专用发票、领料单、限额领料单等都是凭证名称；

②填制凭证的日期和凭证的号码。应该是交易或事项发生的日期;

③填制凭证单位和经办人员的签名或盖章。为了明确具体的经济责任,从外单位取得的原始凭证(如购货发票)应盖有填制单位的公章或财务专用章;

④经济业务的数量、计量单位、单价和金额。这是对经济活动完整反映所要求的,也是会计记录的要求。没有金额的原始凭证(如劳务合同等),不能作为会计记账依据;

⑤经济业务的内容摘要。对交易或事项内容的反映可以通过凭证内专门的摘要栏进行,也可以通过凭证本身来体现。比如,一张购货发票本身就代表了购货活动,而不论该发票是否设置专门的摘要栏。有些原始凭证,本身不足反映交易或事项的内容,就需要在专门的摘要栏注明;

⑥接受凭证单位的名称;

⑦原始凭证的附件(如与业务有关的经济合同、费用预算等)。

(2)原始凭证填制的基本要求

原始凭证是根据经济业务的发生和完成情况来填制,并具有法律效力的书面证明,是会计核算的最原始资料,必须认真填制。为正确、及时、清晰地反映各项经济业务活动的真实情况,提高会计核算的质量,并真正具备法律效力,原始凭证的填写必须严格遵循以下要求。

①真实可靠。原始凭证上所填写的经济业务发生的日期、业务内容和数字等必须真实,不弄虚作假,不涂改、挖补。可靠,要按照经济业务的实际发生情况进行填制,不能以估算数填列。

②内容完整。原始凭证规定的项目必须逐项填写齐全,不可遗漏和省略。项目填写不全的原始凭证,不能作为经济业务的合法证明,也不能作为有效的会计凭证。需要一式数联的凭证,各联的内容应当相同。为了证明经济责任,原始凭证必须由经办部门和人员盖章。

③填制及时。即当每一项经济业务发生或完成,都要立即填制原始凭证,做到不积压、不误时、不事后补制。

④书写清楚。原始凭证上的文字或数字,要按规定书写,必须严肃认真,字迹要清楚、工整,易于辨认。合计的小写金额前应标注人民币符号“¥”,币种符号与阿拉伯数字之间不得留有空白。凡阿拉伯数字前写有币种符号的,数字后面不再写货币单位。所有以元为单位的阿拉伯数字,除表示单价等情况外,一律填写到角分;无角分的要以“0”补位。汉字大写金额数字如零、壹、贰、叁、肆、伍、陆、柒、捌、玖、拾、佰、仟、万、亿等,一律用正楷或者行书书写,不得随意自造简化字。大写金额数字到元或者角为止的,在“元”或者“角”字之后应当写“整”或“正”字;大写金额数字有分的,分字后面不写“整”或“正”字。

⑤顺序使用。即收付款项或实物的凭证要顺序或分类编号,在填制时按照编号的次序使用,跳号的凭证应加盖“作废”戳记,不得撕毁。

4.原始凭证的审核要求

《会计法》第十四条规定,会计机构、会计人员必须按照国家统一的会计制度的规定对原始凭证进行审核,对不真实、不合法的原始凭证有权不予接受,并向单位负责人报告;对记载不准确、不完整的原始凭证予以退回,并要求按照国家统一的会计制度的规定更正、补充。

原始凭证记载的各项内容均不得涂改；原始凭证有错误的，应当由出具单位重开或者更正，更正处应当加盖出具单位印章。原始凭证金额有错误的，应当由出具单位重开，不得在原始凭证上更正。

原始凭证的审核是一项十分重要、严肃的工作。因此，要求会计人员必须熟悉有关部门财经政策、法规、制度，全面了解本单位业务经营情况，同时，又要求会计人员能够自觉执行政策、遵守制度，做到细致、认真、逐项进行审核，从而能更好地发挥会计监督职能。

（二）记账凭证

由于原始凭证种类繁多，格式不一，所记录的内容也比较零散，还不能直接依据其登记账簿，因而需要将其转化为会计账簿所能接受的专门语言，即根据接收到的载有经济业务数据的原始凭证编制记账凭证，以便据以直接登记有关会计账簿。

1. 记账凭证的概念与作用

记账凭证是会计人员根据审核无误的原始凭证或原始凭证汇总表归类、整理、确定会计分录，简要说明经济业务内容而编制的，作为登记账簿直接依据的会计凭证。

原始凭证与记账凭证之间存在着密切的联系，原始凭证是记账凭证的基础，记账凭证是根据原始凭证编制的。原始凭证附在记账凭证后面作为记账凭证的附件，记账凭证是对原始凭证内容的概括和说明。记账凭证与原始凭证的本质区别就在于记账凭证上载有会计分录。

2. 记账凭证的分类

（1）按凭证格式，分为专用记账凭证和通用记账凭证。

专用记账凭证是专门记录某一特定种类经济业务的记账凭证，按其所记录的经济业务是否与货币资金收付有关又可以进一步分为收款凭证、付款凭证和转账凭证 3 种。

收款凭证是专门用于登记现金和银行存款收入的业务。收款凭证根据有关现金和银行存款收入业务的原始凭证填制。如表 4-5 所示。

表 4-5　收款凭证

收字第 1 号

借方科目：银行存款　　2015 年 12 月 1 日　　附件 1 张

对方单位	摘　要	贷方科目		金　额								记账符号
		总账科目	明细科目	十	万	千	百	十	元	角	分	
东方集团	收回应收账款	应收账款	东方集团		8	0	0	0	0	0	0	
合　计				¥	8	0	0	0	0	0	0	

会计主管：　　记账：　　出纳：　　复核：　　制单：

付款凭证是专门用于登记现金和银行存款支出的业务。付款凭证根据有关现金和银行存款支付业务的原始凭证填制。格式如表4-6所示。

收、付款凭证既是登记现金、银行存款日记账和有关明细账和总账等账簿的依据，也是出纳人员办理收、付款项的依据。

转账凭证是用来记录转账业务，即不牵涉货币资金收付的业务的凭证，它根据转账业务的原始凭证填制，是直接登记总账及有关明细账的依据。格式如表4-7所示。

通用记账凭证是指不分收款、付款和转账，各类经济业务共同使用的凭证，亦称作标准凭证。业务比较单纯、业务量也较少的单位，适宜使用这类记账凭证。格式如表4-8所示。

表4-6　付款凭证

付字第 1 号

贷方科目:库存现金　　2015年12月1日　　附件 2 张

对方单位	摘　要	借方科目		金额								记账符号
		总账科目	明细科目	十	万	千	百	十	元	角	分	
	购买英雄钢笔，当即交付使用	管理费用				9	0	0	0	0	0	
合　计					¥	9	0	0	0	0	0	

会计主管:　　记账:　　出纳:　　复核:　　制单:

表4-7　转账凭证

转字第 1 号

2015年12月15日　　附件 1 张

摘　要	总账科目	明细科目	借方金额								记账符号	贷方金额								记账符号
			十	万	千	百	十	元	角	分		十	万	千	百	十	元	角	分	
一车间领料	生产成本	胚布		9	7	0	0	0	0	0										
	原材料	12支纱											9	7	0	0	0	0	0	
合　计			¥	9	7	0	0	0	0	0		¥	9	7	0	0	0	0	0	

会计主管:　　记账:　　出纳:　　复核:　　制单:

表 4-8　记账凭证

第______号

年　　月　　日　　　　　　附件______张

摘　要	总账科目	明细科目	借方金额								记账符号	贷方金额								记账符号
			十	万	千	百	十	元	角	分		十	万	千	百	十	元	角	分	
合　计																				

会计主管：　　　　记账：　　　出纳：　　　复核：　　　制单：

(2)记账凭证按其是否需要经过汇总，可以分为汇总记账凭证和非汇总记账凭证。

汇总记账凭证是根据一定时期内单一的记账凭证按一定的方法加以汇总而重新填制的凭证，包括分类汇总记账凭证和全部汇总记账凭证。分类汇总记账凭证是按照收、付款和转账凭证分别加以汇总编制出汇总收款凭证、汇总付款凭证和汇总转账凭证三种；全部汇总记账凭证是根据平时编制的全部记账凭证按照相同记账科目归类汇总其借、贷方发生额而编制的，一般称为科目汇总表或记账凭证汇总表。无论是分类汇总记账凭证还是全部汇总记账凭证，其目的都是为了简化登记总账的工作。

非汇总记账凭证是根据原始凭证编制的只反映某项经济业务会计分录而没有经过汇总的记账凭证。前面介绍的收款凭证、付款凭证、转账凭证以及通用记账凭证等均属非汇总记账凭证。

3. 记账凭证的填制要求

记账凭证是根据审核无误的原始凭证编制的，记账凭证可以根据每一张原始凭证单独编制，也可以根据若干张原始凭证汇总编制。

在采用专用记账凭证的企业中，其收款凭证和付款凭证是根据有关现金和银行存款收付款业务的原始凭证填制的。凡是引起现金、银行存款增加的经济业务，都要根据现金、银行存款增加的原始凭证，编制现金、银行存款的收款凭证；凡是引起现金、银行存款减少的业务，都要根据现金、银行存款减少的原始凭证，编制现金、银行存款的付款凭证。出纳人员对于已经收讫的收款凭证和已经付讫的付款凭证及其所附的各类原始凭证，都要加盖“收讫”和“付讫”的戳记，以免重收重付。转账凭证是根据有关转账业务的原始凭证填制的，作为登记有关账簿的直接依据。

如果企业采用的是专用记账凭证，对于从银行提取现金或将现金存入银行等货币资金内部相互划转的经济业务，为了避免重复记账，一般只编制付款凭证，而不编制收款凭证。

在采用通用记账凭证的企业里，对于各种类型的经济业务，都使用一种通用格式的记账凭证进行反映，通用记账凭证的填制方法与转账凭证的填制方法基本相同。

4. 记账凭证的审核

为保证企业经济业务能够在记账凭证中得以正确的反映，应对记账凭证的编制进行审核，记账凭证的审核内容与原始凭证的审核原则是相同的，也是真实性、准确性、完整性的审核。

真实性审核。审核记账凭证的内容是否与审核无误的原始凭证的内容保持一致，若有差异，需查找原因，及时更正。

完整性审核。审核登记的项目是否齐全，包括时间、编号、附件、摘要、账户、金额、签章等项目是否漏填，若有漏填，及时补填。

准确性审核。审核所登记的项目的文字有无出错，金额特别是合计金额有无计算错误，若发现差错，及时按规定的方法更正，或重新编制一张正确的记账凭证，替换原凭证。

第三节　会计账簿

企业单位在经营过程中，要发生各种各样的经济业务，对于这些经济业务，首先要由原始凭证做出最初反映，然后由会计人员按照会计信息系统的要求，采用复式记账方法，编制记账凭证。虽然会计凭证可以明确经济业务的发生与完成，但每张会计凭证只能记录单笔经济业务，提供的也只是个别的数据，无法对会计主体的资产、负债和所有者权益等财务状况以及收入、费用和利润等经营成果有一个整体的认识。因此，为了从分散的数据中提取系统有用的会计信息，就必须科学合理地设置与使用会计账簿，使原本缺乏联系的原始数据，按科目的不同性质加以全面系统反映，以便提高企业单位的经营管理水平。

一、会计账簿的概念和作用

(一)会计账簿的概念

会计账簿又称账册，是由具有专门格式、一定形式联结在一起的若干账页所组成，对全部经济业务进行全面、系统、连续、分类记录和核算的簿籍。账簿是会计资料的主要载体之一。

(二)会计账簿的作用

一个单位一定时期的会计凭证很多，每张凭证只反映一项经济业务，因而会计凭证对经济业务的反映是分散的、零星的、片面的、而不能全面、连续、分类地反映同类和全部经济业务的发生情况。为了全面持续分类地了解单位在一定时期内的分类和全部经济活动情况，就需设置账簿。通过账簿记录，可以了解各项财产物资、资金的增减变动情况，监督财产物资和资金是否妥善保管和合理使用，以保护其安全完整；账簿核算资料还是编制会计报表的基本依据，也是重要的经济档案。

二、会计账簿的分类

由于会计核算对象的复杂性和不同的会计信息使用者对会计信息需要的多样性，导致反映会计信息的载体之一——账簿的多样化。按照不同的标准可以将会计账簿分为不同的类别。

(一)账簿按用途分类可分为序时账簿、分类账簿和备查账簿。

序时账簿也称日记账，是按经济业务发生时间的先后顺序逐日、逐笔登记的账簿。按记录经济业务的范围不同，日记账可分为两种：用来登记全部经济业务的完成情况，称之为普通日记账，这种日记账目前已经很少采用；另一种是以登记某一类经济业务的完成情况，称之为特种日记账。在实际工作中应用比较广泛的是特种日记账，如“库存现金日记账”“银行存款日记账”等。

分类账簿也称分类账，是指对全部经济业务进行分类登记的账簿。按其反映经济业务内容详细程度的不同，又分为总分类账簿（简称总账）和明细分类账簿（简称明细账）。总账是根据总分类科目（一级科目）反映资产、负债、所有者权益等总括核算资料的账簿。明细分类账，是企业单位根据需要按照总分类科目所属的二级科目开设账户，用来分类登记某些经济业务。

备查账簿也称辅助账簿，是指对某些在序时账簿和分类账簿中未能记载或记载不全的事项进行补充登记的账簿。相对于前两种主要账簿而言，备查账簿并不是根据记账凭证登记的，不是真正的账簿，它更加注重使用文字来记录各项内容，属于辅助性账簿。如，“租入固定资产备查簿”“应付票据备查簿”等。

(二)账簿按其外表形式分类。

账簿按外表形式分类可分为订本式账簿、活页式账簿和卡片式账簿。

订本式账簿简称订本账，是在启用之前就已把顺序编号的账页装订成册的账簿。对于那些比较重要的内容一般采用订本式账簿，如序时账簿、总分类账簿等。优点是避免账页散失，缺点是同一时间只能一人登记，不便于分工。

活页式账簿简称活页账，是在启用时账页不固定装订成册，而将零散的账页放置在活页夹内，随时可以取放的账簿。活页账簿的优点是可以根据需要增减或重新排列账页，并可分工记账，缺点是账页容易散失和被抽换，所以在年终使用完毕后，必须将这些活动账页装订成册，按一定类别统一编号，妥善保管。明细分类账可根据需要采用活页式。

卡片账簿简称卡片账，是由许多具有一定格式的硬质卡片组成，存放在卡片箱内，根据需要随时取放的账簿，实际上也是一种活页账。卡片式账除具有一般活页账具有的优点外，它无需每年更换，可以跨年使用，“固定资产明细账”一般可采用这种格式。

活页账簿和卡片账簿的账页都需要连续编号使用，归档时应装订成册保存。

(三)账簿按其账页格式分类。

账簿按账页格式可分为三栏式、多栏式和数量金额式。

三栏式账簿是设有借方、贷方和余额 3 个基本项目的账簿。总分类账、日记账和债权债务及资本明细分类账一般采用三栏式账簿。格式如表 4-9 所示。

多栏式账簿是在账簿的两个基本栏目借方和贷方按照需要分设若干专栏的账簿。收入、费用、资本等明细分类账一般采用多栏式账簿。格式如表 4-10 所示。

数量金额式账簿是在三栏式基础上，在基本栏目借方、贷方和余额三栏的基础上在分设数量、单价、金额三小栏，以反映财产物资的数量和价值。“原材料”“库存商品”等明细分类账一般采用数量金额式。格式如表 4-11 所示。

三、账簿设置

会计账簿设置是各企事业单位根据《会计法》《会计基础工作规范》的原则规定，结合本单位会计核算业务的需要而建立的会计账簿体系过程。

(一) 总分类账的设置

总分类账能够全面、总括地反映经济活动情况，对明细账起着统领作用，并为会计报表编制提供总括资料。因此，每个单位都要设置总分类账，总分类账一般采用三栏式，基本结构为“借方”“贷方”和“余额”三栏。其格式如表 4-12 所示。

(二)日记账的设置

日记账一般也采用三栏式。由于库存现金和银行存款是企业流动性最强的资产，很容易被挪用和盗窃，所以，各单位都要设置现金和银行存款日记账，以加强货币资金管理。对于库存现金日记账，每日应分别计算收入和付出的合计数，结算出余额，做到日清；对于银行存款日记账，每月应计算出全月收入，付出合计数，做到月结。

应当注意的是：在现金日记账中，对于从银行提取现金的业务，根据银行存款付款凭证登记；在银行存款日记账中，对于将现金存入银行的业务，根据现金的付款凭证登记，这样做的目的是避免一笔业务重复记账。其格式如表 4-9、4-10 所示。

(三)明细账的设置

各种明细分类账按照二级科目或明细科目设置账簿，记录经济业务的详细情况。一般来说，明细账除了记录金额外，还要记录实物数量、费用与收入的构成、债权债务等具体结算情况。明细账一般采用卡片式账簿，如固定资产明细账。其账页格式根据其所反映经济业务内容的特点，以及实物管理的不同要求设计，设置为三栏式、数量金额式、多栏式。

1. 三栏式明细分类账。适用于只进行金额核算的账户，通过借方、贷方和余额 3 个栏目，提供详细核算资料。如“应收账款”“应付账款”“应交税费”等往来账户。

2. 数量金额式明细分类账。适用于既要进行金额分类核算，又要进行数量核算的财产物资账户，如“原材料”“库存商品”等账户。

3. 多栏式明细分类账。主要适用于核算项目较多，且管理上要求提供各核算项目详细信息的账簿，如成本计算账户、收入账户、费用账户等明细账。

(四)辅助账的设置

辅助账按其所反映的经济业务事项分别设立账户。如代管物资辅助账是按委托单位和代管物资的品名设立账户,租入固定资产登记簿是按租借单位和固定资产名称设立账户。

四、会计账簿的格式与登记方法

会计账簿从构造上看,一般由 3 大部分组成,即封面——表明账簿名称;扉页——列示目录表和账簿使用登记表;账页——列示会计科目、记账日期、记账依据,内容摘要及金额等。不同的会计账簿由于反映的经济业务内容和详细程度不同,因而,其账页格式也有一定的区别。

(一)序时账簿的格式与登记方法

序时账簿主要是指特种日记账。企业通常设置的特种日记账主要有库存现金日记账和银行存款日记账。

库存现金日记账的常用格式是三栏式,通常设置收入、支出、结余或借方、贷方、余额 3 个主要栏目,用来登记现金的增减变动及其结果。

三栏式库存现金日记账是由现金出纳员根据现金收款凭证付款凭证以及银行存款付款凭证(反映从银行提取现金业务),按照现金收、付款业务和银行存款付款业务的发生时间的先后顺序逐日、逐笔登记,并且每天结出账面余额实际现金库存额核对相符。月末,出纳保管的现金日记账的余额要与会计登记的“库存现金”总账的余额核对相符。

表 4-9 现金日记账

单位:元

20××年		凭证字号	摘 要	对方科目	收入	付出	余额
月	日						
4	1		期初余额				3 000
	1	现付 1#	李力暂借差旅费	其他应收款		1 000	
	1	现付 2#	购买办公用品	管理费用		280	
	1	现付 3#	支付销售产品运费	销售费用		230	
	1	现收 1#	出售多余材料	其他业务收入	800		
	1	银付 1#	提现	银行存款	52 000		
	1	现付 4#	发放工资	应付职工薪酬		52 000	
	1	现收 2#	王云退回多余差旅费	其他应收款	220		
	1		本日合计		53 020	53 510	2 510
	30		本日合计		1 800	3 200	1 300
	30		本月合计		152 400	154 100	1 300

2. 银行存款日记账的格式及登记方法

银行存款日记账是由出纳员根据银行存款的收款凭证、付款凭证以及现金的付款凭证(反映将现金存入银行业务)序时登记的。总体来说,银行存款日记账的登记方法与库存现金日记账的登记方法基本相同。

表 4-10　银行存款日记账

单位:元

20××年		凭证字号	摘　要	结算凭证		对方科目	收入	付出	余额
月	日			种类	号数				
4	1		月初余额						243 580
	1	银收 1#	收回欠货款			应收账款	20 000		
	1	银付 1#	提现	现金支票	138	库存现金		52 000	
	1	银付 2#	购买材料	转账支票	210	在途物资		15 000	
	1	银付 3#	还购货欠款			应付账款		20 000	
	1	银付 4#	支付电费			管理费用		3 000	
	1	银付 5#	缴纳税金	转账支票	211	应交税费		6 800	
	1		本日合计				20 000	96 800	166 780
	30		本日合计				72 000	39 000	314 580
	30	本月合计					356 000	285 000	314 580

(二)总分类账簿的格式与登记方法

总分类账是按照一级会计科目的编号顺序分类开设并登记全部经济业务的账簿。总分类账的格式有三栏式(即借方、贷方、余额 3 个主要栏目)和多栏式两种,其中三栏式又区分为不反映对应科目的三栏式和反映对应科目的三栏式。总分类账的登记依据和方法主要取决于所采用的会计核算组织程序。它可以直接根据记账凭证逐笔登记,也可以把记账凭证进行汇总,编制成汇总记账凭证或科目汇总表,根据汇总的记账凭证定期登记。

不论哪种格式的总分类账,每月都应将本月已完成的经济业务全部登记入账,并于月末结出总账中总分类账户的本期发生额和期末余额,与其他有关账簿核对相符之后,作为编制财务报表的主要依据。如表 4-11 所示。

表 4-11　总分类账(三栏式)

会计科目:应付账款　　　　第　　页　单位:元

年		凭证字号	摘　要	借方	贷方	借或贷	余额
月	日						
4	1		期初余额			贷	38 000
	5	转字 6#	向蓝天公司赊购材料		22 000	贷	60 000

续 表

年		凭证字号	摘　要	借方	贷方	借或贷	余额
月	日						
	6	银付 8#	向长江公司支付欠款	15 000		贷	45 000
	8	转字 15#	向红星公司赊购材料		30 000	贷	75 000
	30		本月发生额及余额	500 000	486 000	贷	24 000

(三)明细分类账的格式与登记方法

根据管理要求和各明细分类账所记录经济业务的特点,明细分类账的格式主要有以下 3 种:

1. 三栏式明细分类账

三栏式明细分类账的格式和三栏式总分类账的格式相同,即账页设有借方、贷方和余额三个主要栏目。这种格式的明细账适用于只要求提供货币信息,而不需要提供非货币信息(实物量指标等)的账户。一般适用于债权债务类明细账如应付账款、应收账款、预付账款、预收账款、其他应收款、其他应付款等明细账的登记工作。如表 4-12 所示。

表 4-12　三栏式明细分类账

应付账款——蓝天公司　　　　第　　页　单位:元

年		凭证号数	摘　要	对方科目	借方	贷方	借或贷	余额
月	日							
4	1		期初余额				贷	15 000
	5	转字 6#	向蓝天公司赊购材料	在途物资		22 000	贷	37 000
	10	银付 14#	向蓝天公司支付欠款	银行存款	12 000		贷	25 000
	15	转字 26#	向蓝天公司赊购材料	在途物资		18 000	贷	43 000
	30		本月发生额及余额		65 000	66 000	贷	16 000

2. 数量金额式明细账

数量金额式明细账要求在账页上对借方、贷方、余额栏下分别设置数量栏和金额栏,以便同时提供货币信息和实物量信息。这一类的明细账适用于既要进行金额核算又要进行实物核算的财产物资类明细账,如原材料、库存商品等明细账。如表 4-13 所示。

表 4-13 原材料明细账(数量金额式)

类别:原料及主要材料　　计量单位:吨

编号:021　　存放地点:5号仓库

材料名称:A材料　　金额单位:元

年		凭证号数	摘要	收入			发出			结存		
月	日			数量	单价	金额	数量	单价	金额	数量	单价	金额
4	1		期初余额							30	1 000	30 000
			向甲公司购料	20	1 000	20 000				50	1 000	50000
			向乙公司购料	10	1 000	10 000				60	1 000	60 000
			生产领用				40	1 000	40 000	20	1 000	20 000
	30		本期发生额及余额	30	1 000	30 000	40	1 000	40 000	20	1 000	20 000

3. 多栏式明细账

多栏式明细分类账是根据经济业务特点和经营管理需要,在一张账页内按有关明细科目或项目分设若干栏的账簿。按照登记经济业务内容的不同又分为三种:“借方多栏式”明细账,如“材料采购明细账”“生产成本明细账”“制造费用明细账”等;“贷方多栏式”明细账,如,“主营业务收入明细账”等;“借方、贷方多栏式”明细账,如“本年利润明细账”“应交增值税明细账”等。如表4-14所示。

表 4-14 主营业务收入明细账(贷方多栏式明细账)

第　页　单位:元

年		凭证号数	摘要	借方	贷方				余额
4	1	银收 1#	销售产品		28 000	36 000		64 000	64 000
	6	转字 18#	销售产品		15 000			15 000	79 000
	10	银收 12#	销售产品			41 000		41 000	120 000
	14	银付 30#	退货			2 000		2 000	118 000
	…	…	…	…	…	…	…	…	…

(四)备查账簿的格式与登记方法

备查账簿是对主要账簿起补充说明作用的账簿。它没有固定的格式,根据各单位会计核算和经营管理的实际需要设置。

五、会计账簿的登记规则

企业单位的会计人员在登记有关账簿时,应遵循一定的规则,一旦发生了记账错误,要按照规定的方法进行更正。

《会计法》第十五条规定:“会计账簿登记必须以经过审核的会计凭证为依据,并符合有关法律、行政法规和国家统一的会计制度的规定。会计账簿包括总账、明细账、日记账和其他辅助性账簿。会计账簿应当按照连续编号的页码顺序登记。会计账簿记录发生错误或者隔页、缺号、跳行的，应当按照国家统一的会计制度规定的方法更正，并由会计人员和会计机构负责人（会计主管人员）在更正处盖章。使用电子计算机进行会计核算的，其会计账簿的登记、更正，应当符合国家统一的会计制度的规定。

由于会计账簿是储存数据资料的重要会计档案，因而登记会计账簿应由专人负责。启用账簿时，应填列“账簿启用表”和“经管账簿人员一览表”，填明有关内容；平时登记账簿时，必须用蓝黑墨水钢笔书写，不得用铅笔或圆珠笔记账，除“结账划线”“改错”“冲销账簿记录”等内容外，不得使用红色墨水钢笔记账；有关会计人员调动工作或离职时，应办理交接手续等。

六、对账、更正与结账

为总结某一会计期间的经营活动情况，考核经营成果，准确编制财务报表，需定期进行对账、结账的工作。

（一）对账

1. 对账的概念

对账其实就是核对账簿。在日常会计工作中，发生各种差错是在所难免的，会出现账款不符、账物不符的现象。为了确保会计资料的真实、可靠，通常在结账前，要对各种账簿记录的内容进行核对，即进行账簿的对账工作。对账一般是在会计期末进行的，如遇到特殊情况，如有关人员办理调动时或发生非常事件后，应随时进行对账。

2. 对账的内容

对账的具体内容，一般包括以下几个方面：

（1）账证核对，做到账证相符

账证核对就是将各种账簿（包括总分类账、明细分类账以及日记账）记录与有关的会计凭证（包括记账凭证及其所附的原始凭证）进行核对，做到账证相符。账证核对的工作一般可采用抽查法进行。

（2）账账核对，做到账账相符

账账核对是在账证核对相符的基础上，对各种账簿记录的内容所进行的核对工作，做到账账相符。具体内容包括：

①总分类账中各账户的本期借、贷方发生额合计数，期末借、贷方合计数，应当分别核对相符，以检查总分类账户的登记是否正确。其核对方法是编制总分类账户发生额及余额试算平衡表进行核对。

②库存现金日记账、银行存款日记账的本期借方、贷方发生额合计数及期末余额合计数，分别与总账中的库存现金账户、银行存款账户的记录核对相符，以检查日记账的登记是否正确。

③总分类账户本期借、贷双方发生额及余额与所属明细分类账户本期借、贷方发生额合计数及余额合计数核对相符，以检查总分类账户和明细分类账户登记是否正确。

其核对方法一般是编制总分类账户与明细分类账户发生额及余额对照表进行核对。

④会计部门登记的各种财产物资明细分类账的结存数,与财产物资保管或使用部门的有关保管账的结存数核对相符,以检查双方登记是否正确。

(3)账实核对,做到账实相符

账实核对是在账账核对的基础上,将各种账簿记录余额与各项财产物资、库存现金、银行存款以及各种往来款项的实存数核对,做到账实相符。其具体内容包括:

①库存现金日记账的余额与现金实际库存数核对相符;

②银行存款日记账的发生额及余额与银行对账单核对相符;

③财产物资明细账的结存数分别与财产物资的实存数核对相符;

④各种债权、债务的账目记录应定期与有关债务、债权单位或个人核对相符。

(二)错账更正

若出现登账错误,如账户名称即会计科目、借贷方向、金额记错,或出现重记、漏记等,必须遵循一定的规则进行更正。错账更正方法有 3 种:划线更正法、红字更正法和补充登记法。这些更正方法的使用在登账以后,结账以前进行。

1. 划线更正法

在结账前,如果发现账簿记录有错误,而其所依据记账凭证没有错误,即纯属账簿记录中的文字或数字笔误,可用划线法予以更正。

更正的方法是:先将账页上错误的文字或数字画一条红线,表示注销,然后,将正确的文字或数字用蓝字写在被注销的文字或数字上方,并由记账人员在更正处盖章。更正时,必须将错误数字全部划掉,不能只划销其中错误的数字。例如,将 5 800.50 误写为 5 800.00,应将 5 800.00 用红线居中全部划去,然后将正确数字填在上方,并在更正处盖章。又如,误将“应付账款”写为“应收账款”,应将“收”字划去,在其上方填写“付”字,并盖章。

2. 红字更正法

以下两种情况,需用红字更正法予以更正。第一,记账凭证中会计科目、记账方向有误而造成账簿登记出现错误;第二,记账凭证中会计科目、记账方向正确,但所记金额大于应记金额,导致账簿登记金额出现错误。具体方法如下例所示。

【例 4-1】车间领用原材料 2 000 元生产产品,编制记账凭证时误编以下会计分录,并登记入账。

借:制造费用　　2 000

　　贷:原材料　　2 000

发现错账时,先用红字填写一张内容与原错误记账凭证完全相同的记账凭证,并据以红字金额登记入账,冲销原错误记录。

借:制造费用　　[2 000]

　　贷:原材料　　[2 000]

然后,再用蓝字填制一张正确的记账凭证,并据以登记入账。

借:生产成本　　2 000

贷:原材料　　2 000

所记金额大于应记金额,只需将错误金额与正确金额的差额用红字填制一张记账凭证,并在摘要栏中写明“冲销多记金额”以及原错误凭证的号数和日期,并用红字金额登记入账,以冲销多记的金额。

3. 补充登记法

适用于记账凭证中会计科目、记账方向正确,但所记金额小于应记金额,导致账簿登记金额出现错误。更正方法是将少计的金额,用蓝字填制一张会计科目、借贷方向与原记账凭证相同的记账凭证,并据以入账。

(三)结账

按照《会计工作基础规范》的要求,为了正确反映一定时期内的经营成果和期末的财务状况,为编制财务报表提供真实、可靠的数据资料,各企业单位需按照规定定期结账。

1. 结账的概念

结账,是指在本期内发生的所有经济业务全部登记入账的基础上,按照规定的方法对该期内的账簿记录进行小结,结算出本期发生额合计和期末余额,并将其余额结转下期或者转入新账的过程。

2. 记账的步骤及内容

结账工作主要包括以下几个步骤及具体内容:

(1)结账前,必须将本期发生的全部经济业务登记入账。

(2)结账时,在本期经济业务全面登记入账的基础上,按照权责发生制会计处理要求,将收入和费用归属于各个相应的会计期间,即编制调整分录,包括:摊配已登记入账的长期待摊费用和预收收益;计提应承担但尚未支付的应付未付的费用;确认已实现但尚未收到的应收收益等,再据以登记入账。

(3)编制结账分录。对于各种收入、费用类账户的余额,应在有关账户之间进行结转,从而结束各有关收入和费用类账户。也就是将这些反映损益的收入类和费用类账户如“主营业务收入”“主营业务成本”“税金及附加”“管理费用”“财务费用”“销售费用”等损益类账户的金额转入“本年利润”账户,以便在这些损益类账簿上重新计量下一会计期间的业务。上一个会计期间的成果不能带到下一个会计期间,每一个会计期间开始时,经营成果的计算都是从零开始的。结账分录包括两部分:一部分是结转收入,即借记有关的收入类账户,贷记“本年利润”账户;另一部分是结转费用,即借记“本年利润”账户,贷记有关的费用类账户。结账分录也需要登记到相应的账簿中去。

第四节　财务报表

在完整的会计循环过程中,首先取得证明经济业务发生或完成的原始凭证,会计人员对其进行审核,根据审核无误的原始凭证,运用复式记账原理结合设置账户等会计核算方法编制记账凭证;其次,对所编制的记账凭证进行审核,并根据审核无误的记账凭证登记会计账簿;最后,通过对账与结账,将有关的账簿记录资料进行再确认,并以财务报表的形式将会计信息报告给各方信息使用者。因此,财务报表是会计循环的终端输出物,也是会计循环的最后一个工作步骤。

一、财务报表的含义与分类

(一)财务报表的含义

财务报表是对企业财务状况、经营成果和现金流量的结构性表述。根据《企业会计准则第30号——财务报表列报》的要求,一套完整的财务报表至少应当包括"四表一注"即资产负债表、利润表、现金流量表、所有者权益变动表和附注。小企业的会计报表可以不包括现金流量表。现以泰州铸造厂为例,详细说明资产负债表和利润表的编制方法。

(二)财务报表的分类

为了便于编制和运用财务报表,需要对财务报表进行分类。

1.按报表反映的经济内容可分为3种类型。反映一定日期企业资产、负债及所有者权益等财务状况的报表,如资产负债表;反映一定时期内企业经营成果的会计报表,如利润表;反映一定时期内企业财务状况变动情况的会计报表,如现金流量表,所有者权益变动表。其中,资产负债表是静态报表,其他是动态报表。

2.按财务报表编报的期间不同,可以分为年度报表和中期报表。年度财务报表是指年度终了对外提供的财务会计报表。"中期"是指短于一个完整会计年度的报告期间,包括月报、季报和半年报等。

3.按照编制会计主体的不同,可以分为个别财务报表和合并财务报表。个别财务报表是企业在自身会计核算的基础上对账簿记录进行加工而编制的财务报表。合并财务报表是以母子公司组成的企业集团为会计主体,根据母公司和所属子公司的财务报表,由母公司编制的综合反映企业集团财务状况、经营成果及现金流量的财务报表。

二、资产负债表

(一)资产负债表的含义和作用

资产负债表是反映企业在某一特定日期财务状况的财务报表,其编制原则遵循了"资产=负债+所有者权益"这一会计恒等式,编制该表的目的是如实反映企业在资产负债表日所拥有的资源、承担的债务和所有者拥有的权益金额及其结构情况。通过资产负债表,可以帮助使用者了解企业在某一特定日期所拥有或控制的资产总量及其结构;了解企业未来需要多少资产或劳务清偿债务以及清偿时间;判断资本保值、增值的情况以及对负债的保障程度并且为财务分析提供基本资料。

(二)资产负债表的格式、结构和内容

1.资产负债表格式

根据项目列式的方式不同,资产负债表有账户式和报告式。报告式的资产负债表

是上下结构，上半部列示资产各项目，下半部列示负债和所有者权益各项目；账户式的资产负债表是左右结构，左方列示资产各项目，右方列式负债和所有者权益各项目。我国企业采用账户式。此外，为了方便使用者比较不同时点的数据，资产负债表还就各项目再分为“年初余额”和“年末余额”两栏分别填列。

2. 资产负债表的结构和内容

基于传统习惯，世界上大多数国家按流动性对资产、负债和所有者权益各项目进行排列。具体而言：资产的内部项目按资产流动性的强弱依次排列，由此形成流动资产、非流动资产的排列顺序；负债项目按偿还期的长短顺序排列，形成流动负债、非流动负债的排列顺序；所有者权益内部项目按所有者在企业存续期的长短依次排列，由此形成实收资本、资本公积、盈余公积和未分配利润的排列顺序。具体资产负债表格式如表4-15所示。

表4-15 资产负债表

编制单位：××企业　　　　年　月　日　　　　单位：元

资　产	期末余额	年初余额	负债及所有者权益（或股东权益）	期末余额	年初余额
流动资产：			流动负债：		
货币资金			短期借款		
交易性金融资产			交易性金融负债		
应收票据			应付票据		
应收账款			应付账款		
预付款项			预收款项		
应收利息			应付职工薪酬		
应收股利			应交税费		
其他应收款			应付利息		
存货			应付股利		
1年内到期的非流动资产			其他应付款		
其他流动资产			1年内到期的非流动负债		
流动资产合计			其他流动负债		
非流动资产：			流动负债合计		
可供出售金融资产			非流动负债：		
持有至到期投资			长期借款		
长期应收款			应付债券		
长期股权投资			长期应付款		
投资性房地产			专项应付款		

续 表

资　产	期末余额	年初余额	负债及所有者权益（或股东权益）	期末余额	年初余额
固定资产			预计负债		
在建工程			递延所得税负债		
工程物资			其他非流动负债		
固定资产清理			非流动负债合计		
无形资产			负债合计		
开发支出			股东权益：		
商誉			实收资本(或股本)		
长期待摊费用			资本公积		
递延所得税资产			盈余公积		
其他非流动资产			未分配利润		
非流动资产合计			所有者权益(或股东权益)合计		
资产总计			负债及所有者权益(或股东权益)合计		

(三)资产负债表项目的填列方法

报表中各项目的“年初余额”栏内各项数字，应根据上年末资产负债表“期末余额”栏内所列数字填列。如果上年度资产负债表规定的各项名称与内容与本年不一致，应对上年末资产负债表各项目的名称和数字按照本年度的规定进行调整，填入“年初余额”栏内。

相对“年初余额”，资产负债表“期末余额”栏内各项数字填列方法比较多样，主要包括以下方式：

1. 根据总账科目期末余额直接填列

如“交易性金融资产”“短期借款”“应付票据”“应付利息”“应付股利”“应交税费”“应付职工薪酬”“其他应付款”“实收资本”“盈余公积”等项目，均可根据总账科目期末余额直接填列。一般情况下，资产类项目直接根据其总账科目的借方余额填列，负债项目直接根据其总账科目的贷方余额填列。

2. 根据若干个总账科目的期末余额合并计算填列

“货币资金”项目，需根据“库存现金”“银行存款”“其他货币资金”3个总账科目的期末余额的合计数填列；

“存货”项目，需要根据“原材料”“在途物资”“周转材料”“生产成本”“库存商品”“发出商品”“委托加工物质”“委托代销商品”这些总账科目的期末借方余额合计减去“材料成本差异”“存货跌价准备”这些总账科目的期末贷方余额合计数计算填列。

3. 根据有关总账科目所属的明细科目余额计算填列

资产负债表某些项目需要根据有关科目所属的相关明细科目的期末余额计算填列。

“应收账款”项目根据“应收账款”和“预收账款”总账科目的所属相关明细科目的期末借方余额减去已计提的“坏账准备”后的净额填列。

“应付账款”项目根据“应付账款”和“预付账款”总账科目的所属相关明细科目的期末贷方余额填列。

“预收账款”项目，需根据“预收账款”总账科目期末贷方余额直接填列，表示债务。

“预付账款”项目，需根据“预付账款”总账科目期末借方余额直接填列，表示债权。

如果将“预付账款”业务直接并在“应付账款”总账科目核算，这时的“应付账款”具有双重性质，需要分析计算填列。其所属的所有明细科目余额在贷方的合并填列在“应付账款”项目，表示债务；其所有明细科目余额在借方的合并填列在“预付账款”项目，表示债权。

需要说明的是，如果不设置“预收账款”总账科目而将预收账款业务直接并在“应收账款”总账科目核算，这时的“应收账款”具有双重性质，需分析计算填列。其所属的所有明细科目余额在借方的合并填列在“应收账款”项目，表示债权；其所有明细科目余额在贷方的合并填列在“预收账款”项目，表示债务。

4. 根据总账科目所属的明细科目期末余额计算填列

如“长期借款”项目，根据“长期借款”总账科目余额扣除该科目所属明细科目中反映的 1 年内到期的长期借款部分计算填列。类似的还有“长期应付款”“长期待摊费用”等项目。

5. 根据有关资产类账户与其备抵账户期末余额抵消后的净额填列

如“固定资产”项目，根据“固定资产”账户的借方余额减去“累计折旧”账户以及“固定资产减值准备”账户的贷方余额后的差额填列。另外，“应收账款”“存货”“长期股权投资”“持有至到期投资”“无形资产”“在建工程”等项目也是如此。

(四)资产负债表编制举例

泰州铸造厂是一家经营电机生产、销售的制造业企业，其主要经营的产品是电机壳。其注册资金 600 万元。经营地址：泰州市解放路 180 号，电话：88857835。开户银行：中国工商银行泰州支行；账号：18080608003675838；纳税人识别号：331105817667838；该厂单位负责人：张任乐；财务经理：刘宏；会计：赵亮；出纳：李敏。该企业在 2014 年 12 月 31 日有关账户余额如表 4-16 所示。

表 4-16 泰州铸造厂科目余额表(2014 年 12 月 31 日)

单位：元

科目名称	借方余额	科目名称	贷方余额
库存现金	5 721.00	短期借款	170 000.00
银行存款	908 590.40	应付账款	500.00

续 表

科目名称	借方余额	科目名称	贷方余额
其他货币资金	100 000.00	预收账款	300 000.00
交易性金融资产	200 000.00	应付职工薪酬	153 900.00
应收票据	300 000.00	应交税费	414 827.50
应收账款	209 184.00	应付利息	2 800.00
其他应收款	6 900.00	长期借款	1 170 000.00
原材料	272 380.00	实收资本	6 000 000.00
库存商品	524 800.00	盈余公积	99 300.00
持有至到期投资	300 000.00	利润分配	755 244.90
固定资产	6 835 760.00		
累计折旧	−698 284.00		
无形资产	98 100.00		
长期待摊费用	3 421.00		
合计	9 066 572.40	合计	9 066 572.40

应收账款、预收账款的明细账余额均为正常的余额方。

根据上述资产负债表的编制方法，泰州铸造厂资产负债表如表4-17所示，具体编制如下：

(1)企业大多数项目根据有关账户余额直接填制。如交易性金融资产、应收票据、应收账 款、其他应收款、无形资产、长期待摊费用、短期借款、应付账款、预收账款等都是根据有关账户的期末余额直接填列。

(2)有些项目要根据有关账户的期末余额加减计算之后填列。具体为：

“货币资金”=现金+银行存款+其他货币资金

=5 721.00+908 590.40+100 000.00=1 014 311.40(元)

“存货”=原材料+库存商品

=272 380.00+524 800.00=797 180(元)

“固定资产”=固定资产−累计折旧

=6 835 760.00−698 284.00=6 137 476.00(元)

即：泰州铸造厂2014年12月31日资产负债表的“期末余额”金额栏的填制：(1)只有“货币资金”、“存货”和“固定资产”项目是要根据有关账户的期末余额加减计算之后填列；(2)其余项目全部是根据2014年12月31日各项目对应的账户余额直接填列。

泰州铸造厂2014年12月31日资产负债表的“年初余额”金额栏的填制是根据泰州铸造厂2013年12月31日资产负债表的“期末余额”(略)抄列过来。

表 4-17 资产负债表

编制单位：泰州铸造厂　　2014 年 12 月 31 日　　单位：元

资　产	年末余额	年初余额	负债及所有者权益（或股东权益）	年末余额	年初余额
流动资产：			流动负债：		
货币资金	1 014 311.40	556 179.00	短期借款	170 000.00	50 000.00
交易性金融资产	200 000.00		交易性金融负债		
应收票据	300 000.00	50 000.00	应付票据		
应收账款	209 184.00	45 000.00	应付账款	500.00	120 000.00
预付款项			预收款项	300 000.00	
应收利息			应付职工薪酬	153 900.00	135 000.00
应收股利			应交税费	414 827.50	
其他应收款	6 900.00	2 000.00	应付利息	2 800.00	700.00
存货	797 180.00	960 500.00	应付股利		
一年内到期的非流动资产			其他应付款		1 740.00
其他流动资产			一年内到期的非流动负债		
流动资产合计	2 527 575.40	1 613 679.00	其他流动负债		
非流动资产：			流动负债合计	1 042 027.50	307 440.00
可供出售金融资产			非流动负债：		
持有至到期投资	300 000.00		长期借款	1 170 000.00	1 170 000.00
长期应收款			应付债券		
长期股权投资			长期应付款		
投资性房地产			专项应付款		
固定资产	6 137 476.00	5 949 800.00	预计负债		
在建工程			递延所得税负债		
工程物资			其他非流动负债		
固定资产清理			非流动负债合计	1 170 000.00	1 170 000.00
无形资产	98 100.00	98 100.00	负债合计	2 212 027.50	1 477 440.00
开发支出			股东权益：		
商誉			实收资本（或股本）	6 000 000.00	6 000 000.00
长期待摊费用	3 421.00	2 521.00	资本公积	99 300.00	99 300.00
递延所得税资产			盈余公积		
其他非流动资产			未分配利润	755 244.90	87 360.00
非流动资产合计	6 538 997.00	6 050 421.00	所有者权益（或股东权益）合计	6 854 544.90	6 186 660.00
资产总计	9 066 572.40	7 664 100.00	负债及所有者权益（或股东权益）合计	9 066 572.40	7 664 100.00

注：①“年初余额”是根据 2013 年 12 月 31 日的资产负债表的“期末余额”抄列过来，此处略去不作说明。

②“期末余额”有关项目填制说明：

“货币资金”＝现金＋银行存款＋其他货币资金＝5 721.00＋908 590.40＋100 000.00＝1 014 311.40（元）

"存货"=原材料+库存商品
=272 380.00+524 800.00=797 180.00(元)

"固定资产"=固定资产-累计折旧
=6 835 760.00-698 284.00=6 137 476.00(元)

"流动资产"=货币资金+交易性金融资产+应收票据+应收账款+其他应收款+存货
=1 014 311.40+200 000.00+300 000.00+209 184.00+6 900.00+797 180=2 527 575.40(元)

"非流动资产"=持有至到期投资+固定资产+无形资产+长期待摊费用
=300 000.00+6 137 476.00+98 100.00+3 421.00=6 538 997.00(元)

"资产总计"="流动资产"+非流动资产"
=2 527 575.40+6 538 997.00=9 066 572.40(元)

"流动负债"=短期借款+应付账款+预收款项+应付职工薪酬+应交税费+应付利息
=170 000.00+500.00+300 000.00+153 900.00+414 827.50+414 827.50+2 800.00=1 042 027.50(元)

"负债"="流动负债"+"非流动负债"
=1 042 027.50+1 170 000.00=2 212 027.50(元)

"所有者权益"=实收资本+资本公积+未分配利润=6 000 000.00+99 300.00+755 244.90=6 854 544.90(元)

"负债及所有者权益合计"="负债"+"所有者权益"=2 212 027.50+6 854 544.90=9 066 572.40(元)

三、利润表

(一)利润表的含义与作用

反映了企业在某一会计期间经营成果情况的报表,揭示了企业经营业绩的主要来源和构成。编制利润表的目的是列示企业实现的收入、发生的费用以及应当计入当期利润的利得和损失等金额及其结构情况,判断企业在该期间内的投入与产出的比例关系,有助于使用者分析评价企业的盈利能力及其构成质量,预测企业的盈利趋势。

(二)利润表的格式

当前国际上常用的利润表格式有单步式和多步式两种。单步式利润表是将当期所有的收入列在一起,将所有的费用列在一起,两者相减得出当期净损益。其特点是所提供的信息都是原始数据,便于理解;多步式利润表是对当期的收入、费用、支出项目按功能加以归类,列示出一些中间性利润指标,如营业利润、利润总额等。其特点是便于使用者理解企业经营成果的不同来源。我国企业采用多步式。根据俞州铸造厂有关损益类账户的发生额记录,我们可以编制其利润表如表 4-18 所示。

企业可以分 3 个层次编制利润表。

第一层次,营业利润。以营业收入为基础,减去营业成本、税金及附加、销售费用、管理费用、财务费用、资产减值损失,加上公允价值变动收益(减去公允价值变动损失)和投资收益(减去投资损失)计算出营业利润。

第二层次,利润总额。计算式:

利润总额=营业利润+营业外收入-营业外支出

第三层次,净利润。计算式:

净利润=利润总额-所得税费用

普通股或潜在普通股已公开交易的企业,以及正处于公开发行普通股或潜在普通股过程中的企业,还应当列式每股收益信息,包括基本每股收益和稀释每股收益两项指标。

表 4-18 利润表

编制单位： 20××年××月 单位:元

项 目	行次	本期金额	上期金额
一、营业收入			
减:营业成本			
税金及附加			
销售费用			
管理费用			
财务费用(收益以“—”号填列)			
资产减值损失			
加:公允价值变动收益(损失以“—”号填列)			
投资收益(损失以“—”号填列)			
二、营业利润(亏损以“—”号填列)			
加:营业外收入			
减:营业外支出			
三、利润总额(亏损以“—”号填列)			
减:所得税费用			
四、净利润(净亏损以“—”号填列)			
五、每股收益:			
(一)基本每股收益		×	
(二)稀释每股收益		×	
其他综合收益		×	
综合收益总额		×	

(三)利润表的填列方法

利润表“本期金额”栏内各项数字一般应根据损益类科目的发生额分别填列。

1. 收入类项目填列

收入类项目均根据收入类总账科目期末结账前贷方发生额减去借方发生额后的差额填列,若借方大于贷方则以“—”号填列。如“公允价值变动损益”“投资收益”等项目。但“营业收入”项目应根据“主营业务收入”和“其他业务收入”科目期末结账前的借贷发生额的差额之和填列。“营业外收入”项目直接根据“营业外收入”科目期末结账前贷方发生额填列。

2. 费用类项目填列

费用类项目均根据费用类总账科目期末结账前借方发生额减去贷方发生额后的差额填列,如“财务费用”等项目。但“营业成本”项目应根据“主营业务成本”和“其他业务成本”科目期末结账前的借贷方发生额的差额之和填列。“税金及附加”“销售费用”“管理费用”“营业外支出”“资产减值损失”“所得税费用”等科目期末结账前借方发生额填列。

3. 自然计算项目填列

有些项目应通过表中有关项目自然计算后的金额填列。如“营业利润”“利润总额”“净利润”等项目。需要指出的是“利润总额”“净利润”项目,如果为亏损,则以“-”号填列。

4. 特殊项目填列

“基本每股收益”项目,应按照归属于普通股股东的当期净利润除以当期实际发行在外的普通股的加权平均数计算填列;“稀释每股收益”按照其影响分别调整归属于普通股股东的当期净利润以及发行在外普通股的加权平均数计算。

(四)利润表编制举例

泰州铸造厂2014年度损益类科目(账户)的发生额如表4-19所示。

表4-19 损益类账户发生额表

单位:元

科目名称	借方发生额	贷方发生额
主营业务收入		1 539 200.00
主营业务成本	565 200.00	
其他业务收入		1 760.00
其他业务成本	1 600.00	
税金及附加	1 500.00	
销售费用	36 447.04	
管理费用	47 386.80	
财务费用	2 100.00	
资产减值损失	2 112.96	
营业外收入		6 900.00
营业外支出	1 000.00	
所得税费用	222 628.30	

根据上述资料,编制利润表如表4-20所示:

表4-20 利润表

编制单位:泰州铸造厂　　2014年　　单位:元

项目	行次	本期金额	上期金额
一、营业收入		1 540 960.00	1 320 000.00
减:营业成本		566 800.00	453 255.00
税金及附加		1 500.00	14 252.25

续 表

项目	行次	本期金额	上期金额
销售费用		36 447.04	20 000.00
管理费用		47 386.80	219 747.75
财务费用(收益以“—”号填列)		2 100.00	5 000.00
资产减值损失		2 112.96	959.59
加:公允价值变动收益(损失以“—”号填列)			
投资收益(损失以“—”号填列)			
二、营业利润(亏损以“—”号填列)		884 613.20	606 785.41
加:营业外收入		6 900.00	
减:营业外支出		1 000.00	500 000.00
三、利润总额(亏损以“—”号填列)		890 513.20	106 785.41
减:所得税费用		222 628.30	26 696.35
四、净利润(净亏损以“—”号填列)		667 884.90	80 089.06
五、每股收益:			
(一)基本每股收益		×	
(二)稀释每股收益		×	
其他综合收益		×	
综合收益总额		×	

注:①“上期金额”是根据2013年的利润表的“本期金额”抄列过来,此处略去不作说明。

②“本期金额”有关项目填制说明:

“营业收入”=主营业务收入+其他业务收入=1 539 200.00+1 760.00=1 540 960.00(元)

“营业成本”=主营业务成本+其他业务成本=565 200.00+1 600.00=566 800.00(元)

四、现金流量表

(一)现金流量表的含义与作用

现金流量表是反映企业在一定会计期间内有关现金和现金等价物的流入和流出的报表。这里的现金是广义的现金,不仅包括库存现金,还包括企业随时支用的银行存款和其他货币资金,以及现金等价物。现金流量表的作用是便于信息使用者了解和评价企业获得现金和现金等价物的能力和企业偿债、支付股利的能力,并据以预测企业未来现金流量,分析企业投资和理财活动对经营成果和财务状况的影响。

现金流量表的编制基础是收付实现制。根据我国《企业会计准则31号——现金流量表》的规定,企业一定时期内发生的现金流量可分为3大类,分别为经营活动、投资活动和筹资活动产生的现金流量。由于现金流量表的编制过程较为复杂,在此仅列示其基本格式,如表4-21所示。

表 4-21　现金流量表

编制单位：　　　　　　年　月　日　　　　　　　　　　　　　　　单位：元

项　目	金　额
一、经营活动产生的现金流量	
现金流入	
现金流出	
经营活动产生的现金流量净额	
二、投资活动产生的现金流量	
现金流入	
现金流出	
投资活动产生的现金流量净额	
三、筹资活动产生的现金流量	
现金流入	
现金流出	
筹资活动产生的现金流量净额	
四、汇率变动对现金流量的影响	
五、现金及现金等价物净增加额	

五、所有者权益变动表

所有者权益变动表是反映构成所有者权益的各组成部分当期的增减变动情况的报表。它不仅包括所有者权益总量的增减变动，还包括所有者权益增减变动的重要结构性信息，使信息使用者能够理解其增减变动的根源。按照《企业会计准则 30 号——财务报表列报》的规定，所有者权益变动表至少应当单独列示下列信息的项目：

(1)综合收益总额；(2)会计政策变更和前期差错更正的累积影响金额；(3)所有者投入资本和向所有者分配利润等；(4)按照规定提取的盈余公积；(5)所有者权益各组成部分的期初余额和期末余额及其调节情况。

六、财务报表附注

(一)财务报表附注的含义和作用

附注是对在资产负债表、利润表、现金流量表和所有者权益变动表等报表中列示项目的文字描述或明细资料，以及对未能在这些报表中列示项目的说明等。通过与报表列示项目的相互参照，能够使信息使用者能更加全面深刻地理解报表内容。

(二)财务报表附注的内容

按照《企业会计准则 30 号——财务报表列报》的规定，附注一般应当按照下列顺序披露：

1.企业的基本情况。企业注册地、组织形式和总部地址;企业的业务性质和主要经营活动;母公司以及集团最终母公司的名称;财务报告的批准报出者和财务报告批准报出日,或者以签字人及其签字日期为准;营业期限有限的企业,还应当披露有关其营业期限的信息。

2.财务报表的编制基础。

3.遵循企业会计准则的声明。

企业应当声明编制的财务报表符合企业会计准则的要求,真实、完整地反映了企业的财务状况、经营成果和现金流量等有关信息。

4.重要会计政策和会计估计。

重要会计政策的说明,包括财务报表项目的计量基础和在运用会计政策过程中所做的重要判断等。重要会计估计的说明,包括可能导致下一个会计期间内资产、负债账面价值重大调整的会计估计的确定依据等。企业应当披露采用的重要会计政策和会计估计,并结合企业的具体实际披露其重要会计政策的确定依据和财务报表项目的计量基础,及其会计估计所采用的关键假设和不确定因素。

5.会计政策和会计估计变更以及差错更正的说明。

企业应当按照《企业会计准则第28号——会计政策、会计估计变更和差错更正》的规定,披露会计政策和会计估计变更以及差错更正的情况。

6.报表重要项目的说明。

企业应当按照资产负债表、利润表、现金流量表、所有者权益变动表及其项目列示的顺序,对报表重要项目的说明采用文字和数字描述相结合的方式进行披露。报表重要项目的明细金额合计,应当与报表项目金额相衔接。

企业应当在附注中披露费用按照性质分类的利润表补充资料,可将费用分为耗用的原材料、职工薪酬费用、折旧费用、摊销费用等。

7.或有和承诺事项、资产负债表日后非调整事项、关联方关系及其交易等需要说明的事项。

8.有助于财务报表使用者评价企业管理资本的目标、政策及程序的信息。

如泰州铸造厂2014年的资产负债表和利润表的附注的数字说明(考虑到篇幅有限,其他会计政策等说明略)具体如表4-22所示。

表4-22 泰州铸造厂报表附注说明

单位:元

1.货币资金

项　目	期末余额	期初余额
库存现金	5 721.00	2 123.60
银行存款	908 590.40	554 055.40
其他货币资金	100 000.00	
合计	1 014 311.40	556 179.00

2.交易性金融资产

单位:元

项 目	期末余额	期初余额
交易性金融资产	200 000.00	
合计	200 000.00	0

备注:从二级市场上购买的红联股票;10000 股。

3.应收票据

单位:元

种 类	期末余额	期初余额
银行承兑汇票	200 000.00	50 000.00
合计	200 000.00	50 000.00

4.应收账款

(1)应收账款按种类披露

单位:元

种类	期末余额				期初余额			
	账面余额		坏账准备		账面余额		坏账准备	
	金额	比例(%)	金额	比例(%)	金额	比例(%)	金额	比例(%)
按坏账比例1%计提了坏账准备的应收账款								
应收账款余额百分比法	211 296.96	100.00	2 112.96	1.00	9 595 959.00	100.00	959.59	1.00
合计	211 296.96	/	2 112.96	/	9 595 959.00	/	959.59	/

(2)应收账款明细余额

单位:元

种 类	期末余额	期初余额
浙江义乌电机厂	0	82 000.00
上海电机厂	0	13 000.00
湖州铸造厂	0	0
北京电机厂	209 184.00	0
合计	209 184.00	50 000.00

5.其他应收款

其他应收款明细余额

单位:元

种 类	期末余额	期初余额
燕志超	0	2 000.00

续　表

种　类	期末余额	期初余额
王健(预借差旅费)	2 500.00	0
仓库保管员(盘亏处理要求其赔偿)	2 400.00	0
保险公司	2 000.00	0
合计	6 900.00	2 000.00

备注:燕志超、王健均为企业员工挂账的原因是预借差旅费;仓库保管员和保险公司挂账的原因是企业发生的盘亏财产经过批准处理要求保管员个人承担损失 2 400 元;保险公司应理赔 2 000 元。

6.存货

存货分类

单位:元

项目	期末余额			期初余额		
	账面余额	跌价准备	账面价值	账面余额	跌价准备	账面价值
原材料	272 380.00		272 380.00	217 500.00		217 500.00
库存商品	524 800.00		524 800.00	743 000.00		743 000.00
合计	797 180.00		797 180.00	960 500.00		960 500.00

该企业的存货取得成本按实际成本计量;发出存货的成本计量采用先进先出法。

7.持有至到期投资

单位:元

项　目	期末余额	期初余额
国债投资	300 000.00	0
合计	300 000.00	0

8.固定资产

单位:元

项　目	期初余额	本期增加		本期减少	期末余额
一、账面原值合计:	6 637 000.00	206 760.00		8 000.00	6 835 760.00
其中:房屋及建筑物	3 827 000.00				3 827 000.00
机器设备	2 810 000.00	6 760.00		8 000.00	2 808 760.00
运输工具	0	200 000.00			200 000.00
		本期新增		本期计提	
二、累计折旧合计:	687 200.00		16 084.00	5 000.00	698 284.00
其中:房屋及建筑物	333 000.00		7 654.00		340 654.00
机器设备	354 200.00		8 430.00	5 000.00	357 630.00
运输工具					
三、固定资产账面净值合计	5 949 800.00	/		/	6 137 476.00

续 表

项　目	期初余额	本期增加	本期减少	期末余额
其中:房屋及建筑物	3 494 000.00	/	/	3 486 346.00
机器设备	2 455 800.00	/	/	2 451 130.00
运输工具		/	/	200 000.00
四、减值准备合计	0	/	/	0
其中:房屋及建筑物		/	/	
机器设备	0	/	/	0
运输工具		/	/	
电子设备及其他	0	/	/	0
五、固定资产账面价值合计	5 949 800.00	/	/	6 137 476.00
其中:房屋及建筑物	3 494 000.00	/	/	3 486 346.00
机器设备	2 455 800.00	/	/	2 451 130.00
运输工具		/	/	200 000.00

备注:(1)本期增加的固定资产 206 760 元,分别是一辆卡车原值 200 000 元;一台接受捐赠的车床 6760 元。本期减少的固定资产是一台原值 8 000 元,累计折旧 5 000 元的电焊机丢失了。

(2)企业折旧方法采用直线法。本期计提的折旧额 16 084.00 元。本期减少累计折旧是因为有一台丢失的电焊机原值 8 000 元,累计折旧 5 000 元丢失并进行了批准报废处置。

9. 无形资产情况

单位:元

项　目	期初余额	本期增加	本期减少	期末余额
一、账面原值合计	98 100.00	0	0	98 100.00
其中:专利权	68 100.00			68 100.00
软件开发费	30 000.00			30 000.00
二、累计摊销合计	0	0	0	0
其中:专利权	0			0
软件开发费	0			0
三、无形资产账面净值合计	98 100.00	0	0	98 100.00
其中:土地使用权	68 100.00			68 100.00
软件开发费	30 000.00			30 000.00

备注:本期的无形资产会计核算上发生了疏忽没有计提摊销。专利权合同签订使用期限 10 年;本企业与软件开发公司签订协议该软件可使用 6 年。

10. 长期待摊费用

单位:元

项　目	期初	本期增加额	本期摊销额	其他减少额	期末余额
下一年度报刊费	0	2 000.00			2 000.00
保险费	2 521.00		1 100.00		1 421.00
合计	2 521.00	2 000	1 100.00		3 421.00

备注:本期发生保险费摊销 1 100 元,其中:车间 700 元,厂部 400 元。经核实正确摊销。

11. 短期借款

(1)短期借款情况

单位:元

项　目	期末余额	期初余额
1 年以内	170 000.00	50 000.00
合计	170 000.00	50 000.00

(2)本期增加 120 000 元,是 2014 年 12 月 2 日向本市工行借入期限 3 个月的短期借款 120 000 元,利率 4.5%。

12. 应付账款

(1)应付账款情况

单位:元

项　目	期末余额	期初余额
1 年以内		120 000.00
1 年半以内	500.00	
合计	500.00	120 000.00

(2)本报告期应付账款中偿还了 119 500 元,还有欠安庆焦化厂 500 元尚未偿还.账龄 1 年半。

13. 预收账款

(1)预收账款情况

单位:元

项　目	期末余额	期初余额
1 年以内	300 000.00	0
合计	300 000.00	0

(2) 预收账款 300 000 元是收到西海企业购买 11 千瓦电机壳、18.5 千瓦电机壳的订金。

14. 应付职工薪酬

单位:元

项　目	期初余额	本期增加	本期减少	期末余额
一、工资、奖金、津贴和补贴	118 421.05	135 000.00	135 000.00	118 421.05
二、职工福利费	16 578.95	18 900.00		35 478.95
三、社会保险费				
四、住房公积金				
五、辞退福利				
六、其他				
合计	135 000 .00	153 900.00	135 000.00	153 900.00

企业本月发生应计工资额 135 000 元,福利费 18 900 元。

15. 应交税费

单位:元

项　目	期末余额	期初余额
增值税	190 699.20	
企业所得税	222 628.30	
个人所得税		
城市维护建设税	1 100.00	
教育费附加	400.00	
合计	414 827.50	0

16. 应付利息

单位:元

单位名称	期末余额	期初余额	超过 1 年未支付原因
借款利息	2 800	700	
合计	2 800	700	

本期发生借款利息 2100 元。

17. 其他应付款

(1)其他应付款情况

单位:元

项　目	期末余额	期初余额
总账	0	1 740
明细账:		
上海铸造厂		1 600
萧山服务公司		140

18. 长期借款

单位:元

项　目	期初余额	本期增加	本期减少	期末余额
长期借款	1170 000.00			1170 000.00
合计	1170 000.00			1170 000.00

向工商银行借入 2 年期长期借款。

19.实收资本

实收资本

单位:元

项 目	期初余额	本期增加	本期减少	期末余额
国家资本	3 000 000.00			3 000 000.00
宏达公司	2 000 000.00			2 000 000.00
秦阳公司	68 100.00			68 100.00
肖宏	100 000.00			100 000.00
凯旋企业	831 900.00			831 900.00
合计	6 000 000.00			6 000 000.00

20.资本公积

单位:元

项 目	期初余额	本期增加	本期减少	期末余额
资本溢价	99 300.00			99 300.00
资本公积合计	99 300.00			99 300.00

21.盈余公积和未分配利润

(1)盈余公积:该企业成立以来,未提取。

(2)未分配利润情况。

单位:元

项 目	金额	提取或分配比例(%)
年初未分配利润	87 360.00	
加:本期实现的净利润	667 884.90	
减:提取法定盈余公积		
应付股利		
期末未分配利润	755 244.90	

22.营业收入和营业成本

(1)营业收入、营业成本

单位:元

项 目	本期发生额	上期发生额
主营业务收入	1 539 200.00	1 012 000.00
其他业务收入	1 760.00	308 000.00
主营业务成本	565 200.00	346 500.00
其他业务成本	1 600.00	106 755.00

(2)主营业务(分产品)

单位:元

产品名称	本期发生额		上期发生额	
	营业收入	营业成本	营业收入	营业成本
18.5千瓦电机壳	867 200.00	325 200.00	648 000.00	210 300.00
11千瓦电机壳	672 000.00	240 000	364 000.00	136 200.00
合计	1 539 200.00	565 200.00	1 012 000.00	346 500.00

23.税金及附加

单位:元

项　目	本期发生额	上期发生额	计缴标准
营业税		10 062.25	应税劳务
城市维护建设税	1 100.00	3 072.67	应纳流转税额
教育费附加	400.00	1 117.33	应纳流转税额
合计	1 500.00	14 252.25	/

24.销售费用

单位:元

项　目	本期发生额	上期发生额
广告宣传费	33 360.00	18 000.00
装卸费用	1 200.00	800.00
运输费用	1 887.04	1 200.00
合计	36 447.04	20 000.00

25.管理费用

(1)管理费用明细情况开支

单位:元

项　目	本期发生额	上期发生额
办公费	9 595.8	44 557.75
工资性支出	28 625.00	60 000.00
固定资产折旧费	5 700.00	8 000.00
财产保险	700.00	12 000.00
汽车费		22 000.00
差旅费	1 486.00	22 190.00
材料消耗		40 000.00
无形资产摊销		
科研开发费		3 000.00

续 表

项　目	本期发生额	上期发生额
业务招待费	1 280.00	8 000.00
合计	47 386.8	219 747.75

(2)厂部发生材料消耗 40 000 元系厂部办公楼进行暖气改造耗用。

26.财务费用

单位:元

项　目	本期发生额	上期发生额
利息收入	200.00	810.00
利息支出及手续费	2 300.00	5 810.00
合计	2 100.00	5 000.00

27.资产减值损失

(1)资产减值损失的情况

单位:元

项　目	本期发生额	上期发生额
一、坏账损失	2 112.96	959.59
合计	2 112.96	959.59

(2)按应收账款余额百分比法计提坏账准备,坏账比例按 1%计提。

28.营业外收入情况

单位:元

项　目	本期发生额	上期发生额
接受设备捐赠	6 760.00	
债权人企业注销,应付债款不用偿还	140.00	
合计	6 900.00	

29.营业外支出情况

单位:元

项　目	本期发生额	上期发生额
固定资产处置损失	1 000.00	200 000.00
对外捐赠		300 000.00
合计	1 000.00	500 000.00

30.所得税费用

(1)所得税费用情况

单位:元

项　目	本期发生额	上期发生额
按税法及相关规定计算的当期所得税	222 628.30	26 696.35
合计	222 628.30	26 696.35

(2)假定该企业无纳税调整事项,当期企业应纳税所得额恰好等于当期利润总额。

第五节　财务会计报告的报送

为满足信息使用者需求,企业应当依照法律、行政法规和国家统一的会计制度有关的规定,及时对外提供财务会计报告。对外提供的财务会计报告反映的会计信息应当真实、完整。

企业于年度终了编制年度财务会计报告。年度财务会计报告应当包括以下 3 部分:会计报表,包括资产负债表、利润表、现金流量表、所有者权益变动表及相关附表;会计报表附注;财务情况说明书,指对企业生产经营的基本情况,利润实现和分配情况,资金增减和周转情况和对企业财务状况和经营成果和现金流量有重大影响的其他事项的说明文件。

一、对外提供财务报告的对象

企业对外提供的财务会计报告应当依次编定页数,加具封面,装订成册,加盖公章。封面上应当注明:企业名称、企业统一代码、组织形式、地址、报表所属年度或者月份、报出日期,并由企业负责人和主管会计工作的负责人、会计机构负责人(会计主管人员)签名并盖章。设置总会计师的企业,还应当由总会计师签名并盖章。

企业应当依照企业章程的规定,向投资者提供财务会计报告。

国有企业、国有控股的或者占主导地位的企业,应当至少每年一次向本企业的职工代表大会公布财务会计报告,并重点说明下列事项:(1)反映与职工利益密切相关的信息,包括:管理费用的构成情况,企业管理人员工资、福利和职工工资、福利费用的发放、使用和结余情况,公益金的提取及使用情况,利润分配的情况以及其他与职工利益相关的信息;(2)内部审计发现的问题及纠正情况;(3)注册会计师审计的情况;(4)国家审计机关发现的问题及纠正情况;(5)重大的投资、融资和资产处置决策及其原因的说明;(6)需要说明的其他重要事项。

国务院派出监事会的国有重点大型企业、国有重点金融机构和省、自治区、直辖市人民政府派出监事会的国有企业,应当依法定期向监事会提供财务会计报告。

有关部门或者机构依照法律、行政法规或者国务院的规定,要求企业提供部分或者全部财务会计报告及其有关数据的,应当向企业出示依据,并不得要求企业改变财务会计报告有关数据的会计口径。

二、对外提供财务报告的要求

企业依照规定向有关各方提供的财务会计报告，其编制基础、编制依据、编制原则和方法应当一致，不得提供编制基础、编制依据、编制原则和方法不同的财务会计报告。非依照法律、行政法规或者国务院的规定，任何组织或者个人不得要求企业提供部分或者全部财务会计报告及其有关数据。接受企业财务会计报告的组织或者个人，在企业财务会计报告未正式对外披露前，应当对其内容保密。

第六节　案例解读

一、案例信息

李华原是一家酒店的服务员，年薪 90 000 元，1 年前他辞去工作，自己回家乡创业，个人投资 450 000 元，开创了具有本地特色的林源农家乐，主要经营住宿、餐饮、农产品采摘和售卖等服务。经过 1 年的辛苦经营，他的农家乐经营情况汇总如下：

(1) 全年的餐饮服务获得收入 1 440 000 元；

(2) 提供住宿服务获得收入 534 000 元；

(3) 各种食品材料支出 756 000 元；

(4) 支付广告费 90 000 元；

(5) 支付员工薪酬 414 000 元；

(6) 李华个人生活费 42 000 元；

(7) 各种维修费用 3 600 元；

(8) 农家乐耗用水电费 54 000 元，其他杂费 9 000 元；

(9) 林源农家乐房屋及其他租金 420 000 元；

(10) 1 年各种税费合计 36 000 元。

二、案例要求

(1)请你评价李华创办的林源农家乐的经营状况。

(2)假如当时的银行 1 年期存款利率为 2.8%，请你评价李华辞职创办农家乐是否更为有利？

三、案例解读

(1) 林源农家乐在 1 年的经营中，实现的收入为 1 440 000＋534 000＝1 974 000(元)。

(2) 林源农家乐在 1 年的经营中支出 756 000＋90 000＋414 000＋3 600＋54 000＋9 000＋420 000＋36 000＝1 782 600 元。

(3)李华的个人生活费用不能计算在林源农家乐的费用中。

(4) 由上可以计算得出林源农家乐 1 年的经营利润为 191 400 元。

(5)如果考虑银行1年存款利息,即假设李华用来投资的450 000元存入银行,可得到利益为450 000×2.8%=12 600元,再加上其失去工作的年薪90 000元,则李华因开办农家乐而发生的损失为102 600元,但农家乐的经营利润为191 400,所以他开办农家乐是更为有利的选择。

思考题

1. 什么是会计循环,它主要包括哪些基本程序?
2. 会计凭证是怎样分类的?不同类型的会计凭证作用有何不同?
3. 什么是账簿?账簿的种类有哪些?分别起什么作用?
4. 会计报表包括哪些?分别提供哪些信息?分别起什么作用?
5. 什么是附注?附注的作用是什么?有哪些主要内容?

第二篇　财务报表的解读和列报

第二篇　主要介绍资产负债表和利润表的主要项目的内容的解读和列报，通过报表主要项目的解读，介绍项目的含义和内容，会计核算规范的要求及在报表上的列报。目的是希望让非会计专业学生能通过该篇的学习掌握阅读报表的能力，对报表有个全局观，能通过阅读报表理解和识别报表数字后面体现的企业经营情况和业绩，为后续课程财务分析打下基础，并学会挖掘自己需要的财务报表信息，帮助自己进行科学决策。本篇内容包括第五章至第十章。

第五、六章　主要围绕资产负债表中的流动资产项目和非流动资产项目的内容进行解读，分别介绍了流动资产和非流动资产中主要项目包含的内容、具体核算规范(或制度)的要求，以及在报表的列报。并用泰州铸造厂的报表中资产项目数据分别对流动资产项目和非流动资产项目进行了阶段性的解读。

第七章　主要围绕资产负债表中的负债项目进行了解读，分别介绍了流动负债和非流动负债的项目组成，重点介绍了流动负债和非流动负债中主要项目的内容、具体核算规范(或制度)的要求，以及在报表的列报。并用泰州铸造厂的报表中负债项目数据分别对流动负债项目和非流动负债项目进行了阶段性的解读。

第八章　主要围绕资产负债表中的所有者权益项目进行了解读，介绍了所有者权益项目的组成，每个项目包含的内容和制度的要求以及在报表中的列报。并用泰州铸造厂的报表中所有者权益项目数据进行了阶段性的解读。

第九章　主要围绕利润表项目进行了解读，介绍了利润表的收入、费用和利润各项目的内容、制度要求及在报表中的列报。并重点阐述了资产负债表与利润表之间的勾稽关系，以便学生能理解净利润是如何增加企业的财富的。最后用泰州铸造厂的利润表进行了阶段性的解读。

第十章　主要简单介绍了财务报告的组成，重点介绍了财务报表的财务比率分析方法和结合报表的概括性分析方法。并用泰州铸造厂的数据实例介绍了这家企业采用上述两种分析方法结合一起分析的结果。

第五章 资产负债表中流动资产项目的解读和列报

第一节 资产负债表中的流动资产项目

通过前面章节内容的介绍,我们不仅了解了会计报表的概念、基本结构,而且还掌握了其编制方法。但是对于这些报表如何解读,其数据后面所透露的经济内容和现象,还不甚理解。鉴于此,从本章开始分别围绕资产负债表和利润表两张重要报表的列报和解读进行介绍。由于报表一般要列示年初余额和期末余额,年初余额是根据上年年末余额抄录下来(在此不做详解);期末余额是根据本期相关账户余额得来,报表列报中主要以第四章第四节的资产负债表(见表 4-17)为例详细介绍期末余额。

资产负债表是反映企业某一时点的资产、负债、所有者权益形成的财务状况的报表,资产负债表中的资产由流动资产项目和非流动资产项目构成;负债由流动负债项目和非流动负债项目构成;所有者权益由投入资本和留存收益构成。

在资产负债表中,尤其是在账户式资产负债表中,流动资产项目基本是被列示在表格的左上部门,具体如表 5-1 所示,反映的是企业中短期偿债能力最强的一类资产,即在 1 年内或一个经营周期内能够变现或耗用的资产项目。根据 2006 年财政部公布的《企业会计准则》的规定:“资产满足下列条件之一的,应当归类为流动资产:(1)预计在一个正常营业周期中变现、出售或耗用;(2)主要为交易目的而持有;(3)预计在资产负债表日起 1 年内(含 1 年,下同)变现;(4)自资产负债表日起 1 年内,交换其他资产或者清偿负债的能力不受限制的现金或现金等价物。”

上述流动资产按照其流动性排列,应该包括:货币资金、交易性金融资产、应收项目(包括应收票据、应收账款,预付账款、应收利息、应收股利、其他应收款)、存货及其他流动资产。

表 5-1　资产负债表　会企 01 表

编制单位：　　　　　　　年　月　日　　　　　　　　　　　　单位：元

资产	行次	期末余额	年初余额	负债和所有者权益(或股东权益)	行次	期末余额	年初余额
流动资产				流动负债			
货币资金		1 014 311.40	556 179.00				
交易性金融资产		200 000.00					
应收票据		300 000.00	50 000.00				
应收账款		20 9184.00	45 000.00				
预付款项							
应收利息							
应收股利				(略)			
其他应收款		6 900.00	2 000.00				
存货		796 680.00	960 500.00				
其中:消耗性生物资产							
1 年内到期的非流动资产							
其他流动资产							
流动资产合计		2 527 575.40	1 613 679.00	流动负债合计			
非流动资产							
(略)				负债合计			
				所有者权益(或股东权益)			
				略			
资产总计				负债和所有者权益(或股东权益)总计			

第二节　货币资金和交易性金融资产项目的解读和列报

一、货币资金的组成项目

货币资金是企业资产的重要组成部分，是以货币形态存在的资产。根据货币资金的存放地点及其用途的不同，货币资金分为库存现金、银行存款及其他货币资金。

(一)库存现金及其管理

库存现金是指存放在企业财务部门、由出纳人员管理的货币资金。通常包括人民币现金和外币现金。

库存现金是流动性、通用性最强的资产,可以随时用其购买所需的物资,支付有关费用,偿还债务,也可以随时存入银行。当然也是最容易受到侵吞和挪用的资产。因此,企业除了必须加强对现金日常收支的管理外,还必须严格执行国务院的《中华人民共和国现金管理暂行条例》,建立和完善现金内部管理制度,确保现金的完好无损。现金的管理主要包括:现金开支范围、限额的管理及不准坐支和设立小金库等内容的管理。

1. 现金的开支范围和限额

企业与其他单位之间的经济往来,除了小额的支付和在规定的范围内可使用现金外,其余的支付都必须通过开户银行进行转账结算。企业可以使用现金支付的范围主要包括:

(1)职工工资、津贴;

(2)个人劳务报酬;

(3)根据国家规定颁发给个人的科学技术、文化艺术、体育等方面的各种奖金;

(4)各种劳保、福利费用以及国家规定的对个人的其他支出等;

(5)向个人收购农副产品和其他物资的价款;

(6)出差人员必须随身携带的差旅费;

(7)结算起点(1 000 元)以下的零星开支;

(8)中国人民银行确定需要支付现金的其他支出。

库存现金限额是指企业保留库存现金的最高数额。根据我国现行规定,企业日常零星开支所需库存现金数额,由开户银行根据企业的规模大小、日常现金开支的多少、企业距离银行的远近以及交通是否便利等实际情况来核定。

2. 不得坐支现金和设立小金库

坐支现金是指企业用经营业务收入的现金直接支付自身的支出。企业支付现金时,可以从本企业的库存现金限额中支付,也可从银行存款账户中提取现金支付,但不能用经营业务收入的现金直接支付,即不得坐支现金。企业的经营业务收入的现金应及时送存银行,因特殊情况需要坐支现金的,应事先报经开户银行审查批准。

此外,企业一切现金收入都必须入账,不得保留账外现金。即不得私设小金库,不准私人借用公款、公款私存,将单位收入的现金存入个人储蓄账户或用不符合财务手续的原始凭证(俗称"白条")抵库以及编造、谎报用途套取现金。

3. 现金的核查

出纳负责现金的收付,每天下班之前必须进行现金盘点,确保现金账面余额与实际库存现金余额相符;会计平时有权定期或不定期地抽查出纳管理的现金;月末会计登记的"库存现金"总账余额和出纳登记的现金日记账余额相符。

开户银行有权对企业的现金收支情况和库存现金限额的遵守情况进行检查,对违反规定的,开户银行可进行相应的罚款和处罚。

如:泰州铸造厂刚组建发生办公楼装修费共计20万元。装修公司对泰州铸造厂经理承诺若泰州铸造厂用现金支付,装修费减免2万元。泰州铸造厂经理要求出纳去银行提现。在此,首先,装修公司经理的承诺,是违背《中华人民共和国现金管理暂行条例》;其次,泰州铸造厂的出纳按现金真实使用用途是无法从银行提取到现金的。

(二)银行存款及其管理

银行存款是企业存放在银行或其他金融机构的货币资金。企业除了按规定留存的库存现金以外,所有货币资金都必须存入银行,企业与其他单位之间的一切收付款项,除制度规定可用现金支付的部分以外,都必须通过银行办理转账结算。因此,企业除了必须加强对银行存款日常收支的核算外,还必须按照国家《支付结算办法》的规定,在银行开立账户,办理存款、取款和转账等结算。因此,银行存款的管理重点主要围绕银行存款账户的管理、企业严格执行结算纪律和正确使用结算方式几方面展开。

1. 银行存款开户的规定

企业在银行开立人民币存款账户,必须遵守中国人民银行《银行账户管理办法》的各项规定。

银行存款账户分为基本存款账户、一般存款账户、临时存款账户和专用存款账户。

基本存款账户是企业办理日常结算和现金收付的账户。企业的工资、奖金等现金的支取,只能通过基本存款账户办理;一般存款账户是企业在基本存款账户以外的银行借款转存、与基本存款账户的企业不在同一地点的附属非独立核算单位的账户,企业可以通过本账户办理转账结算和现金缴存,但不能办理现金支取;临时存款账户是企业因临时经营活动需要开立的账户,企业可以通过本账户办理转账结算和根据国家现金管理的规定办理现金收付;专用存款账户是企业因特定用途需要开立的账户。一个企业只能选择一家银行的一个营业机构开立一个基本存款账户,不得在多家银行机构开立基本存款账户;不得在同一家银行的几个分支机构开立一般存款账户。

企业在银行开立账户后,可到开户银行购买各种银行往来使用的凭证(如送款簿、进账单、现金支票、转账支票等),用以办理银行存款的收付款项。企业与其他单位之间的一切收付款项,除国家制度规定可用现金支付的部分以外,都必须通过银行办理转账结算,也就是由银行按照事先规定的结算方式,将款项从付款单位的账户划出,转入收款单位的账户。因此,企业不仅要在银行开立账户,而且账户内必须要有可供支付的存款。

因此,单位和个人办理支付结算,不准签发没有资金保证的票据或远期支票,套取银行信用;不准签发、取得和转让没有真实交易和债权债务的票据,套取银行和他人资金;不准无理拒绝付款,任意占用他人资金;不准违反规定开立和使用账户。

2. 银行结算方式

根据中国人民银行有关支付结算办法规定,目前企业发生的货币资金收付业务可以采用以下几种方式,通过银行办理转账结算。

银行的结算方式有:支票、本票、汇票、汇兑、委托收款、信用证、信用卡和托收承付。

根据同城和异地的区域不同采用的结算方式也不同。具体有同城结算、异地结算以及同城异地均可采用的结算方式。其中,同城结算包括支票、银行本票。异地结算包括商业汇票、银行汇票、汇兑、托收承付。同城异地均可采用的是委托收款、商业汇票、银行汇票以及信用卡。

(1)支票

支票是单位或个人签发的,委托办理支票存款业务的银行在见票时无条件支付确定的金额给收款人或者持票人的票据。支票结算方式是同城结算中应用比较广泛的一种结算方式。支票由银行统一印制,有现金支票和转账支票两种。支票上印有“现金”字样的为现金支票。支票上印有“转账”字样的为转账支票,转账支票只能用于转账。支票的提示付款期限为自出票日起10日内,中国人民银行另有规定的除外。超过提示付款期限的,持票人开户银行不予受理,付款人不予付款。

企业财会部门在签发支票之前,出纳人员应该认真查明银行存款的账面结余数额,防止签发超过存款余额的空头支票。

(2)银行本票

银行本票是银行签发的,承诺自己在见票时无条件支付确定的金额给收款人或者持票人的票据。

银行本票由银行签发并保证兑付,而且见票即付,具有信誉高、支付功能强等特点。用银行本票购买材料物资,销货方可以见票付货,购货方可以凭票提货;债权债务双方可以凭票清偿;收款人将本票交存银行,银行即可为其入账。无论单位或个人,在同一票据交换区域支付各种款项,都可以使用银行本票。

银行本票的付款期限为自出票日起最长不超过2个月,在付款期内银行本票见票即付。超过提示付款期限不获付款的,在票据权利时效内向出票银行做出说明,并提供本人身份证或单位证明,可持银行本票向银行请求付款。

申请人取得银行本票后,即可向填明的收款单位办理结算。收款单位可以根据需要在票据交换区域内背书转让银行本票。

(3)银行汇票

银行汇票是汇款人将款项交存当地出票银行,由出票银行签发的,由其在见票时按照实际结算金额无条件支付给收款人或持票人的票据。银行汇票具有使用灵活、票随人到、兑现性强等特点,适用于先收款后发货或钱货两清的商品交易。单位和个人各种款项结算,均可使用银行汇票。

银行汇票可以用于转账,填明“现金”字样的银行汇票也可以用于支取现金。银行汇票的付款期限为自出票日起1个月内。企业支付购货款等款项时,应向出票银行填写“银行汇票申请书”,填明收款人名称、支付金额、申请人、申请日期等事项并签章,签章为其预留银行的印鉴。银行受理“银行汇票申请书”,收妥款项后签发银行汇票。

申请人取得银行汇票后即可持银行汇票向填明的收款单位办理结算。银行汇票的收款人可以将银行汇票背书转让给他人。

(4)商业汇票

商业汇票是出票人签发的,委托付款人在指定日期无条件支付确定的金额给收款人或者持票人的票据。在银行开立存款账户的法人以及其他组织之间须具有真实的交易关系或债权债务关系，才能使用商业汇票。商业汇票可以由付款人签发并承兑，也可以由收款人签发交由付款人承兑。商业汇票的付款期限由交易双方商定，但最长不得超过 6 个月。商业汇票的提示付款期限自汇票到期日起 10 日内。

商业汇票按承兑人不同分为商业承兑汇票和银行承兑汇票两种。

①商业承兑汇票

商业承兑汇票由银行以外的付款人承兑。商业承兑汇票按交易双方约定，由销货企业或购货企业签发，但由购货企业承兑。承兑时，购货企业应在汇票正面记载“承兑”字样和承兑日期并签章。承兑不得附有条件，否则视为拒绝承兑。汇票到期时，购货企业的开户银行凭汇票将票款划给销货企业或贴现银行。销货企业应在提示付款期限内通过开户银行委托收款或直接向付款人提示付款。对异地委托收款的，销货企业可匡算邮程，提前通过开户银行委托收款。汇票到期时，如果购货企业的存款不足以支付票款，开户银行应将汇票退还销货企业，银行不负责付款，由购销双方自行处理。

②银行承兑汇票

银行承兑汇票由银行承兑，由在承兑银行开立存款账户的存款人签发。

购货企业应于汇票到期前将票款足额交存其开户银行，以备由承兑银行在汇票到期日或到期日后的见票当日支付票款。销货企业应在汇票到期时将汇票连同进账单送交开户银行以便转账收款。承兑银行凭汇票将承兑款项无条件转给销货企业，如果购货企业于汇票到期日未能足额交存票款时，承兑银行除凭票向持票人无条件付款外，对出票人尚未支付的汇票金额按照每天万分之五计收罚息。

商业汇票可以背书转让。符合条件的商业承兑汇票的持票人可持未到期的商业承兑汇票连同贴现凭证，向银行申请贴现。

采用商业汇票结算方式，可以使企业之间的债权债务关系表现为外在的票据，使商业信用票据化，加强约束力，有利于维护和发展社会主义市场经济。对于购货企业来说，由于可以延期付款，可以在资金暂时不足的情况下及时购进材料物资，保证生产经营顺利进行。对于销货企业来说，可以疏通商品渠道，扩大销售，促进生产。汇票经过承兑，信用较高，可以按期收回货款，防止拖欠，在急需资金时，还可以向银行申请贴现，融通资金，比较灵活。销货企业应根据购货企业的资金和信用情况不同，选用商业承兑汇票或银行承兑汇票；购货企业应加强资金的计划管理，调度好货币资金，在汇票到期以前，将票款送存开户银行，保证按期承付。

(5) 信用卡

信用卡是指商业银行向个人和单位发行的，凭以向特约单位购物、消费和向银行存取现金且具有消费信用的特制载体卡片。

信用卡按使用对象分为单位卡和个人卡；按信誉等级分为金卡和普通卡。凡在中国境内金融机构开立基本存款账户的单位可申领单位卡。单位卡可申领若干张，持卡人资格由申领单位法定代表人或其委托的代理人书面指定和注销，持卡人不得出租或转借信用卡。单位卡账户的资金一律从其基本存款账户转账存入，在使用过程中，需要向其账户续存资金的，也一律从其基本存款账户转账存入，不得交存现金，不得将销货收入的款项存入其账户。单位卡一律不得用于10万元以上的商品交易、劳务供应款项的结算,不得支取现金。

信用卡在规定的限额和期限内允许善意透支。透支期限最长为60天。

(6)汇兑

汇兑是汇款人委托银行将其款项支付给收款人的结算方式。单位和个人的各种款项的结算,均可使用汇兑结算方式。

汇兑分为信汇、电汇两种。信汇是指汇款人委托银行通过邮寄方式将款项划转给收款人。电汇是指汇款人委托银行通过电报将款项划给收款人。企业采用这一结算方式,付款单位汇出款项时,应填写银行印发的汇款凭证,列明收款单位名称、汇款金额及汇款的用途等项目,送达开户银行,委托银行将款项汇往收汇银行。收汇银行将汇款收进单位存款户后,向收款单位发出收款通知。

(7)委托收款

委托收款是收款人委托银行向付款人收取款项的结算方式。无论单位还是个人都可凭已承兑商业汇票、债券、存单等付款人债务证明办理款项收取同城或异地款项。委托收款还适用于收取电费、电话费等付款人众多、分散的公用事业费等有关款项。

(8)托收承付

托收承付结算方式是收款单位根据经济合同发货后,委托银行向异地付款单位收取款项,付款单位根据经济合同核对单证或验货后,向银行承认付款的一种结算方式。它适用于异地企业之间订有经济合同的商品交易及因商品交易而产生的劳务供应等款项的结算。托收承付结算每笔的金额起点为10 000元。新华书店系统每笔结算的金额起点为1 000元。托收承付分为托收和承付两个阶段。托收是指收款人根据购销合同发货后委托银行向付款人收取款项的行为;承付是指由付款人向银行承认付款的行为。付款期分为验单付款(3天)和验货付款(10天)两种,付款日遇例假日顺延。如果付款人逾期未付款项,每日按逾期付款金额的万分之五计罚其赔偿金。

(9)信用证

信用证结算方式是国际结算的一种主要方式。经中国人民银行批准经营结算业务的商业银行总行以及经商业银行总行批准开办信用证结算业务的分支机构,也可以办理国内企业之间商品交易的信用证结算业务。

采用信用证结算方式的,收款单位收到信用证后,即备货装运,签发有关发票账单,连同运输单据和信用证,送交银行,根据退还的信用证等有关凭证编制收款凭证;付款单位在接到开证银行的通知时,根据付款的有关单据编制付款凭证。

如泰州铸造厂的业务员曾经准备到黑龙江哈尔滨乙企业采购一批钢材,若乙企业没有指定结算方式,泰州铸造厂一般可以采用对自己有利的商业承兑汇票或托收承付等结算方式。

3. 银行存款的核查

出纳负责银行存款的收付,每日终了应结出银行存款日记账的余额。定期还要与

“银行对账单”核对，至少每月核对一次。企业银行存款账面余额与银行对账单余额之间如有差额，应编制“银行存款余额调节表”调节相符。有外币业务的企业，应在“银行存款”科目下分别人民币和各种外币设置“银行存款日记账”进行明细核算及和银行进行核查。

银行存款余额调节表是用来验证企业登记的银行存款日记账和银行登记的银行对账单是否相符的一张验证单。为了检查企业银行存款记录的正确性，查明银行存款的实际余额，企业应当定期将“银行存款日记账”与“银行对账单”核对。如果同一时间银行对账单上的存款余额与企业银行存款日记账上的余额不一致，这可能是因为：一是企业和银行一方或双方记账错误；二是存在未达账项。

未达账项是指企业或银行一方已取得结算凭证并已登记入账，而另一方尚未取得结算凭证而未登记入账的事项。主要是企业和银行收到结算凭证的时间不一致所产生的。未达账项类型：

一是银行已经收款入账，而企业尚未收到银行的收款通知因而未收款入账的款项，如委托银行收款等；

二是银行已经付款入账，而企业尚未收到银行的付款通知因而末付款入账的款项，如借款利息的扣付、托收无承付等；

三是企业已经收款入账，而银行尚未办理完转账手续因而未收款入账的款项，如收到外单位的转账支票等；

四是企业已经付款入账，而银行尚未办理完转账手续因而未付款入账的款项，如企业已开出支票而持票人尚未向银行提现或转账等。

银行存款调节表的编制方法一般是在双方账面余额的基础上，分别补记对方已记而本方未记账的账项金额，然后验证调节后的双方账目是否相符。其计算公式如下：

银行对账单存款余额＋企业已收而银行未收账项－企业已付而银行未付账项＝企业账面存款余额＋银行已收而企业未收账项－银行已付而企业未付账项。

泰州铸造厂在工商银行(账号:9630000)的账户 2009 年 1 月 31 日的银行存款日记账余额为 15 681 元，工商银行提供的银行对账单的余额为 25 233 元，经逐笔核对发现如下的未达账项：

(1)企业 1 月 31 日送存银行的兴华公司开来的偿还购货款的转账支票 8 386 元银行尚未入账；

(2)企业委托银行代收红星公司货款 6 638 元银行收妥后已经入账，而企业因未收到银行的收账通知而尚未入账；

(3)企业已经于 1 月 30 日签发 0213063 号转账支票(金额为 11 368 元)向三丰公司支付购货款并已经登记入账，收款单位尚未到银行办理转账手续，银行尚未入账；

(4)银行 1 月份收取的手续费 68 元已经在对账单上扣除。

根据以上未达账项，出纳人员可以编制银行存款余额调节表如表 5-2 所示：

表 5-2　银行存款余额调节表

单位:元

企业日记账余额	15 681	银行对账单余额	25 233
加:银行已收、企业未入账	6 638	加:企业已收、银行未入账	8 386
红星公司承付货款		兴华公司还购货欠款	
减:银行已付、企业未入账	68	减:企业已付、银行未入账	11 368
银行收到的手续费		向三丰公司支付购货	
调整后余额	22 251	调整后余额	22 251

(三)其他货币资金

其他货币资金包括外埠存款、银行汇票存款、银行本票存款、信用卡存款、信用证保证金存款和存出投资款。在企业的经营资金中这些货币资金的存款地点和用途与库存现金和银行存款不同,所以外埠存款、银行汇票存款、银行本票存款、信用证保证金存款、信用卡存款、存出投资款等,这些资金在会计核算上统称为“其他货币资金”。

外埠存款是企业因临时、零星采购商品而汇往采购地银行采购专户的款项;银行汇票存款是企业为取得银行汇票按照规定存入银行的款项;银行本票存款是企业为取得银行本票按照规定存入银行的款项;信用卡存款是企业为取得信用卡按规定存入银行的款项;信用证保证金存款是企业存入银行作为信用证保证金专户的款项;存出投资款是企业已存入证券公司但尚未购买股票、基金等证券的款项。

如:泰州铸造厂从杭州开户银行汇出一笔金额40万元到泰州铸造厂上海分公司开立的一般存款户头上。

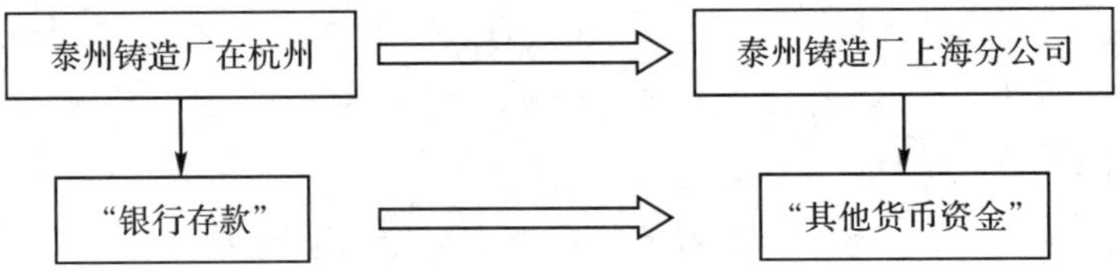

二、货币资金项目的列报

由于货币资金项目是由库存现金、银行存款、其他货币资金3部分金额所组成的,故泰州铸造厂2014年12月31资产负债报表上的“货币资金”项目期末数1 014 311.40元从报表附注上可以看出是根据“库存现金”账户期末数5 721.00元+“银行存款”账户期末数908 590.40元+“其他货币资金”账户期末数100 000.00元之和得来。即货币资金项目期末数=“库存现金”期末余额+“银行存款”期末余额+“其他货币资金”期末余额=5 721.00+908 590.40+100 000.00=1 014 311.40(元)。

三、交易性金融资产的概念

“交易性金融资产”主要是指企业为了近期内出售而持有的金融资产。例如，企业以赚取差价为目的从二级市场购买的股票、债券、基金等。交易性金融资产是企业用活资金的一种策略，当企业拥有的货币资金过多时，存在银行拿利息不太合算，就可以进行短期投资，购买股票、国库券之类的有价证券，以便获得更高的收益。

金融资产满足下列条件之一的，应当划分为交易性金融资产：

1. 取得该金融资产的目的，主要是为了近期内出售或回购，比如企业以赚取差价为目的从二级市场购入的股票、债券、基金等；

2. 属于进行集中管理的可辨认金融工具组合的一部分且有客观证据表明企业近期采用短期获利方式对该组合进行管理，比如企业基于其投资策略和风险管理的需要，将某些金融资产进行组合从事短期获利活动，对于组合中的金融资产，应采用公允价值计量，并将其相关公允价值变动计入当期损益；

3. 属于衍生工具，比如国债期货、远期合同、股指期货等，其公允价值变动大于零时，应将其相关变动金额确认为交易性金融资产，同时计入当期损益。但是，如果衍生工具被企业指定为有效套期关系中的套期工具，那么该衍生工具初始确认后的公允价值变动应根据其对应的套期关系（即公允价值套期、现金流量套期或境外经营净投资套期）不同，采用相应的方法进行处理。

泰州铸造厂 2013 年 3 月购买国库券 30 000 元，准备短期持有，则交易性金融资产为 30 000 元。

四、交易性金融资产的列报

企业应当披露编制财务报表时对交易性金融资产所采用的重要会计政策、计量基础和与理解财务报表相关的其他会计政策等信息，企业应当在资产负债表或相关附注中列报下列交易性金融资产的账面价值。以公允价值计量交易性金融资产和在初始确认时指定为以公允价值计量且其变动计入当期损益的金融资产。

如泰州铸造厂 2014 年 12 月 31 日报表附注上“交易性金融资产”账户是期末数，备注上显示是从二级市场上购买的红联股票 10 000 股。故泰州铸造厂资产负债报表上的“交易性金融资产”项目 200 000 元从报表附注上可知是根据“交易性金融资产”账户是期末借方余额 200 000 元得来。

第三节　应收项目的解读和列报

一、应收款项及组成项目

企业的应收款项范围很广，凡是应当收取但尚未收取的款项都可以称为应收款项，如应收票据、应收账款、预付款项、应收股利、应收利息和其他应收款。应收款项是企业的主要流动资产之一,其管理状况直接影响着企业的资产质量和资产营运能力。

应收款项按照其产生的原因,可以分为商业应收款项和非商业应收款项。商业应收款项是指企业在正常生产经营过程中赊销货物或劳务所形成的在未来收取款项的权利,包括应收票据和应收账款。非商业应收款项是指企业在销售商品和提供劳务以外的其他经济活动中形成的向其他单位或个人收取款项的权利,包括应收利息、应收股利和其他应收款。本节主要介绍应收票据、应收账款、预付账款和其他应收款。

二、应收票据

(一)应收票据的概念和分类

应收票据作为一种债权凭证,是指企业因销售商品、产品、提供劳务等而收到的,还没有到期的,尚未兑现的商业汇票。根据我国现行法律的规定,商业汇票的期限不得超过6个月,因而我国的商业汇票是一种流动资产。

应收票据按承兑人不同,分为商业承兑汇票和银行承兑汇票。按是否带息,分为带息应收票据和不带息应收票据两种。

如泰州铸造厂2014年2月1日收到乙公司签发并承兑的期限3个月、面值为100 000元的不带息商业汇票一张。则票据到期日2014年5月1日,票据到期值=100 000元。

泰州铸造厂2014年2月1日收到乙公司签发并承兑的期限3个月、面值为100 000元,票面利率8%的带息商业汇票一张。则票据到期日2014年5月1日,票据到期值=100 000×(1+8%×90/360)=102 000(元)。

(二)应收票据的核算

为了核算应收票据的取得和票款回收等情况,企业应设置“应收票据”账户,该账户借方登记取得的应收票据的面值,贷方登记到期收回票款或到期前向银行贴现的应收票据的票面余额,期末余额在借方,反映企业持有的商业汇票的票面金额。企业收到票据时,按其面值,借记“应收票据”科目,贷记“主营业务收入”“应收账款”等科目。到期收回时,按实收金额(即面值),借记“银行存款”科目,贷记“应收票据”科目。

在实务工作中为了了解每一张应收票据的结算情况,应设置“应收票据备查簿”,逐笔登记商业汇票的种类、号数和出票日、票面金额、交易合同号和付款人、承兑人、背书人的姓名或单位名称、到期日、背书转让日、贴现日、贴现率和贴现净额以及收款日和收回金额、退票情况等资料。商业汇票到期结清票款或退票后,在备查簿中应予以注销。

(三)应收票据的贴现

商业汇票是一种远期票据,在未到期前,不能从承兑人方面取得资金。但是,企业如果急需资金,可以按规定向银行背书转让,办理贴现。

应收票据的贴现是指持票人因急需资金,将未到期的商业汇票背书转让给银行,银行受理后，扣除按银行的贴现率计算确定的贴现息后，将余额付给贴现企业的义务活动。

企业收到商业汇票，如在票据未到期前需要提前取得资金，可以持未到期的商业汇票向银行申请贴现。贴现是指企业将未到期的商业汇票经过背书，交给银行，银行受理后，从票面金额中扣除按银行的贴现率计算确定的贴现息后，将余额付给贴现企业。票据贴现实质上是一种融通资金的行为。贴现的办理顺序，如图 5-1 所示。

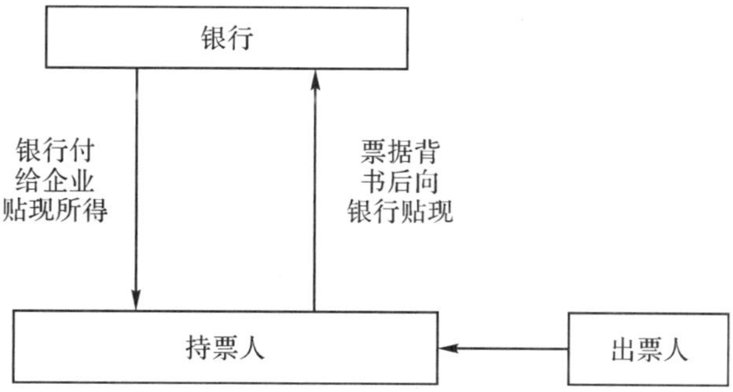

图 5-1　商业汇票贴现顺序

在贴现中，企业给银行的利息称为贴现息，所用的利率称为贴现率，票据到期值与贴现息之差称为贴现所得。用应收票据向银行申请贴现时，企业会计制度规定，如果是带息票据，由于受票面载明的利率与银行贴现率的差异和贴现期的影响，其贴现所得与票面金额会产生差异，在会计上作为利息收支处理；如果是不带息票据，其贴现所得与票面金额产生的差异，在会计上作为利息支出处理。企业以应收票据向银行贴现的贴息及贴现所得计算公式如下：

贴现息＝票据到期值×贴现率×贴现期

贴现所得＝票据到期值－贴现息

其中，带息应收票据的到期值，是其面值加上按票据载明的利率计算的票据全部期间的利息；不带息应收票据的到期值就是其面值。

企业应按实际收到的金额，借记“银行存款”科目，按贴现息部分，借记“财务费用”科目，按应收票据的票面价值，贷记“应收票据”科目；如为带息应收票据，按实际收到的金额，借记“银行存款”科目，按应收票据的账面价值，贷记“应收票据”科目，按其差额，借记或贷记“财务费用”科目。

如泰州铸造厂于 4 月 1 日将乙公司 2 月 1 日开出的面值为 100 000 元、年利率 8%、5 月 1 日到期的商业承兑汇票向银行贴现，贴现率为 10%，则贴现息和贴现所得计算如下：

带息票据到期值＝100 000×(1＋8%×90/360)＝102 000(元)

贴现息＝102 000×10%×30/360＝850(元)，贴现所得＝102 000－850＝101 150(元)

故 4 月 1 日泰州铸造厂应收票据减少 100 000 元，银行存款账户会因此增加 101 105 元，财务费用(利息收入)被抵冲 1 150 元。

(四)应收票据的背书转让

实务中,企业可以将自己持有的商业汇票背书转让。背书是指在票据背面或者粘单上记载有关事项并签章的票据行为。背书转让的,背书人应当承担票据责任。企业为取得所需物资而将持有的应收票据背书转让时,按应计入取得物资成本的金额,借记"材料采购"或"原材料""库存商品"等账户,按专用发票上注明的增值税额,借记"应交税费——应交增值税(进项税额)"账户,按商业汇票的票面金额,贷记"应收票据"账户,如有差额,借记或贷记"银行存款"等账户。

假设泰州铸造厂从某钢铁厂购买钢材一批,取得的增值税专用发票上注明价款为50 000元,增值税额为8 500元,泰州铸造厂货币资金短缺,可以使用持有的面值为50 000元的尚未到期的银行承兑汇票背书转让给某钢铁厂,并签发转账支票一张,补付货款与票据面值之间的差额8 500元,材料已到货并验收入库。于是应收票据价值就此冲销,剩余的金额8 500元用银行存款支付。

三、应收账款

(一)应收账款的确认

应收账款的确认应当满足资产的确认条件以及金融资产的确认要求。由于应收账款是赊销商品或劳务而形成的一种债权,所以应收账款的确认时间与营业收入的确认标准密切相关。应收账款通常应该在销货完成、商品所有权转移给买方或劳务提供时予以确认。

企业应当设置"应收账款"账户核算因销售商品、提供劳务等经营活动应收取的款项,并可以按照债务人进行明细核算。企业发生应收账款,按照应收金额,借记"应收账款",贷记"主营业务收入"等科目。企业回收应收账款时,借记"银行存款"等科目,贷记"应收账款"科目。

(二)应收账款的计量

企业的应收账款应该按照公允价值进行初始计量。一般情况下,应收账款的公允价值就是销售合同上规定的协议价格。由于应收账款的收款期限较短,所以其公允价值一般不考虑利息的因素。除了协议价格之外,实务中,应收账款在初始确认时的金额还包括增值税和代垫的运杂费、包装费等。另外,应收账款的初始计量还需考虑销售折扣、销售退回和折让的影响。

1. 商业折扣

商业折扣是指企业根据市场供需情况,或针对不同的顾客,在销售商品时从价目表的售价中按固定比例扣减的一定量价款。

商业折扣一般在交易发生时就已经确定,它仅仅是确定实际销售价格的一种手段,对应收账款的入账价值并不产生实质性的影响。在存在商业折扣的情况下，企业应收账款入账金额应按照扣除商业折扣以后的实际售价入账。

如：泰州铸造厂准备外购原材料 95 万元。卖方公司给出商业折扣为 100 万元及以上 5%的折扣，100 万元以下没有折扣。泰州铸造厂财务经理认为，购入 100 万元货物，与购入 95 万元货物，本企业所需支付的成本相同，且该项原材料是本单位后续仍需使用的。于是，本企业用 95 万元购入了多于计划的货物（发票价格为折扣后的价格 95 万元），摊薄了单位购货成本，享受了商业折扣。

2. 现金折扣

现金折扣是指企业采用赊销方式销售商品时，为了鼓励购货单位在预定付款期限内早日付款，而从售价中根据实际付款情况按不同比例扣减的相应数量价款。现金折扣的表示方式为：2/10，1/20，n/30。其含义是：如果对方在 10 天以内付款，可以给予发票金额 2%的优惠；如果在 20 天以内付款，可以给予 1%的优惠；超过信用期 30 天付款，不予优惠。

采用现金折扣的销售方式时，企业应收账款的实收数额，将随着客户付款是否及时而变化。相应地，应收账款的计价可以采用总价法和净价法。总价法将尚未扣减现金折扣的价款数额作为实际售价，据以确定应收账款的入账金额。净价法将扣减现金折扣后的价款数额作为实际售价，据以确定应收账款的入账金额。我国的会计实务中通常对现金折扣采用总价法。

如泰州铸造厂曾经向乙公司销售产品一批，价格为 50 000 元，合同规定的付款条件为“2/10，n/30”，适用的增值税率为 17%。

（1）销售时，销售方应向购买方收取款项 50 000 元，销项税额 8 500 元，故应收账款增加 58 500 元。

（2）如果货款在销售后 10 天以内收到，则必须给购货单位 2%的现金折扣，泰州铸造厂收到银行存款＝58 500－50 000×2%＝58 500－1 000＝57 500 元。在企业账务处理中，企业应收账款 58 500 元减少，银行存款增加 57 500 元，差额 1 000 元（就是泰州铸造厂给予乙公司的现金折扣）是因为泰州铸造厂提前占用了乙公司资金 20 天而付出的理财成本代价，故增加财务费用 1 000 元。即泰州铸造厂一方面应收账款减少 58 500 元，另一方面银行存款收到 57 500 元，少收 1 000 元（现金折扣）变成企业的财务费用。

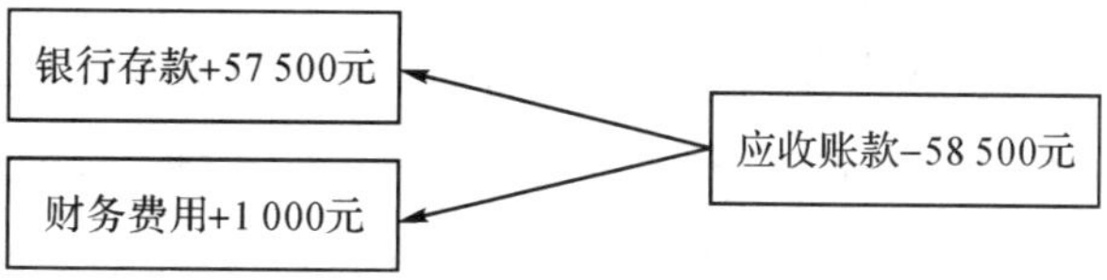

（3）如果超过 10 天收到货款，就不会出现上述理财费用。则应收账款减少 58 500 元变成银行存款增加 58 500 元。

3. 销售退回和折让

企业的商品销售以后,由于商品的品种、质量不符合购货单位的要求或其他原因,而被购货企业退回。

当企业已售商品被退回的,称为销售退回。若经双方协商,为节约成本,不作退回货物,则一般销售方需要对购货单位给予额外的折让,该种优惠也被称为销售折让。

由于销售折让发生在企业已经确认销售收入和应收账款之后,并不影响对应收账款的初始计量。企业发生销售折让时,应冲减已经确认的销售收入和应收账款,同时调整相应的增值税销项税额。商品销售成立时,应收账款应按商品售价计价,发生的销售折让应如数冲减应收账款。

四、预付账款

预付账款是指企业按照购货合同规定预付给供应单位的款项。预付账款也是商业信用的一种形式,代表企业预先支付订金给供货单位将来从其取得商品或服务等的债权。

预付账款按实际付出的金额入账,企业应采购而预付的款项,借记“预付账款”科目,贷记“银行存款”科目。企业收到货物,按应记入货物成本的金额,借记“材料采购”或“原材料”等科目,按应支付的金额,贷记“预付账款”科目;需要补付金额时,借记“预付账款”科目,贷记“银行存款”科目;退回多余的款项,作相反的会计分录。

五、其他应收款

其他应收款是企业应收款项的另一重要组成部分。是企业除应收票据、应收账款和预付账款以外的各种应收暂付款项。如应收的各种赔款、罚款,应向职工收取的各种垫付款项以及应收出租包装物租金等。

企业应设置“其他应收款”账户用于进行核算,企业发生各种应收、暂付款项时,借记“其他应收款”科目,贷记“银行存款”等科目;企业收回转销这些款项时,借记“银行存款”“库存现金”等科目,贷记“其他应收款”科目。

六、应收款项的减值

(一) 应收款项减值的确认

应收账款发生后要在将来时间才能收到款项,因此,在未来一段时间难免会发生意外导致款项无法收回。如债务人停业破产无法偿还,导致企业应收账款无法收回。这种无法收回的应收账款就称为坏账。按照企业会计准则的规定,企业应当在资产负债表日对应收款项的账面价值进行检查,有客观证据表明该应收款项发生减值的(即发生坏账),应当将该应收款项的账面价值减记至预计未来现金流量现值,减记的金额确认减值损失,计提坏账准备。

表明应收款项发生减值的客观证据是指应收款项初始确认后实际发生的、对该应收款项的预计未来现金流量有影响,且企业能够对该影响进行可靠计量的事项。应收款项发生减值的证据，包括下列各项：

(1)债务人发生严重财务困难；

(2)债务人违反了合同条款，如偿付利息或本金发生违约或预期等；

(3)债权人出于经济或法律等方面的因素考虑，对发生财务困难的债务人做出让步；

(4)债务人可能倒闭或进行其他债务重组；

(5)无法辨认一组应收款项中的某项资产的现金流量是否已经减少但根据公开的数据对其进行总体评价后发现，改组应收款项自初始确认以来的预计未来现金流量确已减少且可计量；

(6)其他表明应收款项发生减值的客观证据。

应收款项发生减值的证据一旦出现，会计上就要计提坏账。

(二)应收款项减值的会计方法

企业应当设置"坏账准备"科目，核算应收款项的坏账准备计提、转销等情况。借方登记实际发生的坏账损失金额和冲减的坏账准备金额，贷方登记当期计提的坏账准备金额，期末贷方余额，反映企业已计提但尚未转销的坏账准备。

资产负债表日，应收款项发生减值的，按应减记的金额，借记"资产减值损失"科目，贷记"坏账准备"科目。

泰州铸造厂 20×0 年末应收账款余额为 800 000 元，根据风险特征估计坏账准备的提取比例为应收账款余额的 0.4%。假设坏账准备科目在 20×0 年初余额为 0。那么，20×0 年末应提坏账准备=800 000×0.4%=3 200(元)，资产减值损失由此增加 3 200元，反映在利润表上，坏账准备增加 3 200 元；反映在资产负债表上，则在 20×0 年末泰州铸造厂在报表上都按真正可变现的净值体现。具体为：

资产负债表：	
应收账款	800 000 元
减：坏账准备	3 200 元
应收账款净	796 800 元

→

利润表：	
收入	8 000 000 元
减：资产减值损失	3 200 元
收入净额	796 800 元

在对应收款项进行减值测试时，可以对单项应收款项或应收款项组合进行测试从而确定应收款项的减值损失。具体来说有 3 种方法：即"应收账款余额百分比法""账龄分析法""销货百分比法"。

1. 应收账款余额百分比法

这是按照期末应收账款余额的一定百分比估计坏账损失的方法。坏账百分比由企业根据以往的资料或经验自行确定。在余额百分比法下，企业应在每个会计期末根据本期末应收账款的余额和相应的坏账率估计出期末坏账准备账户应有的余额，它与调整前坏账准备账户已有的余额的差额，就是当期应提的坏账准备金额。

采用余额百分比法计提坏账准备的计算公式如下：

(1)首次计提坏账准备的计算公式

当期应计提的坏账准备=期末应收账款余额×坏账准备计提百分比

(2)以后计提坏账准备的计算公式

当期应计提的坏账准备=当期按应收账款余额计算应计提的坏账准备金额-前期已提坏账准备余额

(3)期末应收账款净值=期末应收账款余额-期末坏账准备的余额

泰州铸造厂20×0年末应收账款余额为800 000元,20×1年末应收账款余额为1 000 000元,根据风险特征估计坏账准备的提取比例为应收账款余额的0.4%。假设坏账准备科目在20×0年年初余额为0。

那么,20×0年末应提坏账准备=800 000×0.4%=3 200(元),

20×0年末应收账款净值=800 000-3 200=796 800(元)

当20×1年度实际发生坏账1 000元,则

20×1年末坏账准备的余额=1 000 000×0.4%=4 000(元)

20×1年末应收账款净值=1 000 000-4 000=996 000(元)

则20×1年末应提坏账准备=4 000-(3 200-1 000)=1 800(元)

2. 账龄分析法

这是根据应收账款账龄的长短来估计坏账损失的方法。通常而言,应收账款的账龄越长,发生坏账的可能性越大。为此,将企业的应收账款按账龄长短进行分组,分别确定不同的计提百分比估算坏账损失,使坏账损失的计算结果更符合客观情况。

账龄分析法和余额百分比法一样在计提坏账准备时,考虑到了该账户原有的余额再做出调整。这两种方法都是从资产负债表的观点来估计坏账,注重的是期末坏账准备应有的余额,使资产负债表中的应收账款能更合理地按变现价值评价。但是,期末的应收账款并不都是本期的赊销产生的,可能含有以往年度销售产生的账款,采用这两种方法计算出的坏账费用就不能完全与本期的销售收入配合,在实务上,账龄分析法也使得账务处理的成本有所提高。

3. 销货百分比法

这是根据企业销售总额的一定百分比估计坏账损失的方法。百分比按本企业以往实际发生的坏账与销售总额的关系结合生产经营与销售政策变动情况测定。在实际工作中,企业也可以按赊销百分比估计坏账损失。

采用销货百分比法计提坏账准备的计算公式如下:

当期应计提的坏账准备=本期销售总额(或赊销额)×坏账准备计提比例

可以看出,采用销货百分比法,在决定各年度应提的坏账准备金额时,并不需要考虑坏账准备账户上已有的余额。从利润表的观点看,由于这种方法主要是根据当期利润表上的销货收入数字来估计当期的坏账损失,因此坏账费用与销货收入能较好地配合,比较符合配比概念。但是由于计提坏账时没有考虑到坏账准备账户以往原有的余额,如果以往年度出现坏账损失估计错误的情况就不能自动更正,资产负债表上的应收

账款净额也就不一定能正确的反映其变现价值。因此,采用销货百分比法还应该定期地评估坏账准备是否适当,及时做出调整,以便能更加合理地反映企业的财务状况。

七、应收项目的列报

企业由于各种因素形成的应收款项,在未来收款时都存在收款风险。相对而言,根据应收账款形成的因素及余额情况,发生坏账的可能性最大,收账风险最大。因此,"应收票据""预付账款"和"其他应收款"几个项目都是根据其余额列报。

但应收账款则是按其净值列报。即应收账款净值="应收账款"账户借方余额-"坏账准备"账户贷方余额。

如根据泰州铸造厂 2014 年 12 月 31 报表附注,应收账款净值="应收账款"账户借方余额-"坏账准备"账户贷方余额=211 296.96-2 112.96=209 184.00(元),所以,泰州铸造厂 2014 年 12 月 31 日资产负债表上的"应收账款"期末余额 209 184.00 元是根据上述应收账款净值得来,"应收票据"期末余额 300 000 元、"其他应收款"期末余额 6 900 元是根据 2014 年 12 月 31 日这些账户的期末余额直接填列。

第四节　存货项目的解读和列报

一、存货的概念与确认标准

(一)存货的定义

存货是指企业在日常活动中持有以备出售的产成品或商品、处在生产过程中的在产品、在生产过程或提供劳务过程中耗用的材料、物料等。

存货区别于固定资产等非流动资产的最基本的特征是,企业持有存货的最终目的是为了出售,不论是可供直接出售,如企业的产成品、商品等;还是需经过进一步加工后才能出售,如原材料、在产品等。

企业的存货通常包括以下内容:

(1)原材料。指企业在生产过程中经加工改变其形态或性质并构成产品主要实体的各种原料及主要材料、辅助材料、外购半成品(外购件)、修理用备件(备品备件)、包装材料、燃料等。为建造固定资产等各项工程而储备的各种材料,虽然同属于材料,但是由于用于建造固定资产等各项工程,不符合存货的定义,因此不能作为企业的存货进行核算。

(2)在产品。指企业正在制造尚未完工的产品,包括正在各个生产工序加工的产品和已加工完毕但尚未检验或已检验但尚未办理入库手续的产品。

(3)半成品。指经过一定生产过程并已检验合格交付半成品仓库保管,但尚未制造完工成为产成品,仍需进一步加工的中间产品。

(4)产成品。指工业企业已经完成全部生产过程并验收入库,可以按照合同规定的条件送交订货单位或者可以作为商品对外销售的产品。企业接受外来原材料加工制造的代制品和为外单位加工修理的代修品,制造和修理完成验收入库后,应视同企业的产成品。

(5)商品。指商品流通企业外购或委托加工完成验收入库用于销售的各种商品。

(6)周转材料。指企业能够多次使用、逐渐转移其价值但仍保持原有形态不确认为固定资产的材料,如包装物和低值易耗品。其中,包装物是指为了包装本企业商品而储备的各种包装容器,如桶、箱、瓶、坛、袋等。其主要作用是盛装、装潢产品或商品。低值易耗品是指不符合固定资产确认条件的各种用具物品,如工具、管理用具、玻璃器皿、劳动保护用品以及在经营过程中周转使用的容器等。

(二)存货的确认标准

存货必须在符合定义的前提下,同时满足下列两个条件,才能予以确认。

1. 与该存货有关经济利益很可能流入企业

资产最重要的特征是预期会给企业带来经济利益。如果某一项目预期不能给企业带来经济利益,就不能确认为企业的资产。存货是企业的一项重要的流动资产,因此,对存货的确认,关键是判断其是否很可能给企业带来经济利益或其所包含的经济利益是否很可能流入企业。通常,拥有存货的所有权是与该存货有关的经济利益很可能流入本企业的一个重要标志。一般情况下,根据销售合同已经售出(取得现金或收取现金的权利),所有权已经转移的存货,因其所含经济利益已不能流入本企业,因而不能再作为企业的存货进行核算,即使该存货尚未运离企业。企业在判断与该存货有关的经济利益能否流入企业时,通常应结合考虑该存货所有权的归属,而不应当仅仅看其存放的地点等。

2. 该存货的成本能够可靠地计量

成本或者价值能够可靠地计量是资产确认的一项基本条件。存货作为企业资产的组成部分,要予以确认也必须能够对其成本进行可靠的计量。存货的成本能够可靠地计量必须以取得的确凿证据为依据,并且具有可验证性。如果存货成本不能可靠地计量,不能可靠确定其成本,就不能确认为购买企业的存货。

二、存货取得的计量

企业取得存货应当按照成本进行计量。存货成本包括采购成本、加工成本和其他成本 3 个组成部分。企业存货的取得主要是通过外购和自制两个途径。

(一)外购存货的成本

企业外购存货主要包括原材料和商品。外购存货的成本即存货的采购成本,指企业物资从采购到入库前所发生的全部支出,包括购买价款、相关税费、运输费、装卸费、保险费以及其他可归属于存货采购成本的费用。

泰州铸造厂是一般纳税人,2015 年 1 月向乙公司购入 A 材料 2 000 千克,每千克单价 250 元,价款共计 500 000 元,增值税税额 85 000 元,款项已由银行存款支付,材料运

到企业还发生了运杂费5 000元。则

材料采购成本＝500 000＋5 000＝505 000(元)

这项经济业务包含的会计信息是企业的材料采购成本是不包含增值税85 000元。

商品流通企业在采购商品过程中发生的运输费、装卸费、保险费以及其他可归属于存货采购成本的费用等进货费用,应计入所购商品成本。在实务中,企业也可以将发生的运输费、装卸费、保险费以及其他可归属于存货采购成本的费用等进货费用先进行归集,期末,按照所购商品的存销情况进行分摊。对于已销售商品的进货费用,计入主营业务成本;对于未售商品的进货费用,计入期末存货成本。商品流通企业采购商品的进货费用金额较小的,可以在发生时直接计入当期销售费用。

(二)加工取得的存货的成本

企业通过进一步加工取得的存货,主要包括产成品、在产品、半成品、委托加工物资等,其成本由采购成本、加工成本构成。某些存货还包括使存货达到目前场所和状态所发生的其他成本,如可直接认定的产品设计费用等。通过进一步加工取得的存货的成本中采购成本是由所使用或消耗的原材料采购成本转移而来的,因此,计量加工取得的存货成本,重点是要确定存货的加工成本。

存货加工成本,由直接人工和制造费用构成,其实质是企业在进一步加工存货的过程中追加发生的生产成本,因此,不包括直接由材料存货转移来的价值。其中,直接人工,是指企业在生产产品过程中,直接从事产品生产的工人的职工薪酬。直接人工和间接人工的划分依据通常是生产工人是否与所生产的产品直接相关(即可否直接确定其服务的产品对象)。制造费用是指企业为生产产品和提供劳务而发生的各项间接费用。制造费用是一种间接生产成本,包括企业生产部门(如生产车间)管理人员的职工薪酬、折旧费、办公费、水电费、机物料消耗、劳动保护费、季节性和修理期间的停工损失等。

(三)其他方式取得的存货的成本

企业取得存货的其他方式主要包括接受投资者投资、非货币性资产交换、债务重组、企业合并等。

1.投资者投入存货的成本

投资者投入存货的成本,应当按照投资合同或协议约定的价值确定,但合同或协议约定价值不公允的除外。在投资合同或协议约定价值不公允的情况下,按照该项存货的公允价值作为其入账价值。

2.通过非货币性资产交换、债务重组、企业合并等方式取得的存货的成本

企业通过非货币性资产交换、债务重组、企业合并等方式取得的存货,其成本应当分别按照《企业会计准则第7号——非货币性资产交换》、《企业会计准则第12号——债务重组》和《企业会计准则第20号——企业合并》等的规定确定。但是,该项存货的后续计量和披露应当执行《企业会计准则第1号——存货》(以下简称存货准则)的规定。

3.盘盈存货的成本

盘盈的存货,应按其重置成本作为入账价值,并通过“待处理财产损溢”科目进行会计处理,按管理权限报经批准后,冲减当期管理费用。

在确定存货成本的过程中,应当注意,下列费用不应当计入存货成本,而应当在其发生时计入当期损益:(1)非正常消耗的直接材料、直接人工及制造费用,应计入当期损益,不得计入存货成本。例如,企业超定额的废品损失以及由自然灾害而发生的直接材料、直接人工及制造费用,由于这些费用的发生无助于使该存货达到目前场所和状态,不应计入存货成本,而应计入当期损益。(2)仓储费用,指企业在采购入库后发生的储存费用,应计入当期损益。但是,在生产过程中为达到下一个生产阶段所必需的仓储费用则应计入存货成本。例如,某种酒类产品生产,企业为使生产的酒达到规定的产品质量标准,而必须发生的仓储费用,就应计入酒的成本,而不是计入当期损益。(3)不能归属于使存货达到目前场所和状态的其他支出,不符合存货的定义和确认条件,应在发生时计入当期损益,不得计入存货成本。

三、存货发出的计量

(一)发出存货的计量方法

企业应当根据各类存货的实物流转方式、企业管理的要求、存货的性质等实际情况,合理地选择发出存货成本的计算方法,以合理确定当期发出存货的实际成本。

对于性质和用途相似的存货,应当采用相同的成本计算方法确定发出存货的实际成本。企业在确定发出存货的成本时,可以采用先进先出法、移动加权平均法、月末一次加权平均法和个别计价法四种方法。企业不得采用后进先出法确定发出存货的成本。

1.先进先出法

先进先出法是以先购入的存货应先发出(销售或耗用)这样一种存货实物流转假设为前提,对发出存货进行计价。采用这种方法,先购入的存货成本在后购入存货成本之前转出,据此确定发出存货和期末存货的成本。如下例所示:

某企业2015年1月的某商品期初库存如下:

购货日期	数　量(件)	单位成本(元/件)	总成本(元)
2014.11.11	100	4.00	400
2014.12.20	1 200	4.10	4 920
合　计	1 300		5 320

2015年购货3次:

购货日期	数　量(件)	单位成本(元/件)	总成本(元)
2015.3.21	3 000	4.30	12 900
2015.8.18	2 000	4.20	8 400

续 表

购货日期	数　量(件)	单位成本(元/件)	总成本(元)
2015.10.10	1 000	4.50	4 500
合　计	6 000		25 800

2015 年共销售 5 000 件(分别在 3 月 25 日销售 2 000 件,10 月 25 日销售 3 000 件)该商品,单位售价 7.10 元,2015 年 12 月 31 日的存货为 2 300 件。在个别认定法下,假定库存的存货有 1 200 件是 2015 年 8 月 18 日购入的,1 100 件是 10 月 10 日购入的。

其具体的计算如表 5-2 所示(为便于解释,以后不同方法下的计算均用此例数据)。

表 5-2　先进先出法下存货成本计算表

单位:元

2015 年		摘　要	增加			减少			余额		
月	日		数量	单价	金额	数量	单价	金额	数量	单价	金额
1	1	期初余额							100	4.00	400
									1 200	4.10	4 920
3	21	购入	3 000	4.30	12 900				100	4.00	400
									1 200	4.10	4 920
									3 000	4.30	12 900
3	25	发出				100	4.00	400	2 300	4.30	9 890
						1 200	4.10	4 920			
						700	4.30	3 010			
8	18	购入	2 000	4.20	8 400				2 300	4.30	9 890
									2 000	4.20	8 400
10	10	购入	1 000	4.50	4 500				2 300	4.30	9 890
									2 000	4.20	8 400
									1 000	4.50	4 500
10	25	发出				2 300	4.30	9 890			
						700	4.20	2 940	1 300	4.20	5 460
									1 000	4.50	4 500
12	30	发生额合计及期末余额	6 000		25 800	5 000		21 160	1 300	4.20	5 460
									1 000	4.50	4 500

注:补充假定其中 2 000 件的销售是发生在 3 月 25 日,3 000 件销售是在 10 月 25 日。期末存货数量为 2 300 件,那么根据先进先出法的计算假设,期末剩余的存货成本价格应该采用的是最后一批购入,和倒数第二批购入的存货的成本价格,因此,期末存货的余额=4 500+5 460=9 960(元),发出商品的成本(本期销售成本)=400+4 920+25 800−9 960=21 160(元)。

2. 移动加权平均法

移动加权平均法,是指以每次进货的成本加上原有库存存货的成本,除以每次进货

数量加上原有库存存货的数量,据以计算加权平均单位成本,作为在下次进货前计算各次发出存货成本的依据。计算公式如下:

$$某次进货后的存货加权单位成本=\frac{此次进货成本+原有库存成本}{此次进货数量+原有进货数量}$$

本次发出存货的成本=本次发出存货数量×本次发货前的存货单位成本

本月月末库存存货成本=月末库存存货的数量×本月月末存货单位成本

具体计算如表 5-3 所示。

表 5-3 移动加权平均法下存货成本计算表

单位:元

2015 年		摘 要	增加			减少			余额		
月	日		数量	单价	金额	数量	单价	金额	数量	单价	金额
1	1	期初余额							1 300	4.09	5 320
3	21		3 000	4.3	12 900				4 300	4.24	18 220
3	25					2 000	4.24	8 468	2 300	4.24	9 752
8	18		2 000	4.2	8 400				4 300	4.22	18 152
8	20					3 000	4.22	12 666	1 300	4.22	5 486
10	10		1 000	4.5	4 500				2 300	4.34	9 986
12	30	发生额合计及期末余额	6 000		25 800	5 000		21 134	2 300	4.34	9 986

注:补充假定其中 2 000 件的销售是发生在 3 月 25 日,3 000 件销售是在 8 月 20 日,计算移动加权平均单价保留小数点后的两位。并将尾数体现在发出成本中。比如当计算 3 月 21 日结束后存货的加权平均单价(400+4 920+12 900)/4 300≈4.237 209 302……≈4.24(保留小数点后两位)。当 3 月 25 日因销售发出存货 2 000 件后,则尚余 2300 件,其金额=2 300×4.24=9 752(元),那为消除尾数,则发出存货成本=18 220−9 750=8 468(元),以后计算均同此理。

3. 期末一次加权平均法

期末一次加权平均法,是指以当期全部进货数量加上期初存货数量作为权数,去除当期全部进货成本加上期初存货成本,计算出存货的加权平均单位成本,以此为基础计算当期发出存货的成本和期末存货的成本的一种方法。

$$存货综合加权平均成本=\frac{期初结存额+本期进货成本}{期初结存数量+本期进货数量}$$

本期发出存货的成本=本期发出存货的数量×存货单位成本

本期期末库存存货成本=期末库存存货的数量×存货单位成本

具体计算如表 5-4 所示。

表 5-4　期末一次加权平均法下存货成本计算表

2014 年		摘　要	增加			减少			余额		
月	日		数量	单价	金额	数量	单价	金额	数量	单价	金额
1	1	期初余额							100	4	400
									1 200	4.1	4 920
3	21	购入	3 000	4.3	12 900						
8	18	购入	2 000	4.2	8 400						
10	10	购入	1 000	4.5	4 500						
12	30	发生额合计及期末余额	6 000		25 800	5 000		21 322	2 300	4.26	9 798

注：加权平均单价＝(400＋4 920＋25 800)/(1 300＋6 000)≈4.263 013 699……≈4.26((保留小数点后两位)。期末余额＝2 300×4.26＝9 798(元)，发出存货成本＝(400＋4 920＋25 800)－9 798＝21 322(元)。

4. 个别计价法

个别计价法，亦称个别认定法、具体辨认法、分批实际法，其特征是注重所发出存货具体项目的实物流转与成本流转之间的联系，逐一辨认各批发出存货和期末存货所属的购进批次或生产批次，分别按其购入或生产时所确定的单位成本计算各批发出存货和期末存货的成本。即把每一种存货的实际成本作为计算发出存货成本和期末存货成本的基础。对于不能替代使用的存货、为特定项目专门购入或制造的存货以及提供的劳务，通常采用个别计价法确定发出存货的成本。在实际工作中，越来越多的企业采用计算机信息系统进行会计处理，个别计价法可以广泛应用于发出存货的计价，并且该方法确定的存货成本最为准确。

存货发出的计量方法不仅对资产负债表上的存货项目，而且对产品销售成本，进而对当期利润都有很大的影响。如在先进先出法下，与当期收入配比的是过去的进货成本，而过去的进货成本一般比当期进货成本低得多，因此，这种配比导致账面利润的增高。在高通货膨胀期间，存货估价方法的选择尤其重要。具体计算如表 5-5 所示。

表 5-5　个别计价法下存货成本计算表

单位：元

2015 年		摘　要	增加			减少			余额		
月	日		数量	单价	金额	数量	单价	金额	数量	单价	金额
1	1	期初余额							100	4	400
									1 200	4.1	4 920
3	21		3 000	4.3	12 900						
8	18		2 000	4.2	8 400						
10	10		1 000	4.5	4 500						
12	30	发生额合计及期末余额	6 000		25 800	5 000		21 130	1 200	4.2	5 040
									1 100	4.5	4 950

注：据下例所示，期末存货数量为 2 300 件，那么根据个别认定法判断，期末剩余的存货成本应该是最后一批购入

1 100件,和倒数第二批购入 1 200×4.2 件的存货成本,因此,期末存货的余额=5 040+4 950=9 990(元),发出商品的成本(本期销售成本)=400+4 920+25 800−9 990=21 130(元)。

至于 4 种方法的运用后果的比较,如表 5-6 所示:

表 5-6　存货成本计算及后果对照表

单位:元

	个别认定法	先进先出法	移动加权平均法	期末一次加权平均法
期末存货成本	9 990	9 960	9 986	9 798
本期销售成本	21 130	21 160	21 134	21 322
本期销售收入	35 500	35 500	35 500	35 500
毛　利	14 370	14 340	14 366	14 178

从表 5-6 的分析可以看出,企业采用不同的存货发出计价方法,不仅会影响企业期末存货的价值,影响企业资产总额;而且会对企业利润的高低产生影响。至于其影响的路径,则可以通过如图 5-2 所示得知。

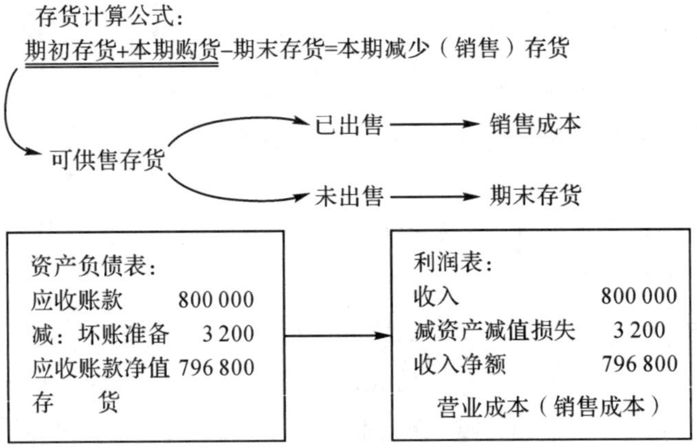

图 5-2　存货计价对会计报表的影响

存货计价错误的后果:

期初存货高估→销售成本高估,利润低估

期初存货低估→销售成本低估,利润高估

期末存货高估→销售成本低估,利润高估

期末存货低估→销售成本高估,利润低估

由此可见,存货核算的准确性不但影响资产负债表,也会影响利润表。

(二)已售存货成本的结转

《企业会计准则第 1 号——存货》规定企业应当将已售存货的成本结转为当期损益,计入营业成本。已售存货成本的结转根据企业的主营业务和其他业务而有所不同。存货为商品、产成品的,企业应采用先进先出法、移动加权平均法、月末一次加权平均法或个别计价法确定已销售商品的实际成本。存货为非商品存货的,如材料等,应将已出售材料的实际成本予以结转，计入当期其他业务成本。这里所讲的材料销售不构成企业的主营业务。如果材料销售构成了企业的主营业务，则该材料为企业的商品存货，而不是非商品存货，计入主营业务成本。

泰州铸造厂 2015 年 6 月 1 日销售一批产品，属于企业的主营业务，销售金额为 600 000 元，增值税率为 17%。这批产品的实际成本为 500 000 元。公司已经开出了相关销售发票，并已收到货款。因此，

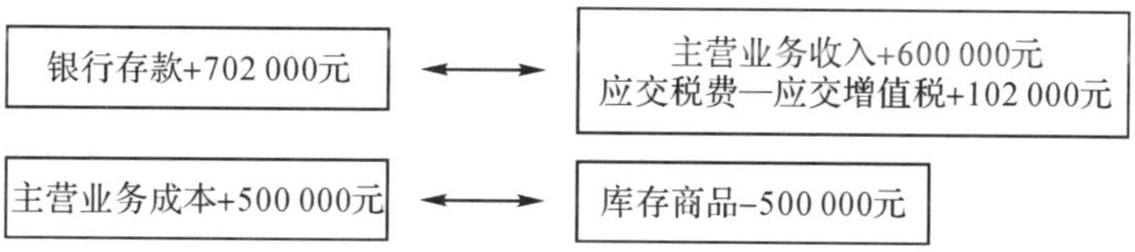

（三）存货在报表上的列报。

存货项目由于是由企业拥有或实质控制的流动资产所组成的，包括原材料，在产品、低值易耗品、库存商品及包装物等账户金额的合计数，因此，在期末应将上述账户的期末余额加计进行列示。比如，根据泰州铸造厂 2014 年 12 月 31 日的报表附注可知，披露在资产负债表上的“存货”项目期末余额就是根据 2014 年 12 月“原材料”账户期末余额＋“库存商品”账户的期末余额＝272 380.00＋524 800.00＝797 180.00（元）计算而来。

存货项目信息披露则包括企业所采用存货估价的方法，若发生使用估价方法的改变，应披露由于方法改变对当期利润及相应项目金额的影响。比如，在泰州铸造厂 2014 年年度报表附注中应注明：存货于取得时按实际成本入账，存货发出时的成本按先进先出法核算。存货盘存制度采用永续盘存制。低值易耗品采用一次转销法进行摊销等。

第五节 案例阶段性解读

一、案例信息回顾

泰州铸造厂 2014 年年度报告中披露的信息如下所示：

资　产	期末余额	年初余额
流动资产：		
货币资金	1 014 311.40	556 179.00
交易性金融资产	200 000.00	
应收票据	300 000.00	50 000.00

续　表

资　产	期末余额	年初余额
应收账款	209 184.00	45 000.00
预付款项		
应收利息		
应收股利		
其他应收款	6 900.00	2 000.00
存货	797 180.00	960 500.00
一年内到期的非流动资产		
其他流动资产		
流动资产合计	2 527 575.40	1 613 679.00

且,报表附注说明中涉及流动资产的辅助资料包括:

1. 货币资金

项　目	期末余额	期初余额
库存现金	5 721.00	2 123.60
银行存款	908 590.40	554 055.40
其他货币资金	100 000.00	
合计	1 014 311.40	556 179.00

2. 交易性金融资产

项　目	期末余额	期初余额
交易性金融资产	200 000.00	
合计	200 000.00	

备注:从二级市场上购买的红联股票;10 000股。

3. 应收票据

种　类	期末余额	期初余额
银行承兑汇票	200 000.00	50 000.00
合计	200 000.00	50 000.00

4. 应收账款

(1)应收账款按种类披露：

种类	期末余额				期初余额			
	账面余额		坏账准备		账面余额		坏账准备	
	金额	比例(%)	金额	比例(%)	金额	比例(%)	金额	比例(%)
按坏账比例1%计提了坏账准备的应收账款								
应收账款余额百分比法	211 296.96	100.00	2 112.96	1.00	95 959.59.00	100.00	959.59	1.00
合计	211 296.96	/	2 112.96	/	95 959.59.00	/	959.59	/

(2)应收账款明细余额

种 类	期末余额	期初余额
浙江义乌电机厂	0	82 000.00
上海电机厂	0	13 000.00
湖州铸造厂	0	0
北京电机厂	209 184.00	0
合计	209 184.00	50 000.00

5. 其他应收款

其他应收款明细余额

种 类	期末余额	期初余额
燕志超	0	2 000.00
王健(预借差旅费)	2 500.00	0
仓库保管员(盘亏处理要求其赔偿)	2 400.00	0
保险公司	2 000.00	0
合计	6 900.00	2 000.00

备注：燕志超、王健均为企业员工挂账的原因是预借差旅费；仓库保管员和保险公司挂账的原因是企业发生的盘亏财产经过批准处理要求保管员个人承担损失2 400元；保险公司应理赔2 000元。

6. 存货

存货分类

账龄	期末余额			期初余额		
	账面余额	跌价准备	账面价值	账面余额	跌价准备	账面价值
原材料	272 380.00		272 380.00	217 500.00		217 500.00
库存商品	524 800.00		524 800.00	743 000.00		743 000.00
合计	797 180.00		797 180.00	960 500.00		960 500.00

二、案例信息解读

(一)总体情况解读

从上述年初年末流动资产对比,(2 527 575.4－1 613 679)＝913 896.4(元),年末流动资产增加了56.63%,在一定程度上说明企业流动资产规模有了很大程度的提高,企业短期偿债能力的增加。且增加的金额大多来自于交易性金融资产、应收票据及应收账款,说明企业流动资产的短期变现能力比较强,企业还利用流动资金进行多元投资。但是,由于上述资产并非是无风险的货币资金,比如交易性金融资产的变现能力还受到金融市场股票、债券市场价格变化的影响,要面临市场风险;再比如,应收票据与应收账款属于企业债权,其最终的变现还受制于对方单位是否按合约及时还款,如果对方单位到时不能归还货款,企业会出现坏账损失,因此,还需面临信用风险。由此可见,由于流动资产总额的增加,并非意味着很高质量的企业的短期偿债能力。

(二)分项解读

1.货币资金项目

泰州铸造厂货币资金项目总额,年末与年初相比是增加了1 014 311.40－556 179.00＝458 132.40(元),即与年初相比增加了82.37%,大大地增加了流动资产的流动性,但是,有一大部分是增加在其他货币资金上,这部分资金不在结算账户内,一般其流动性受到一定的限制的,因此,这部分还是会减弱货币资金的流动性的。

2. 交易性金融资产项目

交易性金融资产是本年度才出现的,以投机目的从股票二级市场买入的红莲股票10 000股,每股成本价格为20元。此项资产流动性很强,但受市场价格短期变化的影响较大,因此在管理中一定要加强风险管理,注意其所面临的短期市场风险。

3.应收票据项目

根据报表附注表3可以看出,与年初相比,年末的应收票据金额增加了150 000元,是年初数的3倍,且均是银行承兑汇票。相对于应收账款完全的商业信用的特点,应收票据还可以将此纳入银行信用的范畴。因此,可以认为企业已在较好地运用银行承兑汇票这样的形式,为增加企业资金的流动性,提高资金的利用效率,建议未来应考虑到银行及时贴现的问题。

4. 应收账款项目

应收账款期末数与起初数相比,209 184.00－95 000.00＝11 418.00(元),期末数增加1.2倍,应收账款金额的增加,的确增加了流动资产的总额,但与货币资金相比,其流动性相对比较差,即便与应收票据相比,其商业信用的风险也是比较大的,应收账款的增加,究其原因有二,其一是赊销额的增加,其二是收款速度不快。从披露的应收账款附注资料看,期末增加的应收账款金额主要是来自于新增的北京电机厂的欠款,这个数据突然增加,且来自于同一厂家,应严密注意该单位的信用能力,随时监控应收账款的金额增加额,严防其突破信用额度的上限,以减少未来可能的坏账损失。

5. 其他应收款项目

与其他流动资金项目的增加额相比，其他应收款项目增加金额只涉及几千元的金额，数额的绝对数不大，且王健为企业员工挂账的原因是预借差旅费。但是，仓库保管员和保险公司挂账的原因是企业发生的盘亏财产经过批准处理要求保管员个人承担损失 2 400 元；保险公司应理赔 2 000 元。涉及企业财产的赔付问题，应该引起企业管理部门的重视，要严格加强企业财产管理，增加财产清查的力度与广度，以从日常管理中确保企业财产的安全。并及时向当时人及保险公司收缴这部分的欠款。

6. 存货项目

泰州铸造厂的存货项目当然是流动资产的主体。主要由原材料，库存商品组成，年末余额比年初余额减少 163 320 元，即减少 17%。其中原材料库存增加 272 380.00－217 500.00＝54 880(元)；产成品减少的金额比较大，共计：524 800.00－743 000.00＝－218 200(元)，主要是由于 2014 年度企业销售能力增加，销售收入的增加。为适应企业销售渠道的拓展，销售量的增加，企业应该适当增加原材料库存，以满足日益增加的生产的需求。

思考题

1. 资产负债表包括哪几个部分？流动资产包括哪些项目？
2. 货币资金包括哪些项目？会计规范上对其管理分别有何要求？
3. 应收项目包括哪些项目？每个项目分别核算哪些内容？
4. 何谓坏账准备？在报表上如何反映？
5. 存货包含哪些项目？计价方法对报表有何影响？

第六章 资产负债表中非流动资产项目的解读和列报

第一节　资产负债表中的非流动资产项目

一、非流动资产的概念及内容

资产按其流动性分为流动资产和非流动资产。非流动资产是指不准备在 1 年内或者超过 1 年的一个营业周期内变现或耗用的资产，即不容易变现，必须在 1 年以上或一个经营周期以上能够变现或耗用的资产项目。

在资产负债表中，尤其是在账户式资产负债表中，非流动资产项目基本是被列示在表格的左下部分，如表 6-1 所示，是体现企业规模、综合竞争实力、研发能力及未来持续发展能力的资产。上述非流动资产主要包括可供出售金融资产、持有至到期投资、长期股权投资、长期应收款、投资性房地产[①]、固定资产、无形资产、长期待摊费用以及其他非流动资产等。

表 6-1　资产负债表　会企 01 表

编制单位：　　　　　　　　　年　月　日　　　　　　　　　　　　单位：元

资产	行次	期末余额	年初余额	负债和所有者权益（或股东权益）	行次	期末余额	年初余额
流动资产				流动负债：			
（略）				（略）			
				流动负债合计			
				非流动负债：			

① 投资性房地产，是指为赚取租金或资本增值，或两者兼有而持有的房地产。投资性房地产应当能够单独计量和出售。投资性房地产主要包括：已出租的土地使用权、持有并准备增值后转让的土地使用权和已出租的建筑物。鉴于详略内容考虑，在此不作介绍投资性资产和长期待摊费用。

续 表

资产	行次	期末余额	年初余额	负债和所有者权益（或股东权益）	行次	期末余额	年初余额
非流动资产：				（略）			
可供出售金融资产							
持有至到期投资		300 000.00					
长期应收款							
长期股权投资							
投资性房地产							
固定资产		6 137 476.00					
在建工程				非流动负债合计			
工程物资				所有者权益（或股东权益）：			
固定资产清理				（略）			
无形资产		98 100.00					
开发支出							
商誉							
长期待摊费用		3 421.00					
递延所得税资产							
其他非流动资产				所有者权益（或股东权益）合计			
非流动资产合计		6 538 997.00					
资产合计				负债和所有者权益（股东权益）合计			

二、非流动资产的特点

企业拥有非流动资产是为经营上长期使用或为达到某种特殊利益的对外投资，非流动资产主要有以下特点：

第一，非流动资产的种类多，资产形态差异大。非流动资产既包括有形资产，如固定资产和自然资源等，也包括无形资产；既包括为自用目的而购置的固定资产，也包括为获取长期收益而持有的投资性项目，如持有至到期投资、长期股权投资等。非流动资产按其拥有目的不同可分为企业经营性资产和对外投资性资产。

第二，非流动资产持有时间长短差异较大。非流动资产的持有时间相对于流动资产而言都比较长，但因资产形态、用途不同，持有时间的长短差异也比较大。例如，固定资产的持有时间从几年到几十年不等；而无形资产有使用期限较短的专利，也有无使用期限的非专利技术等；有持有时间有限的持有到期投资，也有无到期年限的长期股权投资等。

第三，非流动资产的用途决定了其变现能力较弱。由于非流动资产的主要用途是为了生产经营或管理活动方面的需要而长期使用,或为达到某种特殊利益的对外投资,因而,获取非流动资产时几乎不考虑其变现能力问题。

第四,非流动资产的周转速度较慢。非流动资产投资金额大,使用时间长,其周转速度受固定资产折旧年限、无形资产摊销年限、对外投资回收期限等因素的制约,周转速度较慢。如固定资产要通过整个折旧年限,才能完成一次资金周转;无形资产要通过整个摊销年限才能完成一次资金周转。

第五,非流动资产是偿还非流动负债的最终保障。企业流动负债的偿还主要受流动资产的流动性和变现能力的影响。而非流动负债的本息能否如期偿还,主要受企业未来经营成果、现金流动状况的影响,最终受非流动资产数量、质量和结构的影响。

第二节　投资性资产项目的解读和列报

一、对外投资性资产的项目内容

投资有广义和狭义之分,广义的投资不仅包括对外投资:如权益性投资、债权性投资等,还包括对内投资:如固定资产投资、存货投资等。狭义的投资仅指对外投资而不包括对内投资。本节讨论的是狭义的投资。

投资是指企业为通过分配来增加财富,或为谋求其他利益,而将资产让渡给其他单位所获得的另一项资产。投资具有以下特点:

(一) 投资是通过让渡其他资产而换取另一项资产

投资是企业将其所拥有的现金、固定资产等资产让渡给其他单位使用,以换取债券投资或股权投资等,如以现金购买债券、股票,以固定资产向其他单位投资以取得其他单位的股权等。

(二) 投资所流入的经济利益与其他资产为企业带来的经济利益在形式上有所不同

企业所拥有或控制的除投资以外的其他资产,通常能为企业带来直接的经济利益,如企业出售产品,可以直接为企业带来经济利益,而投资通常是在其他单位使用投资者投入的资产所创造的效益后分配取得的,或者通过投资改善贸易关系等手段达到获得利益的目的。

对外投资性资产主要是企业将多余的资金用于产品生产之外的股票、债券投资。按照《企业会计准则》规定,根据管理层投资目的不同分为以下几类:

1. 交易性金融资产

交易性金融资产,是指企业以交易为目的持有的、以公允价值计量且其变动计入当期损益的股票投资、债券投资、基金投资等金融资产。取得该金融资产的目的,主要是为了近期内出售。例如,企业为充分利用闲置资金、以赚取差价为目的从二级市场购入的股票、债券、基金等。

2. 持有至到期投资

持有至到期投资,是指到期日固定、回收金额固定或可确定,且企业有明确意图和能力持有至到期的非衍生金融资产。

3. 可供出售金融资产

可供出售金融资产通常是指企业没有划分为以公允价值计量且其变动计入当期损益的金融资产、持有至到期投资、贷款和应收款项的金融资产。企业购入的在活跃市场上有报价的股票、债券和基金等,没有划分为以公允价值计量且其变动计入当期损益的金融资产或持有至到期投资等金融资产的,可归为此类。

4. 长期股权投资

长期股权投资,是指投资方对被投资单位实施控制、共同控制或重大影响的权益性投资,以及对其合营企业的权益性投资。

总之,金融资产的划分体现了管理者的意图和管理的需要。

例如,泰州铸造厂用银行存款 10 万元购买了三年期的国债,存在活跃的交易市场。分 3 种情况:

1. 如果打算立即出售,则划分为以公允价值计量且其变动计入当期损益的金融资产,该企业增加交易性金融资产 10 万元;

2. 如果打算 3 年后到期时再出售,应划分为持有至到期投资,即该企业增加持有至到期投资 10 万元;

3. 如果持有意图不是很明确,则应划分为可供出售金融资产,即该企业增加可供出售金融资产 10 万元。

二、对外投资性资产的核算内容

对外投资性资产核算的内容通常包括:取得对外投资性资产的成本为多少、持有对外投资性资产而获取的收益、转让对外投资性资产发生的损益,如图 6-1 所示。

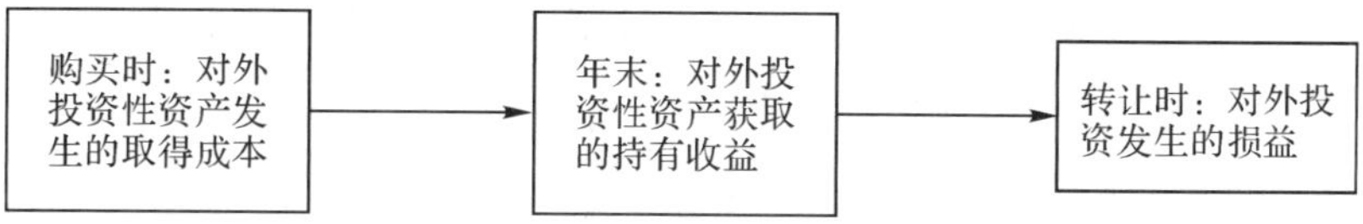

图 6-1 投资性资产的核算内容

由于交易性金融资产在流动资产部分已经介绍 ,房地产投资内容比较复杂,在此都不作介绍,主要介绍可供出售金融资产、持有至到期投资和长期股权投资。

三、可供出售金融资产项目的解读和列报

(一)可供出售金融资产的含义

可供出售金融资产通常是指企业购入没有划分为交易性金融资产、持有至到期投资的金融资产,通常指企业购入的在活跃市场上有报价的股票、债券和基金等,但又不是交易性金融资产、持有至到期投资。

(二) 可供出售金融资产的制度核算要求和报表的列报

1. 可供出售金融资产的核算要求

(1)取得时:可供出售金融资产应当按取得该金融资产的公允价值和相关交易费用之和作为初始确认金额。支付的价款中包含的已到付息期但尚未领取的债券利息或已宣告但尚未发放的现金股利,应单独确认为应收项目。

(2)可供出售金融资产持有期间取得的利息或现金股利,应当计入投资收益。

(3)资产负债表日:可供出售金融资产应当以公允价值计量,且公允价值变动计入其他综合收益。

(4)处置可供出售金融资产时:应将取得的价款与该金融资产账面价值之间的差额,计入投资损益;同时,将原直接计入所有者权益的公允价值变动累计额对应处置部分的金额转出,计入投资损益。

2015 年 5 月 4 日,泰州铸造厂以每股 7 元购入 M 公司普通股 10 万股,占 M 公司有表决权股份的 1‰,款项用银行存款支付 700 000 元;购买目的不属于交易性金融资产、长期股权投资。2015 年 12 月 31 日,该股票市价为每股 7.2 元。

根据泰州铸造厂在初始确认时将对 M 公司的股票投资划分为可供出售金融资产。泰州铸造厂应作如下会计确认与计量:

(1)2015 年 5 月 4 日,购入股票时,确认的初始成本为 700 000 元(7×100 000);

(2)2015 年 12 月 31 日,确认股票价格变动,并调整增加的可供出售资产的账面价值 20 000 元(7.2×100 000－700 000)。

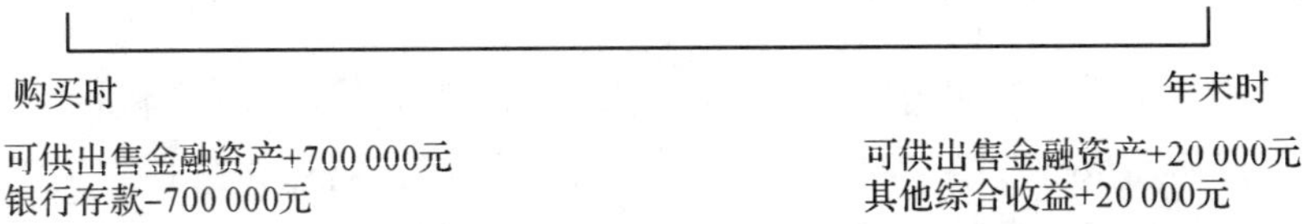

续上例:2016 年 5 月 1 日,泰州铸造厂以每股 7.5 元的价格将股票全部转让,扣除相关税费 2 000 元,实际收到价款 748 000 元。

(3)2016 年 5 月 1 日,出售股票,取得的价款与该金融资产账面价值之间的差额＋28 000 元(748 000－720 000),计入投资损益;同时,将原直接计入其他综合收益的公允价值变动累计额 20 000 转出,计入投资损益。

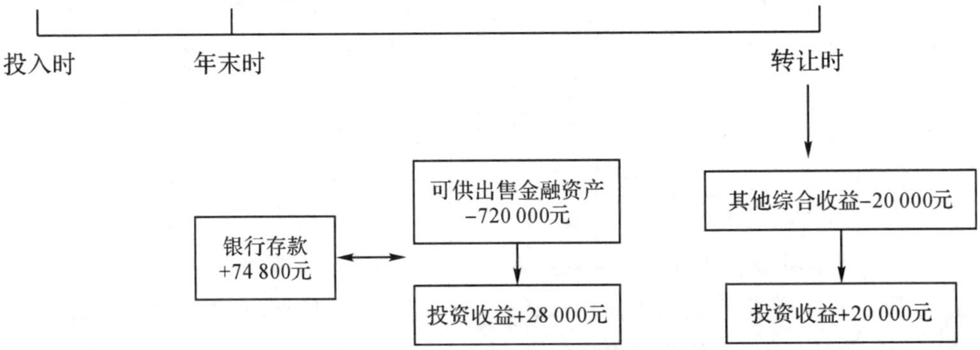

2. 可供出售金融资产在报表上的列报

可供出售金融资产按公允价值计量模式进行会计确认和计量。在资产负债表上，该项资产是按其期末的公允价值进行信息披露的。如上例泰州铸造厂 2015 年 12 月 31 日在资产负债表上就按 720 000 元列报。

四、持有至到期投资项目的解读和列报

(一)持有至到期投资的含义

持有至到期投资，是指到期日固定、回收金额固定或可确定，且企业有明确意图和能力持有至到期的非衍生金融资产。通常情况下，持有至到期投资主要是企业进行的长期债权投资，包括企业持有的在活跃市场有公开报价的国债、企业债券以及金融债券等。对于已归类为持有至到期投资的金融资产，企业应当在每个资产负债表日对其持有的意图和能力进行持续的评价。如果测试表明企业不再打算将其持有至到期，则应当将其重分类为可供出售金融资产。

例如，企业从二级市场上购入的固定利率三年期国债、浮动利率两年期债券等，如果同时符合持有至到期投资的其他条件，可以划分为持有至到期投资；购入的股权投资因其没有固定的到期日，则不能划分为持有至到期投资。需要注意的是，持有至到期投资通常具有长期性质，但期限较短(1 年以内)的债券投资，如符合持有至到期投资的条件，可以将其划分为持有至到期投资。

(二)持有至到期投资的目的

企业在正常的生产经营过程中，一般不会产生大量的、长期闲置的货币资金。但如果企业资金充裕，有时也会存在大量的、长期闲置的货币资金。企业进行持有至到期投资不仅可以使长期闲置资金获得高于银行存款利息的收益，而且可使投资资金有一定的流动性或者为特定目的积累资金。

(三)持有至到期投资的制度核算要求和报表的列报

1. 持有至到期投资的制度核算要求

持有至到期投资的会计处理，着重于该金融资产的持有者打算“持有至到期”，未到期前通常不会出售或重分类。因此，持有至到期投资的核算主要应解决持有至到期投资取得成本的确定、持有期间的收益确认及将其处置时损益的处理。

(1) 取得时，企业取得的持有至到期投资应当按取得时的公允价值和相关交易费用之和作为初始确认金额，若支付的价款中包含有已到付息期但尚未领取的债券利息，应单独确认为应收项目。

如泰州铸造厂 2014 年 12 月用银行存款 300 000 元购入 3 年期国库券，准备持有到 3 年到期。则持有至到期投资＋300 000 元；银行存款－300 000 元。

(2) 在持有期间，持有至到期投资应当按照摊余成本和实际利率计算确认利息收

入,计入投资收益。

(3) 处置持有至到期投资时,应将所取得价款与该投资账面价值之间的差额计入投资收益。

2. 持有至到期投资在报表上的列报

持有至到期投资按历史成本计量模式进行会计确认和计量。在资产负债表上,该项资产是按其期末摊余成本进行信息披露的。

如泰州铸造厂 2014 年 12 月 31 资产负债表上"持有至到期投资"项目 300 000 元,从报表附注上可知是一笔国债投资,是根据"持有至到期投资"账户期末借方余额 300 000 元进行填列。

五、长期股权投资项目的解读和列报

(一)长期股权投资的含义及构成

长期股权投资,是指投资方对被投资单位实施控制、共同控制或重大影响的权益性投资,以及对其合营企业的权益性投资。

按照财政部发布的《关于印发修订〈企业会计准则第 2 号——长期股权投资〉的通知》(财会〔2014〕14 号),长期股权投资包括:①企业持有的能够对被投资单位实施控制[①]的权益性投资,即对子公司投资;②企业持有的能够与其他合营方一同对被投资单位实施共同控制的权益性投资,即对合营企业投资[②];③企业持有的能够对被投资单位施加重大影响的权益性投资,即对联营企业投资[③]。

企业对被投资单位不具有控制、共同控制或重大影响、在活跃市场上没有报价且公允价值不能可靠计量的权益性投资,不属于长期股权投资,而是按照《企业会计准则第 22 号——金融资产的确认和计量》的规定,将其作为可供出售金融资产处理,如表 6-2 所示。

表 6-2 股权投资的分类

投资种类	投资的性质(投资比例)	核算内容
股票类投资	1. 控制(投资比例大于 50%)	长期股权投资
	2. 共同控制(投资比例等于 50%)、重大影响[投资比例在 20%(含)至 50%(不含)之间]	长期股权投资
	3. 无控制、无共同控制、无重大影响(投资比例小于 20%)	短期赚取差价(交易性金融资产)
		长期持有(可供出售金融资产)

① 所谓控制,是指投资方拥有对被投资单位的权力,通过参与被投资单位的相关活动而享有可变回报,并且有能力运用对被投资单位的权力影响其回报金额。

② 所谓共同控制,是指按照相关约定对某项安排所共有的控制,并且该安排的相关活动必须经过分享控制权的参与方一致同意后才能决策。

③ 所谓重大影响,是指对一个企业的财务和经营政策有参与决策的权力,但并不能够控制或者与其他方一起共同控制这些政策的制定。

(二)长期股权投资的制度核算要求

1. 长期股权投资的初始计量

企业取得长期股权投资主要有两种方式:一是通过企业合并形成长期股权投资;二是通过其他方式取得长期股权投资。企业取得长期股权投资的方式不同,其初始投资成本的构成内容也有所不同。由于企业合并中形成的长期股权投资涉及企业合并及合并报表等特殊会计业务,比较复杂,本章不做论述。除企业合并以外的其他方式取得长期股权投资,其初始投资成本应当遵循以下规定:应当按照实际支付的购买价款作为长期股权投资的初始投资成本,包括购买过程中支付的手续费等必要支出,但不包括被投资单位已宣告发放的现金股利或利润。

当然,企业可以以支付现金取得长期股权投资、以发行权益性证券方式取得长期股权投资、以投资者投入取得长期股权投资以及以非货币性资产交换、债务重组等方式取得的长期股权投资,尽管各种取得方式确定长期股权投资的初始投资成本各有不同,但实质都是以实际支付的价款或对价确定。必须注意实际支付的价款或对价中包含的已宣告但尚未领取的现金股利或利润,不构成长期股权投资的初始投资成本,而应作为应收项目单独核算。

如:泰州铸造厂 2015 年 5 月 18 日以银行存款购买永安股份有限公司的股票 10 000股,持股比例占 60%,作为长期投资,每股买入价为 20 元,每股价格中包含有 0.2 元的已宣告分派的现金股利,另支付相关税费 7 000 元。

2015 年 5 月 18 日,购入股票时,长期股权投资的初始成本为 205 000 元(10 000×20－10 000×0.2＋7 000),应收股利为 2 000 元。

再如泰州铸造厂 2015 年 1 月 18 日购买新晨股份有限公司发行的股票 100 000 股准备长期持有,占新晨股份有限公司股份的 30%。每股买入价为 6 元,另外,购买该股票时发生有关税费 5 000 元,款项已由银行存款支付。

2015 年 1 月 18 日,购入股票时,确认的初始成本为 605 000 元(100 000×6＋5 000)。

2. 长期股权投资的后续计量

长期股权投资在持有期间,根据投资方对被投资单位的影响程度分别采用成本法及权益法进行核算。

(1)成本法

①成本法的适用范围

成本法是指投资按实际成本计价的方法。根据《长期股权投资》准则,投资方对被投资方投资比例超过 50%,即控制被投资方,应当采用成本法核算。

②成本法的核算程序

长期股权投资采用成本法的核算程序为:

初始投资或追加投资时,按照初始投资或追加投资时的投资成本增加长期股权投资的账面价值。

投资持有期间内,企业应于被投资单位宣告发放现金股利或利润时确认投资收益。

续上例:泰州铸造厂 2015 年 5 月 18 日以银行存款购买永安股份有限公司的股票 10 000 股,持股比例占 60%作为长期投资,每股买入价为 20 元,每股价格中包含有 0.2 元的已宣告分派的现金股利,另支付相关税费 7 000 元。2015 年 8 月 20 日收到永安有限股份公司宣告发放现金股利的通知,应分得现金股利 3 000 元。

泰州铸造厂应作如下会计确认与计量:

(1)2015 年 5 月 18 日,购入股票时,长期股权投资的初始成本为 205 000 元(10 000 ×20－10 000×0.2＋7 000);应收股利为 2 000 元。

长期股权投资+205 000元
应收股利+2 000元 ⟷ 银行存款–207 000元

(2)2015 年 8 月 20 日,永安公司宣告发放现金股利时,确认投资收益 3 000 元。

应收股利+3 000 ⟷ 投资收益+3 000

(2)权益法

①权益法的适用范围

权益法是指投资最初以投资成本计价,以后根据投资企业享有被投资单位所有者权益份额的变动对投资账面价值进行调整的方法。根据《长期股权投资》准则,投资方对被投资方投资比例大于和等于 20%、小于和等于 50%时,即对合营企业和联营企业的投资应当采用权益法核算。

②权益法的核算程序

长期股权投资采用权益法的核算程序为:

初始投资或追加投资时,按照初始投资成本或追加投资的投资成本,增加长期股权投资的账面价值。

比较初始投资成本与投资时应享有被投资单位可辨认净资产公允价值的份额,前者大于后者的,不调整长期股权投资账面价值;前者小于后者的,应当按照两者之间的差额调增长期股权投资的账面价值,同时计入取得投资当期损益。

持有投资期间,随着被投资单位所有者权益的变动相应调整增加或减少长期股权投资的账面价值,并分别以下情况处理:

对于因被投资单位实现净损益(或其他综合收益)引起所有者权益的变动,投资方应当按照应享有的份额,增加或减少长期股权投资的账面价值,同时确认投资损益(或其他综合收益);对于被投资单位宣告分派的利润或现金股利计算应分得的部分,相应减少长期股权投资的账面价值;对于被投资单位除净损益、其他综合收益以及利润分配以外的因素导致的其他所有者权益变动,相应调整长期股权投资的账面价值,同时确认资本公积(其他资本公积)。

如：泰州铸造厂2015年5月18日以银行存款购买永安股份有限公司的股票10 000股作为长期投资，每股买入价为20元，每股价格中包含有0.2元的已宣告分派的现金股利，另支付相关税费7 000元。2015年8月20日收到永安有限股份公司宣告发放现金股利的通知，应分得现金股利3 000元。

泰州铸造厂应作如下会计确认与计量：

(1)2015年5月18日，购入股票时，确认的初始成本为205 000元(10 000×20－10 000×0.2＋7 000)；

(2)2015年8月20日，永安公司宣告发放现金股利时，确认投资收益3 000元。

如：泰州铸造厂2015年1月18日购买新晨股份有限公司发行的股票100 000股准备长期持有，占新晨股份有限公司股份的30％。每股买入价为6元，另外，购买该股票时发生有关税费5 000元，款项已由银行存款支付。2015年末，新晨股份有限公司计算出全年实现净利润200 000元。2016年4月15日，新晨股份有限公司宣告发放现金股利，每10股派3元，泰州铸造厂应作如下会计确认与计量：

(1)2015年1月18日，购入股票时，确认的初始成本为605 000元(100 000×6＋5 000)；

长期股权投资+605 000元 ⟷ 银行存款-605 000元

(2)2015年末，根据新晨股份有限公司实现净利润确认投资收益60 000(200 000×30％)，并增加长期股权投资的账面价值。

长期股权投资+60 000元 ⟷ 投资收益+60 000元

(3)2016年4月15日，新晨股份有限公司宣告发放现金股利时，计算企业应获得的现金股利为30 000元(100 000×3÷10)，并减少长期股权投资的账面价值。

应收股利+30 000元 ⟷ 长期股权投资+30 000元

3. 长期股权投资的处置

处置长期股权投资时，其账面价值与实际取得的处置收入的差额，应当计入当期损益。采用权益法核算的长期股权投资，因被投资单位除净损益以外所有者权益的其他变动而计入所有者权益的，处置该项投资时应当将原计入所有者权益的部分按相应比例转入当期损益。

(三)长期股权投资项目在报表的列报

长期股权投资会计核算方法有成本法和权益法,在不同的方法下,长期股权投资期末余额所表现的长期股权投资的账面余额不同:

成本法下,长期股权投资的期末账面余额为投资成本,因此,资产负债表上长期股权投资项目是按投资成本进行披露的;权益法下,长期股权投资的期末账面余额为资产负债表日投资企业享有的在被投资单位的股权比例,因此,资产负债表上的长期股权投资项目是按投资企业享有的在被投资单位的股权实际余额进行披露的。

此外,财务报告中还应披露以下与长期股权投资有关的事项:当期发生的投资净损益,其中重大的投资净损益项目应单独披露;长期股权投资中属于对子公司、合营企业、联营企业投资的部分应单独披露;当年提取的长期股权投资减值准备;长期股权投资的计价方法;长期股权投资总额占净资产的比例;采用权益法时,投资企业与被投资单位会计政策的重大差异;长期股权投资变现及投资收益汇回的重大限制。

第三节　固定资产项目的解读和列报

一、固定资产的概述

(一)固定资产的概念

固定资产是指同时具有下列特征的有形资产:(1) 为生产商品、提供劳务、出租或经营管理而持有的;(2) 使用寿命超过一个会计年度;(3)固定资产包括企业在生产经营和管理活动中使用的房屋及建筑物、机器设备、交通运输设备、办公设备、家具设备、电子设备等。

(二)固定资产的确认

一项资产如要作为固定资产加以确认,首先需要符合固定资产的定义,其次还要符合固定资产的确认条件,即与该固定资产有关的经济利益很可能流入企业,同时,该固定资产的成本能够可靠地计量。

例如,融资租赁方式下租入的固定资产,企业(承租人)虽然不拥有该项固定资产的所有权,但企业能够控制与该固定资产有关的经济利益流入企业,与该固定资产所有权相关的风险和报酬实质上已转移到了企业,因此,符合固定资产确认的第一个条件。

企业在确定固定资产成本时,有时需要根据所获得的最新资料,对固定资产的成本进行合理的估计。比如,企业对于已达到预定可使用状态的固定资产,在尚未办理竣工决算前,需要根据工程预算、工程造价或者工程实际发生的成本等资料,按估计价值确定固定资产的成本,待办理竣工决算后,再按实际成本调整原来的暂估价值。

在实务中,对于固定资产进行确认时,还需要注意以下两个问题:一是固定资产的各组成部分具有不同使用寿命或者以不同方式为企业提供经济利益,适用不同折旧率或折旧方法的,应当分别将各组成部分确认为单项固定资产;二是与固定资产有关的后续支出，满足固定资产确认条件的，应当计入固定资产成本；不满足固定资产确认条件的，应当在发生时计入当期损益。

(三)固定资产的分类

1.按经济用途分类

按固定资产的经济用途分类，可分为生产经营用固定资产和非生产经营用固定资产。

(1)生产经营用固定资产，是指直接服务于企业生产、经营过程的各种固定资产，如生产经营用的房屋、建筑物、机器、设备、器具、工具等。

(2)非生产经营用固定资产，是指不直接服务于生产、经营过程的各种固定资产，如职工宿舍等使用的房屋、设备和其他固定资产等。

按照固定资产的经济用途分类，可以归类反映和监督企业生产经营用固定资产和非生产经营用固定资产之间，以及生产经营用各类固定资产之间的组成和变化情况，借以考核和分析企业固定资产的利用情况，促使企业合理地配备固定资产，充分发挥其效用。

2.按所有权分类

按固定资产所有权的归属划分，可分为自有固定资产和租入固定资产。

(1)自有固定资产是指企业拥有产权的固定资产。

(2)租入固定资产是企业仅有使用权而无所有权的资产。租入的固定资产又分两类：经营租入固定资产和融资租入固定资产。经营租入资产，只有短期使用权，不确认为本企业资产核算；而融资租入的固定资产，虽然在租赁期内只有使用权而无所有权，但在这种租赁方式下，与该资产有关的风险和收益已经转移给承租方。也就是说，形式上是租赁关系，但实质上该资产已经由承租企业所控制，按实质重于形式的核算要求，视同为自有固定资产进行管理和核算。

这种分类可以明确产权归属，划清权利和义务，便于核算和管理。

3.综合分类

按固定资产的经济用途和使用情况等综合分类，可把企业的固定资产划分为7大类：

(1)生产经营用固定资产；

(2)非生产经营用固定资产；

(3)租出固定资产(指在经营租赁方式下出租给外单位使用的固定资产)；

(4)不需用固定资产；

(5)未使用固定资产；

(6)土地(指过去已经估价单独入账的土地。因征地而支付的补偿费，应计入与土地有关的房屋、建筑物的价值内，不单独作为土地价值入账。企业取得的土地使用权，应作为无形资产管理，不作为固定资产管理)；

(7)融资租入固定资产(指企业以融资租赁方式租入的固定资产，在租赁期内，应视同自有固定资产进行管理)。

由于企业的经营性质不同,经营规模各异,对固定资产的分类不可能完全一致。但实际工作中,企业大多采用综合分类的方法作为编制固定资产目录,进行固定资产核算的依据。

二、固定资产的制度核算要求

(一)固定资产的计量模式

由于固定资产使用周期长,使用过程中其价值是逐步分次转移到产品上去,因此,固定资产使用后,其价值总是以固定资产的原始价值(简称原值)和净值两种方式体现。

1.固定资产的原值

固定资产的原值是固定资产取得的最初原始成本,一般是按当时取得固定资产的实际成本(也称历史成本)计量,即按企业构建某项固定资产所有权并达到预定可使用状态前所发生的一切合理必要支出。

固定资产的原值=买价(发票价格)+附属成本(进口关税、运输和保险、安装调试等相关费用)

如企业取得机器设备的所有权30 000元,为了使机器设备达到可供使用状态还发生了调试费2 000元,即该固定资产的原值=买价+附属成本=30 000+2 000=32 000(元)。

2.固定资产的净值

固定资产净值是指固定资产的原始价值减去累计折旧后的余额,也称为折余价值。

固定资产净值=固定资产的原值－累计折旧

如上述原值为32 000元的机器设备,已经计提了累计折旧12 000元,则该机器设备的净值为20 000元。

可见,固定资产的原值总额通常是用来体现企业的生产能力和功能大小,固定资产净值是用来反映固定资产的新旧程度。

此外,在企业财产清查时发现盘盈固定资产,通常在缺少固定资产历史成本资料的情况下,以重置价值作为其原价入账。

(二)固定资产的核算内容

固定资产的核算内容通常包括固定资产的取得的初始计量、固定资产折旧、固定资产的维护和改良的后续支出和固定资产的期末计量及固定资产的处置。企业应当根据固定资产定义,结合本单位的具体情况,制定适合于本企业的固定资产目录、分类方法、每类或每项固定资产的折旧年限、折旧方法和预计净残值,作为进行固定资产核算的依据。

(三)固定资产取得的初始计量

具备固定资产确认条件的固定资产应当以成本计量。其中,成本包括企业为购建某项固定资产达到预定可使用状态前所发生的一切合理的、必要的支出。这些支出既包括直接发生的价款、运杂费、包装费和安装成本等,也包括间接发生的其他一些费用,如应承担的借款利息、外币借款折算差额以及应分摊的其他间接费用。

固定资产初始计量时，需要注意：购入固定资产增值税进项税的处理。2009 年之前，我国采用的是“生产型增值税”，这种增值税税制，不允许扣除购入机器设备、运输工具等固定资产时所承担的增值税进项税，而是将购进时的进项税计入固定资产成本；2004 年 7 月 1 日起，我国陆续在东北等部分地区进行增值税转型试点，将增值税税制从“生产型增值税”改革为“消费型增值税”，改革的核心是允许购入机器设备、运输工具等固定资产时所承担增值税的进项税扣除销项税；2009 年 1 月 1 日起，我国允许全国范围内，所有一般纳税人抵扣其购入设备所含的进项税额，未抵扣完的结转下期继续抵扣。但是，与企业技术更新无关且容易混为个人消费的自用消费品，如摩托车、小汽车、游艇等，其进项税额不得从销项税额中抵扣，计入固定资产的原始价值中。

泰州铸造厂购入运货卡车一辆，发票价 100 000 元，增值税 17 000 元；购入小轿车一辆，发票价 200 000 元，增值税 34 000 元。上述所有款项均以银行存款付清。

卡车的原始成本＝100 000(元)

小轿车的原始成本＝200 000＝200 000(元)

购入固定资产是企业取得固定资产的主要方式。购入固定资产分为需要安装和不需安装两种方式，其核算确定的方式是不同的。(见第三章第三节内容)

(四)固定资产折旧

1. 折旧的概念和意义

固定资产能够长期使用，但其价值会因使用或随着时间的推移而不断被损耗减少，固定资产由于损耗而转移到产品成本或期间费用中去的金额叫折旧。

折旧是一种费用，是固定资产在使用过程中由于逐渐损耗而减少的那部分价值。固定资产的损耗分为有形损耗和无形损耗两种。有形损耗是指固定资产由于使用和自然力的影响而引起的使用价值和价值的损失；无形损耗则是指固定资产由于科学技术进步而引起的价值上的损失。

为了保证企业将来有能力重置固定资产，同时把固定资产的成本分配到各个受益期间，实现收入与费用的正确配比。因此，对于每个生产经营过程要耗费固定资产多少折旧，需要按一定的方法计算提取，这不仅是正确计算产品成本的一个前提条件，也是保证固定资产日后在生产中能持续正常运行的重要措施。

通常影响固定资产折旧的因素：(1)固定资产的原值；(2)固定资产的预计净残值。固定资产的预计净残值是指固定资产报废时，预计可收回的残值收入扣除预计清理费用后的金额。在计算折旧时，净残值应从固定资产原值中扣除。残值收入和清理费用往往是根据经验估计加以确定。(3)固定资产的预计使用年限。

2. 固定资产折旧的范围

确定固定资产折旧的范围，一是要从空间上确定哪些固定资产应当计提折旧，哪些固定资产不应计提折旧；二是从时间范围上确定应提折旧的固定资产何时开始计提折旧,何时停止计提折旧。

(1)固定资产折旧的空间范围。除以下情况外,企业应对所有固定资产计提折旧:①已提足折旧仍继续使用的固定资产;②按照规定单独估价作为固定资产入账的土地。

(2)固定资产折旧的时间范围。企业一般应按月提取折旧,当月增加的固定资产,当月不提折旧,从下月起计提折旧;当月减少的固定资产,当月照提折旧,从下月起不提折旧。固定资产提足折旧后,不管能否继续使用,均不再提取折旧;提前报废的固定资产,也不再补提折旧。所谓提足折旧,是指已经提足该项固定资产应提的折旧总额。应提的折旧总额为固定资产原价减去预计残值加上预计清理费用后的金额。

3. 固定资产的折旧方法

企业应当根据固定资产所含经济利益预期实现方式选择折旧方法,可选用的折旧方法包括年限平均法、工作量法、双倍余额递减法、年数总和法等。折旧方法一经确定,不得随意变更。如需变更,应将变更的内容及原因在变更当期会计报表附注中说明。

(1)年限平均法,亦称直线法,是将固定资产的应计折旧额均衡分摊到固定资产预计使用寿命内的一种方法。计算公式如下:

年折旧额=(原价-预计净残值)/预计使用年限

=原价×(1-预计净残值率)/预计使用年限

月折旧额=固定资产年折旧额÷12

在实际工作中,固定资产折旧额通常是按事先规定的折旧率计算。固定资产折旧率是一定时期内固定资产折旧额与原始价值的比率。计算公式如下:

年折旧率=年折旧额/原价×100%

=(1-预计净残值率)/预计使用年限×100%

月折旧率=年折旧率÷12

月折旧额=月折旧率×原价

如:泰州铸造厂的一幢厂房,原始价值2 000 000元,预计使用年限为20年,预计净残值率为4%。该厂房的折旧率和折旧额计算如下:

年折旧率=(1-4%)÷20×100%=4.8%

月折旧率=4.8%÷12=0.4%

月折旧额=2 000 000×0.4%=8 000(元)

上述折旧率是按个别固定资产单独计算的,称为个别折旧率,即某项固定资产在一定期间的折旧额和该项固定资产原价的比率。除个别折旧率外,固定资产折旧率按照计算对象包括的范围不同,还包括分类折旧率和综合折旧率,其中,分类折旧率是根据固定资产的类别分类计算的平均折旧率,综合折旧率则是根据企业全部固定资产计算的平均折旧率。相关计算公式如下:

某类固定资产年分类折旧率=该类固定资产年折旧额之和/该类固定资产原价之和×100%

固定资产年综合折旧率=全部固定资产年折旧额之和/全部固定资产原价之和

×100%

按年限平均法计算折旧简便易行，其特点是将固定资产的应计折旧额均衡地分摊到固定资产预计使用寿命内，采用这种方法计算的每期折旧额是相等的。通常适用于各期使用程度较为均衡的固定资产，如主要受自然力作用的房屋、建筑物等固定资产。

(2)工作量法，是根据固定资产实际完成的工作量计提折旧额的一种方法。计算公式如下：

单位工作量折旧额＝固定资产原值×(1－净残值率)/预计总工作量

某项固定资产月折旧额＝该项固定资产当月工作量×单位工作量折旧额

如：泰州铸造厂的一辆运货汽车的原始价值 100 000 元，预计可行驶 50 万公里，预计净残值率为 5%，本月行驶 5 000 公里。该辆汽车本月折旧额计算如下：

每公里折旧额＝100 000×(1－5%)÷500 000＝0.19(元/公里)

本月折旧额＝5 000×0.19＝950(元)

采用工作量法的前提是，能够得到固定资产在每一会计期间完成的工作量数据。这种方法主要适合那些在不同期间负荷很不均衡、价值减损主要与工作负荷有关的有形损耗为主的固定资产的折旧计算，如运输工具，机器设备等。

(3)双倍余额递减法，是在不考虑固定资产净残值的情况下，根据每期期初固定资产账面余额和双倍的直线法折旧率计算固定资产折旧的一种方法。计算公式如下：

年折旧率＝2/预计使用年限×100%

年折旧额＝年初固定资产账面净值×年折旧率

月折旧额＝年折旧额÷12

由于双倍余额递减法不考虑固定资产的预计净残值，因此，在应用该方法时必须注意不能使固定资产的账面净值降低到它的预计净残值以下。采用这种方法计提折旧，一般应在固定资产预计使用年限到期前的两年内，将固定资产账面净值扣除预计净残值后的余额平均摊销。

如：泰州铸造厂的一台设备的原始价值为 150 000 元，预计使用年限为 5 年，预计净残值为 3 000 元。采用双倍余额递减法计算折旧，各年的折旧额计算如下：

年折旧率＝2÷5×100%＝40%

第 1 年应提的折旧额＝150 000×40%＝60 000(元)

第 2 年应提的折旧额＝(150 000－60 000)×40%＝36 000(元)

第 3 年应提的折旧额＝(150 000－60 000－36 000)×40%＝21 600(元)

第 4 年年初账面净值＝150 000－60 000－36 000－21 600＝32 400(元)

第 4、5 年的年折旧额＝(32 400－3 000)÷2＝14 700(元)

折旧总额＝60 000＋36 000＋21 600＋14 700×2＝147 000(元)

＝150 000－3 000

(4)年数总和法,是将固定资产的原价减去预计净残值后的净额乘以一个逐年递减的分数来计算每年折旧额的一种方法。这个分数的分子代表固定资产尚可使用的年数,分母代表使用年数的逐年数字总和。计算公式如下:

年折旧率=尚可使用年数/预计使用年限的年数总和

年折旧额=(固定资产原价－预计净残值)×年折旧率

如:泰州铸造厂的一台设备的原始价值为150 000元,预计使用年限为5年,预计净残值为3 000元。采用年数总和法计算折旧,各年的折旧额计算如下:

第1年应提的折旧额=(150 000－3 000)×5/15=49 000(元)

第2年应提的折旧额=(150 000－3 000)×4/15=39 200(元)

第3年应提的折旧额=(150 000－3 000)×3/15=29 400(元)

第4年应提的折旧额=(150 000－3 000)×2/15=19 600(元)

第5年应提的折旧额=(150 000－3 000)×1/15=9 800(元)

折旧总额=49 000＋39 200＋29 400＋19 600＋9 800=147 000(元)

=150 000－3 000

上述4种折旧方法中,双倍余额递减法和年数总和法属于加速折旧法。所谓加速折旧是指在固定资产使用的早期多提折旧,而后期则少提折旧的方法。采用加速折旧法的目的是使固定资产的成本能尽早收回,促进设备的更新,主要用于科技进步较快的高新产业。

企业无论采用哪种折旧方法计提固定资产折旧,固定资产"累计折旧"金额会越来越多,在资产负债表上,固定资产净值金额则会越来越少。

(五)固定资产的后续支出

固定资产的后续支出是指固定资产使用过程中发生的更新改造支出、修理费用等。企业的固定资产在投入使用后,为了适应新技术发展的需要,或者为维护或提高固定资产的使用效能,往往需要对现有固定资产进行维护、改建、扩建或者改良。

固定资产后续支出处理原则是:

1. 符合固定资产确认条件的(如延长了固定资产的使用寿命、使生产的产品质量实质性提高或是生产产品的成本实质性降低等),应当计入固定资产成本,同时将被替换部分的账面价值扣除;如某企业房屋原值1 000 000元,现进行固定资产改建、扩建及改良中又发生300 000元,延长了该房屋的使用寿命。则该房屋的新的原值为1 300 000元,并以此为基础按尚可使用年限计提折旧。

2. 不符合固定资产确认条件的,应当计入当期损益;如固定资产保养等日常维护性支出,通常属于这种情况,计入当期成本费用(管理费用或制造费用等)。

(六)固定资产的期末计量

固定资产期末计量不仅要对固定资产进行盘盈、盘亏的清查,而且还要进行固定资产减值测试。

1.固定资产清查

企业应定期或者至少于每年年末对固定资产进行清查盘点，在固定资产清查过程中，如果发现盘盈、盘亏的固定资产，应填制固定资产盘盈盘亏报告表。清查固定资产的损溢，应及时查明原因，并按照规定程序报批处理。

2.固定资产减值，是指固定资产可收回金额低于其账面价值的差额。由于市场情况瞬息万变，当企业经营所处的经济、技术或者法律等环境以及资产所处的市场在当期或者将在近期发生重大变化，固定资产的市价当期大幅度下跌，其可收回的金额低于其账面价值，企业往往要对固定资产进行减值测试，提取固定资产减值准备。

泰州铸造厂在20×0年10月接到市政拆迁文件，要对其门市部临街门面房进行拆除，根据房子面积和政府拆迁补偿规定，预计能取得补偿款70万元，门市部临街门面房账面净值为100万元。(原价150万元，累计折旧50万元)则泰州铸造厂会计在20×0年年末计提了固定资产减值准备30万元(100万元－70万元)。

即一方面“资产减值损失”增加30万元反映在利润表上；另一方面“固定资产减值准备”增加30万元反映在资产负债表上，冲减固定资产。则在20×0年末泰州铸造厂在报表上都按真正可变现的净值体现。具体为：

资产负债表			利润表	
固定资产		150万元	收入	120万元
减：累计掉旧50万元	固定资产减值准备	30万元	减：资产减值损失	30万元
固定资产净值		70万元	收入净额	90万元

(七)固定资产处置

企业在生产经营过程中，对于那些不适用或不需用的固定资产，可以通过对外出售的方式进行处置；对那些由于使用而不断磨损直到最终报废，或由于技术进步等原因发生提前报废，或由于遭受自然灾害等非正常损失发生毁损的固定资产应及时进行清理，从而提高固定资产使用效率。此外，企业因其他原因，如对外投资、捐赠、抵偿债务等而减少的固定资产，也属于固定资产的处置，一般在报表上往往体现在“固定资产清理”项目上。

三、固定资产项目在报表的列报

资产负债表上“固定资产”项目是按期末固定资产的账面价值填列的，该项目的计算过程如下：

固定资产账面价值＝固定资产原值－累计折旧－固定资产减值准备

在会计报表附注中需要披露的固定资产信息包括：(1)固定资产的标准、分类、计价方法和折旧方法；(2)各类固定资产的使用寿命、预计净残值和折旧率；(3)固定资产增减变动情况，包括期初和期末各类固定资产账面总金额及累计折旧总额，以及各类扩建、处置及其他调节项目的金额；(4)当期确认的固定资产减值损失及当期转回的固定资产减值损失;(5)在建工程的期初、期末数额及增减变动情况;(6)对固定资产所有权的限制及其金额;(7)已承诺将为购买固定资产支付的金额;(8)暂时闲置的固定资产账面价值;(9)已提足折旧仍继续使用的固定资产账面价值;(10)已退废和准备处置的固定资产账面价值。

如泰州铸造厂 2014 年 12 月 31 资产负债表上“固定资产”项目 6 137 476 元,从报表附注上可知固定资产原值为 6 835 760 元,累计折旧为 698 284 元,根据“固定资产原值－累计折旧－固定资产减值准备”计算出固定资产期末账面价值为6 137 476元。

第四节　无形资产项目的解读和列报

一、无形资产的概述

(一)无形资产的概念及特点

无形资产,是指企业拥有或者控制的没有实物形态的可辨认非货币性资产,通常包括专利权、非专利技术、商标权、著作权、特许权、土地使用权等。无形资产具有以下特征:(1)由企业拥有或者控制并能为其带来未来经济利益;(2)无形资产不具有实物形态;(3)无形资产具有可辨认性;(4)无形资产属于非货币性资产。在区分无形资产时,必须注意以下几种情况:

其一,要作为无形资产进行核算,该资产必须是能够区别于其他资产可单独辨认的,如企业持有的专利权、非专利技术、商标权、土地使用权、特许权等。商誉通常是与企业整体价值联系在一起的,其存在无法与企业自身相分离,不具有可辨认性,不属于本章所指无形资产。商誉只有在企业合并时才可能在会计核算中加以确认和记录。

其二,无形资产通常表现为某种权利、某项技术或是某种获取超额利润的综合能力,它们不具有实物形态,比如,土地使用权、非专利技术等。需要指出的是,某些无形资产的存在有赖于实物载体,比如,计算机软件需要存储在介质中,但这并不改变无形资产本身不具有实物形态的特性。在确定一项包含无形和有形要素的资产是属于固定资产,还是属于无形资产时,需要通过判断来加以确定,通常以哪个要素更重要作为判断的依据。例如,计算机控制的机械工具没有特定计算机软件就不能运行时,则说明该软件构成相关硬件不可缺少的组成部分,该软件应作为固定资产处理;如果计算机软件不是相关硬件不可缺少的组成部分,则该软件应作为无形资产处理。

其三,对于会产生经济利益的技术知识,若其受版权、贸易协议约束(如果允许)等法定权利的保护,那么说明该企业控制了相关利益。但对于客户关系、人力资源等,由于企业无法控制其带来的未来经济利益,不符合无形资产的定义,不应将其确认为无形资产。

(二)无形资产的内容

无形资产主要包括专利权、非专利技术、商标权、著作权、土地使用权、特许权等。

1. 专利权

专利权是指国家专利主管机关依法授予发明创造专利申请人对其发明创造在法定期限内所享有的专有权利，包括发明专利权、实用新型专利权和外观设计专利权。一般而言，只有从外单位购入的专利或者自行开发并按法律程序申请取得的专利，才能作为无形资产管理和核算。

2. 非专利技术

非专利技术即专有技术，或技术秘密、技术诀窍，是指先进的、未公开的、未申请专利、可以带来经济效益的技术及诀窍。一般包括：工业专有技术、商业（贸易）专有技术和管理专有技术。企业的非专利技术，有些是自己开发研究的，有些是根据合同规定从外部购入的。如果是企业自己开发研究的，应将符合《企业会计准则第 6 号——无形资产》规定的开发支出资本化条件的，确认为无形资产。对于从外部购入的非专利技术，应将实际发生的支出予以资本化，作为无形资产入账。

3. 商标权

商标是用来辨认特定的商品或劳务的标记。商标权是指专门在某类指定的商品或产品上使用特定的名称或图案的权利。企业自创的商标并将其注册登记，所花费用一般不大，是否将其资本化并不重要，如果企业购买他人的商标，一次性支出费用较大的，可以将其资本化，作为无形资产管理。

4. 著作权

著作权又称版权，制作者对其创作的文学、科学和艺术作品依法享有的某种特殊权利。著作权包括两方面的权利，即精神权利（人身权利）和经济权利（财产权利）。前者指作品署名权、发表作品、确认作者身份、保护作品完整性、修改已经发表的作品等各项权利，包括发表权、署名权、修改权和保护作品完整权；后者指以出版、表演、广播、展览、录制唱片、摄制影片等方式使用作品以及因授权他人使用作品而获得经济利益的权利。

5. 土地使用权

土地使用权是指国家准许某一企业或单位在一定期间内对国有土地享有开发、利用、经营的权利。企业取得土地使用权，应将取得时发生的支出资本化，作为土地使用权的成本，记入“无形资产”科目。

6. 特许权

特许权，又称经营特许权、专营权，指企业在某一地区经营或销售某种特定商品的权利或是一家企业接受另一家企业使用其商标、商号、技术秘密等的权利。前者一般是指政府机关授权、准许企业使用或在一定地区享有经营某种业务的特权，如水、电、邮电通讯等专营权、烟草专卖权等；后者指企业间依照签订的合同，有期限或无期限使用另一家企业的某些权利，如连锁店分店使用总店的名称等。

二、无形资产的制度核算要求

(一)无形资产的核算内容

无形资产的核算内容包含无形资产取得的初始计量,无形资产在使用中的摊销及无形资产的处置。

(二)无形资产的初始计量

无形资产通常按照实际成本进行初始计量,即以取得无形资产并使之达到预定用途而发生的全部支出作为无形资产的成本。对于不同来源取得的无形资产,其成本构成不尽相同。企业取得无形资产的主要方式有外购、自行研究开发等。取得的方式不同,其会计处理也有所差别。

1. 外购无形资产

外购无形资产的成本,包括购买价款、相关税费以及直接归属于使该项资产达到预定用途所发生的其他支出。其中,直接归属于使该项资产达到预定用途所发生的其他支出包括使无形资产达到预定用途所发生的专业服务费用、测试无形资产是否能够正常发挥作用的费用等,但不包括为引入新产品进行宣传发生的广告费、管理费用及其他间接费用,也不包括在无形资产已经达到预定用途以后发生的费用(具体核算见第三章第三节)。

2. 自行研究开发无形资产

企业自行研究开发无形资产存在很多不确定性,如开发的项目是否符合无形资产的定义和相关特征,能否或者何时能够为企业产生预期未来经济利益,成本能否可靠计量等。为此,企业内部研究开发项目所发生的支出应区分研究阶段支出和开发阶段支出。

(1)研究阶段。研究,是指为了获取并理解新的科学或技术知识等进行的独创性的有计划的调查。研究阶段基本上是探索性的,是为进一步的开发活动进行资料及相关方面的准备,已经进行的研究活动将来是否会转入开发、开发后是否会形成无形资产等均具有较大的不确定性。在这一阶段一般不会形成阶段性成果。因此,研究阶段的支出全部计入当期费用,从利润中扣除。

(2)开发阶段。开发,是指在进行商业性生产或使用前,将研究成果或其他知识应用于某项计划或设计,以生产出新的或具有实质性改进的材料、装置、产品等。相对于研究阶段而言,开发阶段应当是已完成研究阶段的工作,在很大程度上具备了形成一项新产品或新技术的基本条件。因此,开发阶段的支出符合资本化条件的,应予以资本化,形成无形资产。

如果确实无法区分研究阶段与开发阶段的支出,应将其研发支出全部计入当期费用,从利润中扣除。

泰州铸造厂在20×0年自行开发某项非专利技术,其在进行这项科学或技术知识等进行的独创性的有计划的调查过程中发生了研发费用80万元；在当年第四季度有另一厂家了解了该项非专利技术并要将该项技术用于其产品生产上，与泰州铸造厂签订了协议。泰州铸造厂为了满足厂家需要进行了非专利技术的完善，花费了50万元。则：

(1)泰州铸造厂的研究阶段发生的研发费用80万元，计入“管理费用”。

(2)泰州铸造厂与厂家签订协议就进入开发阶段发生的技术完善费用50万元，计入“开发支出”。

(三)无形资产的摊销

无形资产摊销方法一般使用直线法、生产总量法等。企业应当按月对无形资产进行摊销。无形资产的摊销额一般应当计入当期损益，企业自用的无形资产，其摊销金额计入管理费用；出租的无形资产，其摊销金额计入其他业务成本，某项无形资产包含的经济利益通过所生产的产品或其他资产实现的，其摊销金额应当计入相关资产成本。

企业应当于取得无形资产时分析判断其使用寿命。使用寿命不确定的无形资产不应摊销，但应当至少在每年年度终了按照《企业会计准则第8号——资产减值》的有关规定进行减值测试。如经减值测试表明已发生减值，则需要计提相应的减值准备。

(四)无形资产的处置

无形资产的处置，主要包括无形资产的出售、对外出租或报废。

三、无形资产在报表的列报

资产负债表上“无形资产”项目是按期末无形资产的账面价值填列的，该项目的计算过程如下：

无形资产账面价值＝初始成本－累计摊销－无形资产减值准备

在会计报表附注中需要披露的无形资产信息包括：(1)各类无形资产的摊销年限；(2)各类无形资产当期期初和期末账面余额、变动情况及其原因；(3)当期确认的无形资产减值准备。

如泰州铸造厂2014年12月31资产负债表上“无形资产”项目98 100元，其中专利权68 100元，软件开发费30 000元。

第五节　案例阶段性解读

一、案例信息

泰州铸造厂2014年年度报告中披露的信息如下所示：

资　产	期末余额	年初余额
非流动资产：		
可供出售金融资产		
持有至到期投资	300 000.00	
长期应收款		
长期股权投资		
投资性房地产		
固定资产	6 137 476.00	5 949 800.00
在建工程		
工程物资		
固定资产清理		
无形资产	98 100.00	98 100.00
开发支出		
商誉		
长期待摊费用	3 421.00	2 521.00
递延所得税资产		
其他非流动资产		
非流动资产合计	6 538 997.00	6 050 421.00

且，报表附注说明中涉及非流动资产的辅助资料包括：

7. 持有至到期投资

项　目	期末余额	期初余额
国债投资	300 000.00	0
合计	300 000.00	0

8. 固定资产

项　目	期初余额	本期增加	本期减少	期末余额
一、账面原值合计：	6 637 000.00	206 760.00	8 000.00	6 835 760.00
其中：房屋及建筑物	3 827 000.00			3 827 000.00
机器设备	2 810 000.00	6 760.00	8 000.00	2 808 760.00

续 表

项目	期初余额	本期增加		本期减少	期末余额
运输工具	0	200 000.00			200 000.00
		本期新增	本期计提		
二、累计折旧合计:	687 200.00		16 084.00	5 000.00	698 284.00
其中:房屋及建筑物	333 000.00		7 654.00		340 654.00
机器设备	354 200.00		8 430.00	5 000.00	357 630.00
运输工具					
三、固定资产账面净值合计	5 949 800.00	/		/	6 137 476.00
其中:房屋及建筑物	3 494 000.00	/		/	3 486 346.00
机器设备	2 455 800.00	/		/	2 451 130.00
运输工具		/		/	200 000.00
四、减值准备合计	0	/		/	0
其中:房屋及建筑物		/		/	
机器设备	0	/		/	0
运输工具		/		/	
电子设备及其他	0	/		/	0
五、固定资产账面价值合计	5 949 800.00	/		/	6 137 476.00
其中:房屋及建筑物	3 494 000.00	/		/	3 486 346.00
机器设备	2 455 800.00	/		/	2 451 130.00
运输工具		/		/	200 000.00

备注:(1)本期增加的固定资产 206 760 元,分别是一辆卡车原值 200 000 元;一台接受捐赠的车床 6 760 元。本期减少的固定资产是一台原值 8 000 元,累计折旧 5 000 元的电焊机丢失了。

(2)企业折旧方法采用直线法。本期计提的折旧额 16 084.00 元。本期减少累计折旧是因为有一台丢失的电焊机原值 8 000 元,累计折旧 5 000 元丢失并进行了批准报废处置。

9.无形资产情况

项目	期初余额	本期增加	本期减少	期末余额
一、账面原值合计	98 100.00	0	0	98 100.00
其中:专利权	68 100.00			68 100.00
软件开发费	30 000.00			30 000.00
二、累计摊销合计	0	0	0	0
其中:专利权	0			0
软件开发费	0			0
三、无形资产账面净值合计	98 100.00	0	0	98 100.00
其中:专利权	68 100.00			68 100.00
软件开发费	30 000.00			30 000.00

备注:本期的无形资产会计核算上发生了疏忽没有计提摊销。专利权合同签订使用期限 10 年;本企业与软件开发

公司签订协议该软件可使用6年。

10. 长期待摊费用

项　目	期初余额	本期增加额	本期摊销额	其他减少额	期末余额
下一年度报刊费	0	2 000.00			2 000.00
保险费	2 521.00		1 100.00		1 421.00
合计	2 521.00	2 000.00	1 100.00		3 421.00

备注:本期发生保险费摊销1 100元,其中:车间700元,厂部400元。经核实正确摊销。

二、案例信息解读

(一)总体情况解读

根据以上信息显示,泰州铸造厂2014年年末的非流动资产比年初增加(6 538 997－6 050 421)＝488 576(元),比年初增加了8.08%,在一定程度上表明了企业资产的规模在不断扩大。非流动资产的增加主要来源于持有至到期投资项目(年初为零,本年新增该项资产300 000元),固定资产的增加3.15%,长期待摊费用增加35.7%。因此,非流动资产增加部分质量的高低,还需结合企业流动资产的规模、非流动负债的规模等进行解析。

(二)分项解读

1. 持有至到期投资

持有至到期投资作为一种承诺,表示一种信用与能力,对资产结构产生影响,从而对信息使用者作决策产生影响,如果改变,则可能意味着违背承诺,必须做出合理的解释才能免除惩罚。泰州铸造厂的持有至到期投资300 000元,为本年购入的5年期国债,企业有明确意图和能力将该项非衍生金融资产持有至到期。

2. 固定资产

固定资产本期增加3.15%,增幅不大。其中,本期新增固定资产两项,一项为本期购入的卡车,原值200 000元,另一项为一台接受捐赠的车床6 760元;本期减少固定资产一项,为丢失电焊机一台,原值8 000元,累计折旧5 000元。

泰州铸造厂折旧方法采用直线法。本期计提的折旧额16 084.00元。本期减少累计折旧5 000元是因为有一台丢失的电焊机,原值8 000元,已进行了批准报废处置。

要对固定资产的质量作进一步分析,需要结合现金流量表和利润表的相关信息。结合现金流量表的投资活动的现金流出——构建无形资产、长期资产和其他长期资产支付的现金项目进行评价,分析两者的差额,用以判断固定资产的取得方式是采用货币资金购买的,还是采用其他方式取得的。结合利润表营业收入的数据,可以判断固定资产的盈利能力。

3. 无形资产

无形资产本期报表上没有变化,但是无形资产会计核算上发生了疏忽没有计提摊销。专利权按照合同期限10年进行摊销,本年度摊销金额为6 810元;软件开发费按协议使用期限 6 年进行摊销，本年度摊销金额为 5 000 元。

由于此项处理错误，导致资产负债表中非流动资产金额多计 11 810 元；利润表中管理费用少计 11 810 元，从而本年度利润多计 11 810 元，企业应及时进行更正。

4. 长期待摊费用

泰州铸造厂长期待摊费用本期增加 35.7%，增减的主要原因是本期支付了下一年度的报刊订阅费 2 000 元，同时本期发生保险费摊销 1 100 元，其中：车间 700 元，厂部 400 元。经核实正确摊销。需要说明的是，长期待摊费用是企业已经支出但摊销期限在 1 年以上的各项费用。长期待摊费用虽然在资产负债表上列示，但并非真正的资产，属于虚资产，主要是为了达到收入与费用配比的目的。

思考题

1. 资产负债表的非流动资产项目包括哪些？分别表示什么含义？

2. 什么是可供出售金融资产？其初始计量和期末计量如何确定？

3. 简要说明长期股权投资的成本法与权益法的适用范围和核算程序。

4. 固定资产折旧的方法有哪些？分别适用什么情形？它在报表是如何披露和列报？

5. 什么是无形资产？有哪些特点？它在报表上如何披露和列报？

第七章 资产负债表中负债项目的解读和列报

第一节 资产负债表中的负债项目

负债是指企业过去的交易或者事项形成的、预期会导致经济利益流出企业的现时义务。按其偿还期限的长短分为流动负债和非流动负债.故在资产负债表中的负债项目,尤其是在账户式资产负债表中,负债项目列入表格右方,流动负债项目是被列示在表格的右方上部分,如表 7-1 所示,反映的是企业中短期债务,即在 1 年内或一个经营周期内需要偿还项目;非流动负债是被列示在表格的右方下部分,如表 7-1 所示,反映的是企业长期债务,即在一年以上或一个经营周期内以上需要偿还的债务项目。

表 7-1 资产负债表

编制单位:泰州铸造厂　　　2014 年 12 月 31 日　　　单位:元

资　产	期末余额	年初余额	负债及所有者权益(或股东权益)	期末余额	年初余额
流动资产:			流动负债:		
(略)			短期借款	170 000.00	50 000.00
			交易性金融负债		
			应付票据		
			应付帐款	500.00	120 000.00
			预收款项	300 000.00	
			应付职工薪酬	153 900.00	135 000.00
			应交税费	414 827.50	
			应付利息	2 800.00	700.00
			应付股利		
			其他应付款		1 740.00
			1 年内到期的非流动负债		

续 表

资　产	期末余额	年初余额	负债及所有者权益(或股东权益)	期末余额	年初余额
流动资产合计			其他流动负债		
非流动资产：			流动负债合计	1 042 027.50	307 440.00
（略）			非流动负债：		
			长期借款	1 170 000.00	1 170 000.00
			应付债券		
			长期应付款		
			专项应付款		
			预计负债		
			递延所得税负债		
			其它非流动负债		
			非流动负债合计	1 170 000.00	1 170 000.00
			负债合计	2 212 027.50	1 477 440.00
			股东权益：		
			（略）		
资产总计			负债及所有者权益(或股东权益)合计		

第二节　流动负债项目的解读和列报

一、流动负债项目

流动负债是指企业将在一年内或者一个营业周期内偿还的债务，包括短期借款、交易性金融负债、应付票据、应付账款、预收账款、应付职工薪酬、应交税费、应付利息、应付股利、其他应付款和其他流动负债等。企业经常发生的流动负债主要有短期借款、应付票据、应付账款、预收账款、应付职工薪酬、应交税费、应付利息、应付股利、其他应付款等。故在本节主要介绍短期借款、应付票据、应付账款、预收账款、应付职工薪酬、应交税费、应付利息、应付股利、其他应付款等。

二、短期借款的解读和列报

(一)短期借款的内容

短期借款是指企业向银行或其他金融机构等借入的期限在一年以下(含一年)的各种借款。短期借款一般是企业为维持正常的生产经营所需的流动资金周转而借入的借款；或者为抵偿某项债务而借入的款项。如临时借款、购置货物、发放工资资金不够向银行借款、票据贴现借款。

(二)短期借款的核算

企业取得短期借款,借记“银行存款”账户,贷记“短期借款”账户。归还短期借款时,借记“短期借款”账户,贷记“银行存款”账户。短期借款的利息是按期支付的,或者利息是在借款到期时连同本金一起支付,并且数额较大的,可以按月计提利息费用,借记“财务费用”账户,贷记“应付利息”账户;实际支付时,按照已经计提的利息金额,借记“应付利息”账户,按实际支付的利息金额与计提数的差额(即尚未计提的部分),借记“财务费用”账户,按实际支付的利息金额,贷记“银行存款”账户。

泰州铸造厂曾经在2012年1月1日向银行借入短期借款100万元,借款期限6个月,利率6%;2012年4月1日再次向银行存款借入借款300万,借款期限3个月,利率4%;短期借款利率按月计提利息;按季支付。

2012年1月1日借入借款的每月利息=100×6%×1/12=0.5(万元);

2012年4月1日借入借款的每月利息=300×4%×1/12=1(万元);

2012年1月末资产负债表负债项目:短期借款余额计入100万元;

2012年4月末资产负债表负债项目:短期借款余额计入400万元;

每月发生的利息不计入负债项目,计入“财务费用”,作为每期利润的减少。

(三)短期借款项目在报表上的列报

短期借款通常按其余额列示,若企业借款时有资产作为抵押或担保的,企业必须在报表附注上进行披露。泰州铸造厂2014年12月31资产负债报表上的的“短期借款”项目期末数170 000元从报表附注上可以看出是根据“短期借款”账户期末数170 000元得来,期末数比期初数增加120 000元,是因为向银行借入3个月,利率4.5%的短期借款所致。

三、应付票据和应付账款的解读和列报

(一)应付票据

我国应付票据是在企业购买材料、商品或接受劳务供应等活动中因采用商业汇票结算方式产生的负债。应付票据是由出票人出票,由承兑人允诺在一定时期内支付一定款额的书面证明。应付票据是购买方向销售方赊账购货交易而引起的流动负债,是一种期票,是延期付款的证明。所以,债务方企业称之为“应付票据”,债权方企业称之为“应收票据”(因为站在销售方的角度是应收未收的延期收款的证明,属于“应收票据”)。

应付票据按照承兑人不同分为银行承兑汇票和商业承兑汇票;按是否付息分为附息票据和不附息票据。应付票据按面值入账,发生的利息(计入财务费用)一般到期和面值一起支付。

如泰州铸造厂曾经向乙企业购入库存商品 50 000 元，泰州铸造厂开出面值 50 000 元，期限 3 个月，利率 8%的票据。则购入时：

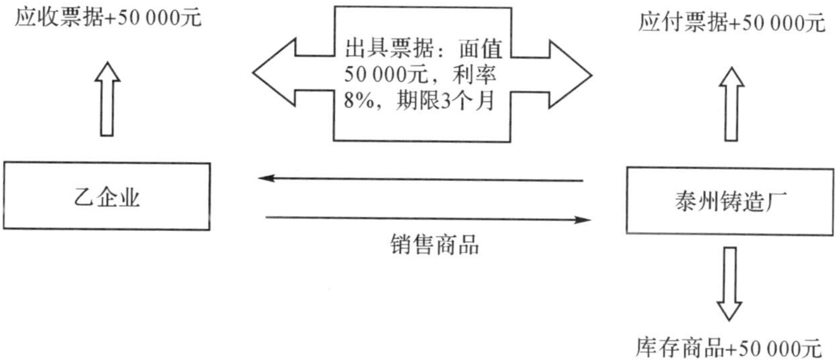

3 个月到期时，泰州铸造厂支付乙企业到期值

＝面值＋利息＝50 000＋50 000×8%×3/12＝50 000＋1 000＝51 000(元)

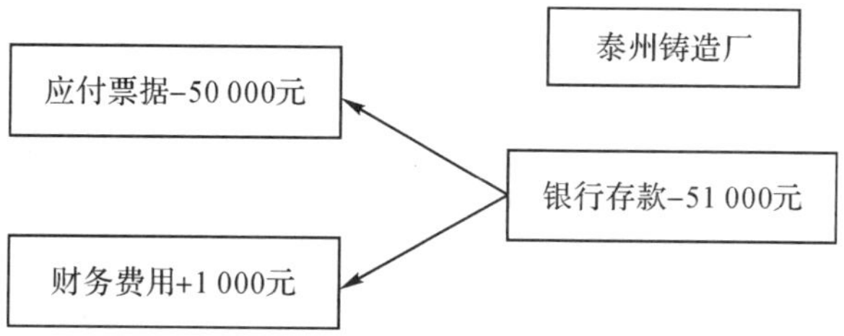

可见，到期泰州铸造厂支付了票据款项，负债就解除了。

(二)应付账款

应付账款也是企业赊账购买材料、商品或接受劳务供应等活动中发生了应付未付的款项，即是购买方向销售方赊账购货承诺在将来时间支付款项给销售方而引起的流动负债。等到将来购买方支付款项给销售方，债务就解除了。

企业发生应付账款和应付票据基本属于无代价的融资方式，一般企业在购物时都非常喜欢使用这种商业信用，但企业也要考虑自身的企业规模和还款的能力，不能无节制地占用供应商的资金，导致还款危机、自身企业信用缺失，给企业将来购物业务的商业信用带来麻烦。

(三) 应付票据和应付账款在报表上的列报

应付账款和应付票据两个项目一般都是根据有关帐户的余额填列①。如泰州铸造厂 2014 年 12 月 31 资产负债报表上的的“应付账款”项目期末数 500 元，从报表附注上可以得知是欠安庆焦化厂的货款 500 元，账龄一年半。

① 除非应付账款明细账和预付账款明细帐出现异常余额，要根据其明细账分析之后填列

四、预收账款和其他应付款的解读和列报

(一) 预收账款是买卖双方协议商定,由购货方预先支付一部分货款给供应方而发生的一项负债。由于在预收款项时,销售方商品尚未销售、劳务尚未提供,因此,不能确认为收入,款项的所有权仍属于购货方。因此,销售方预收款项时就成为企业的一项负债,将来要在合同约定日期,以货物或劳务偿付而不是以货币偿付。

企业向购货单位预收的款项,借记"银行存款"等账户,贷记"预收账款"账户;提供商品和劳务时,表明企业销售实现,按实现的收入借记"预收账款"账户,贷记"主营业务收入"账户。

泰州铸造厂1月1日签订一笔销货合同,合同规定货款总金额100 000元,1月1日购买方先预付100 000元的货款,1月5日泰州铸造厂按合同提供了商品实现收入10万元。

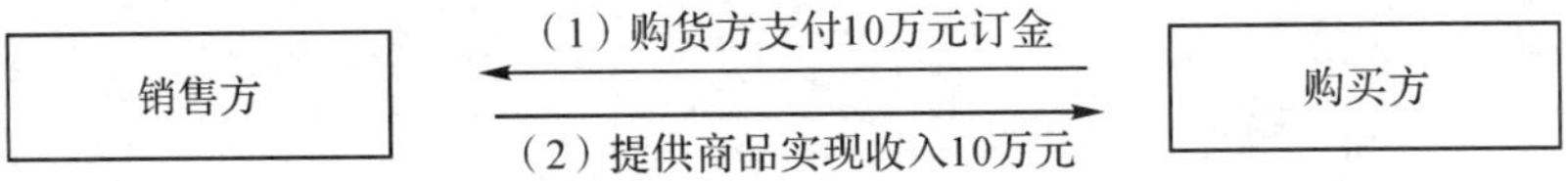

(1)销售方收到购买方支付的订金10万元;一方面银行存款增加10万元,预收账款(负债)增加10万元;

(2)提供商品给购买方时,表明企业实现收入。一方面企业的收入款增加,另一方面企业预收账款(负债)10万元抵冲了变成企业的收入款。

(二)其他应付款是企业除应付票据、应付账款、预收账款、应付职工薪酬、应付利息、应付股利、应交税费等经营活动以外的其他各项应付、暂收的款项。例如应付经营租入固定资产和包装物租金,职工存入保证金,应付、暂收所属单位、个人的款项等。如企业收取的包装物押金,一般情况下,企业收到包装物押金发生其他应付款时,借记"银行存款"账户,贷记"其他应付款"账户。偿还包装物押金时,借记"其他应付款"账户,贷记"银行存款"等账户。

(三) 预收账款和其他应付款在报表上的列报

预收账款和其他应付款在报表上一般都是根据有关有关帐户的余额填列①。如泰州铸造厂2014年12月31资产负债报表上的的"预收账款"项目期末数300 000元,根据报表附注可知是根据预收账款的期末数300 000元填列,并且预收的是西海企业购买11千瓦电机壳、18.5千瓦电机壳的订金,预收订金的时间在一年之内。"其他应付款"项目期末数为零,从报表附注中得知其他应付款期初数1 760元中,应收的上海铸造厂1 600元和萧山劳务公司160元全部收回,故其期末数为零。

五、应付利息和应付股利的解读和列报

应付利息是指企业按照合同约定应支付的利息,包括短期借款、分期付息到期还本

① 除非预收账款明细账和其他应付款明细帐出现异常余额,要根据其明细账分析之后填列

的长期借款、企业债券等应支付的利息。

应付股利是指企业经股东大会或类似机构决议确定分配的应付未付的现金股利或利润。

在我国，股利通常有两种形式，即现金股利和股票股利。现金股利是指企业以支付现金的方式向股东派发的股利。股票股利是指企业以增发股票的方式向股东派发的股利。

股利的分配的流程一般是先宣告，然后再支付。当股东大会或类似机构决议确定分配现金股利时，自宣告之日起，应付的现金股利就构成企业的一项流动负债。企业股东大会或类似机构宣告分派现金股利时，借记“利润分配”账户，贷记“应付股利”账户。实际发放现金股利时，借记“应付股利”账户，贷记“银行存款”等账户。但必须注意企业董事会或类似机构通过的利润分配方案中拟分配的现金股利或利润，不作账务处理，不作为应付股利核算，但应在附注中披露。

应付利息和应付股利在报表上一般都是根据有关帐户的余额填列。如泰州铸造厂2014 年 12 月 31 资产负债报表上的的“应付利息”项目期末数 2 800 元，从报表附注中可知根据应付利息的期初数 700 元的基础上本期增加了应付利息 2 100 元(具体是长期借款还是短期借款利息无从知晓)，得出期末数 2 800 元填列的。

六、应付职工薪酬的解读和列报

应付职工薪酬表示企业在经营活动过程中耗费了职工的活劳动，发生了应付但尚未支付职工薪酬的流动负债项目。

(一)职工薪酬的内容

职工薪酬是指企业为获得职工提供的服务或解除劳动关系而给予的各种形式的报酬或补偿。

职工薪酬主要由短期薪酬、离职后福利、辞退福利和其他长期职工福利组成。

1.短期薪酬，是指企业在职工提供相关服务的年度报告期间结束后 12 个月内需要全部予以支付的职工薪酬，因解除与职工的劳动关系给予的补偿除外。

短期薪酬具体包括：职工工资、奖金、津贴和补贴，职工福利费，医疗保险费、工伤保险费和生育保险费等社会保险费，住房公积金，工会经费和职工教育经费，短期带薪缺勤，短期利润分享计划，非货币性福利以及其他短期薪酬。具体而言，包括以下几方面的内容：

(1)职工工资、奖金、津贴和补贴，是指按照国家统计局的规定构成工资总额的计时工资、计件工资、支付给职工的超额劳动报酬和增收节支的劳动报酬、为了补偿职工特殊或额外的劳动消耗和因其他特殊原则支付给职工的津贴，以及为了保证职工工资水平不受物价影响支付给职工的物价补贴等。

(2)职工福利费，职工福利是指企业为职工提供的福利，如对职工食堂的补助、职工因公负伤赴外地就医路费、职工生活困难补助，以及按规定发生的其他职工福利支出等。

(3)社会保险费,是指企业按照国家规定的基准和比例计算,向社会保险经办机构缴纳的医疗保险费、养老保险费、失业保险费、工伤保险费和生育保险费等。其中养老保险费包括基本养老保险费、补充养老保险费和商业养老保险费。企业按照国务院、各地方政府或企业年金计划规定的基准和比例计算,向社会保险经办机构缴纳的为基本养老保险费;向企业年金基金相关管理人员等缴纳的养老保险费为补充养老保险费;以商业保险形式提供给职工的各种保险待遇为商业养老保险费,应当按照职工薪酬的原则进行确认、计量和披露。

(4)住房公积金,是指企业按照国家《住房公积金管理条例》规定的基准和比例计算,向住房公积金管理机构缴存的住房公积金。

(5)工会经费和职工教育经费,是指企业为了改善职工文化生活、提高职工业务素质用于开展工会活动和职工教育及职业技能培训,根据国家规定的基准和比例,从成本费用中提取的金额。

(6)非货币性福利,包括企业以自己的产品或其他有形资产发放给职工作为福利,企业向职工提供无偿使用自己拥有的资产或租赁资产提供职工无偿使用,如提供给企业高级管理人员的汽车、住房等,为职工无偿提供医疗保健的服务等。

(7)带薪缺勤,是指企业支付工资或提供补偿的职工缺勤,包括年休假、病假、短期伤残、婚假、产假、丧假、探亲假等。

(8)利润分享计划,是指因职工提供服务而与职工达成的基于利润或其他经营成果提供薪酬的协议。

2. 离职后福利,是指企业为获得职工提供的服务而在职工退休或与企业解除劳动关系后,提供的各种形式的报酬和福利,短期薪酬和辞退福利除外。

3. 辞退福利,是指企业在职工劳动合同到期之前解除与职工的劳动关系,或者为鼓励职工自愿接受裁减而给予职工的补偿。

4. 其他长期职工福利,是指除短期薪酬、离职后福利、辞退福利之外所有的职工薪酬,包括长期带薪缺勤、长期残疾福利、长期利润分享计划等。

(二)应付职工薪酬的确认、计量和核算

应付职工薪酬是指企业根据有关规定应付给职工的各种薪酬,应付职工薪酬之所以会构成企业的一项负债,是因为在实务中,企业本期的薪酬往往是在本期期末计量,下一期期初支付的,在期末尚未支付之前,应付未付的职工薪酬实质上构成企业对职工的债务。因此,在每个会计期结束时应根据企业欠职工的薪酬总额的情况确认企业的这项流动负债。

1. 职工薪酬的具体确认:

在会计期末,一方面进行生产产品和其他经营活动耗费了职工的活劳动,将耗费的职工薪酬(包括货币性薪酬和非货币性福利)计入相关资产成本或当期费用,另一方面在期末尚未支付计入应付职工薪酬负债。

在下一期初支付工资时,一方面应付职工薪酬负债减少,另一方面银行存款或库存现金减少。

2.具体处理为：

首先，为核算职工薪酬的提取、结算、使用等情况，企业应设置“应付职工薪酬”账户。该账户贷方登记已确认的应计入有关成本费用项目的职工薪酬，借方登记实际发放的职工薪酬，该账户期末贷方余额，反映企业应付未付的职工薪酬。“应付职工薪酬”账户可以按照“工资”“职工福利”“社会保险费”“住房公积金”“工会经费”“职工教育经费”“非货币性福利”等应付职工薪酬项目设置明细账户，进行明细核算。

其次，企业应当根据职工提供服务的受益对象，对发生的职工薪酬分别以下情况进行处理：

(1)应由生产产品、提供劳务负担的职工薪酬，计入产品成本或劳务成本。借记“生产成本”“制造费用”“劳务成本”账户，贷记“应付职工薪酬”账户。

(2)应由在建工程、无形资产负担的职工薪酬，计入建造固定资产或无形资产成本。借记“在建工程”“研发支出”账户，贷记“应付职工薪酬”账户。

(3)其他职工薪酬，计入当期损益。管理部门人员的职工薪酬，借记“管理费用”账户，贷记“应付职工薪酬”账户。销售人员的职工薪酬，借记“销售费用”账户，贷记“应付职工薪酬”账户。

(4)应向社会保险经办机构(或企业年金基金账户管理人)缴纳的医疗保险费、养老保险费、失业保险费、工伤保险费、生育保险费等社会保险费，应向住房公积金管理中心缴存的住房公积金，以及应向工会部门缴纳的工会经费等，应当按照国家规定的标准先计提再支付。计提时，借记“生产成本”“制造费用”“劳务成本”等账户，贷记“应付职工薪酬”账户。企业支付职工福利费、工会经费和职工教育经费用于工会运作和职工培训的，或企业按照国家有关规定缴纳社会保险费和住房公积金，借记“应付职工薪酬”账户，贷记“银行存款”账户。

(5)因解除与职工的劳动关系给予的补偿，借记“管理费用”账户，贷记“应付职工薪酬”账户。

最后，企业按照有关规定向职工支付工资、奖金、津贴等，借记“应付职工薪酬”账户，贷记“银行存款”“库存现金”等账户。企业从应付职工薪酬中扣还的各种款项(代垫的家属药费、个人所得税等)，借记“应付职工薪酬”账户，贷记“其他应收款”“应交税费——应交个人所得税”等账户。企业向职工支付职工福利费，借记“应付职工薪酬”账户，贷记“银行存款”“库存现金”账户。企业支付工会经费和职工教育经费用于工会运作和职工培训的，借记“应付职工薪酬”账户，贷记“银行存款”等账户。企业按照国家有关规定缴纳社会保险费和住房公积金，借记“应付职工薪酬”账户，贷记“银行存款”账户。企业因解除与职工的劳动关系而给予职工的补偿，借记“应付职工薪酬”账户，贷记“银行存款”“库存现金”等账户。企业支付租赁住房等资产供职工无偿使用所发生的租金，借记“应付职工薪酬”账户，贷记“银行存款”等账户。在行权日，企业以现金与职工结算股份支付，借记“应付职工薪酬”账户，贷记“银行存款”“库存现金”等账户。

如：泰州铸造厂在3月月末，计算出3月应发工资数为100 000元，其中，生产车间工人耗费工资70 000元，车间管理人员耗费工资8 000元，行政管理人员耗费工资12

000 元，销售部门人员耗费工资 10 000 元。因此，在 3 月末计提应付职工薪酬。即

一方面：耗费活劳动导致费用增加　另一方面：职工薪酬未付形成负债增加

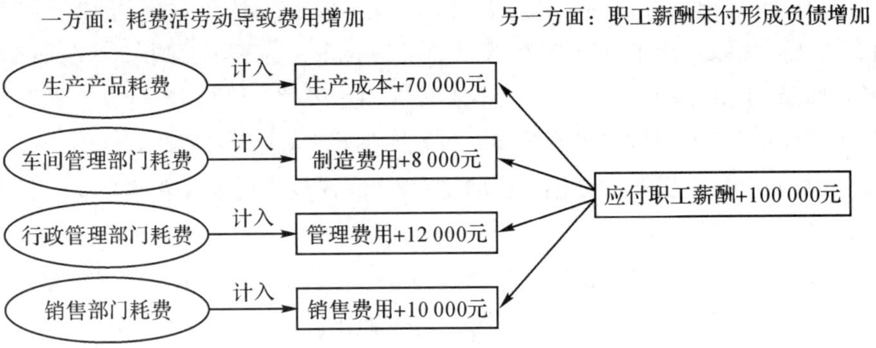

如：泰州铸造厂在 4 月 10 日用银行存款支付 3 月末计提的应付职工薪酬 100 000 元。

在 4 月 10 日支付职工薪酬时：

(三)应付职工薪酬在报表上的列报

应付职工薪酬在报表上一般都是根据有关帐户的余额填列。如泰州铸造厂 2014 年 12 月 31 资产负债报表上的“应付职工薪酬”项目期末数 153 900 元，从报表附注上可知：(1)12 月发生应计工资额 135 000 元，福利费 18 900 元；在 2014 年 12 月末均未支付，欠着职工，故在报表上要反映“应付职工薪酬”项目期末数 153 900 元；(2)企业未提社会保险费。

七、应交税费的解读和列报

(一)应交税费的内容

应交税费是指企业按照税法规定计算应交纳的各种税费，包括增值税、消费税、营业税、所得税、资源税、土地增值税、城市维护建设税、房产税、土地使用税、车船使用税、教育费附加等。

在中国的税收制度共设有 24 种税，按照其性质和作用大致可以分为：

其一，流转税类：包括增值税、消费税和营业税[①]。通常是在生产、流通或者服务中，按照纳税人取得的销售收入或者营业收入征收的。

其二，所得税类：包括企业所得税、个人所得税。通常是按照生产、经营者取得的利润或者个人取得的所得征收的。

其三，资源税类：包括资源税和城镇土地使用税。通常是对从事资源开发或者使用

① 2016 年 5 月 1 日在我国全面实行营改增，营业税全面取消，代之以增值税。

城镇土地者征收的，可以体现国有资源的有偿使用，并对纳税人取得的资源级差收入进行调节。

其四，特定目的税类：包括城市维护建设税、耕地占用税、固定资产投资方向调节税和土地增值税。这些税种是为了达到特定的目的，对特定对象进行调节而设置的。

其五，财产税类：包括房产税、城市房地产税和遗产税（尚未立法开征）3 种税。

其六，行为税类：包括车船使用税、车船使用牌照税、印花税、契税、证券交易税（尚未立法开征）、屠宰税和筵席税。这些税种是对特定的行为征收的。

其七，关税：是对进出中国国境的货物、物品征收的。另外，农业税从 2006 年 1 月 1 日起停征。

按税收与价格的关系为标准分类：价内税：是指税款在应税商品价格内，作为商品价格一个组成部分的一类税。如我国现行的消费税、营业税和关税等税种。价外税：是指税款不在商品价格之内，不作为商品价格的一个组成部分的一类税。如我国现行的增值税（目前商品的价税合一并不能否认增值税的价外税性质）。下面介绍常用的税种：

1. 增值税

增值税是就货物和劳务的增值部分征收的一种税。它通常独立于商品、劳务买卖价格之外另外计算的税种，是一种价外税。按照《中华人民共和国增值税暂行条例》规定，凡在我国境内销售货物，提供加工、修理修配劳务，以及进口货物的单位和个人，应交纳增值税。在 2013 年 8 月 1 日以后，我国交通运输业和部分现代服务业实行了营业税改为增值税。

增值税按照经营规模和会计核算健全程度，增值税纳税企业分为一般纳税企业和小规模纳税企业。

（1）一般纳税人应缴税额的计算

一般纳税企业销售货物或提供应税劳务，其应交增值税额为当期销项税额扣减当期进项税额后的余额。其计算公式为：

应纳增值税额＝当期销项税额－当期进项税额

　　　　　　＝当期销售额×增值税率－当期进项税额

销项税额是指企业销售货物或提供应税劳务，按照销售额和规定的税率计算并向购买方收取的增值税额。其中，销售额是指企业销售货物或提供应税劳务时向购买方收取的全部价款和价外费用，但不包括收取的销项税额。如果企业采用销售额和销项税额合并定价的，应将含税销售额换算成不含税销售额（也称销售额，下面小规模纳税企业的不含税销售额也称销售额，情形是相同的，后面不再复述。），并按不含税销售额计算销项税额。其换算公式为：

不含税销售额＝含税销售额÷（1＋增值税税率）

销项税额＝不含税销售额（或销售额）×增值税率

进项税额是指企业购进货物或接受应税劳务时支付的增值税额。准予从销项税额中抵扣的进项税额包括：①从销售方取得的增值税专用发票上注明的增值税税额；②从海关取得的完税凭证上注明的增值税税额；③购进免税农产品，按照经税务机关批准使用的收购凭证上注明的价款或收购金额的13%计算的进项税额。

值得一提的是企业购进货物或者接受应税劳务时没有按照规定取得并保存增值税扣税凭证,或者增值税扣税凭证上未按照规定注明增值税税额及其他有关事项的,其进项税额不能从销项税额中抵扣。另外,纳税企业购进用于非增值税项目的购进货物或者应税劳务、用于免税项目的购进货物或者应税劳务、用于集体福利或者个人消费的购进货物或者应税劳务、非正常损失的购进货物、非正常损失的在产品或产成品所耗用的购进货物或者应税劳务等的进项税额,也不得从销项税额中抵扣。不能从销项税额中抵扣的进项税额只能计入购进货物或者接受劳务的成本。

(2) 小规模纳税人应缴税额的计算

小规模纳税企业销售货物或提供应税劳务,实行简易办法计算应纳税额,按照销售额的一定比例计算征收。其计算公式为:

应纳增值税额=销售额×征收率

如果采用销售额和应纳税额合并定价的,应按照公式"不含税销售额=含税销售额÷(1+征收率)"将含税销售额还原为不含税销售额。

此外,一般纳税人纳税企业销售货物或者提供应税劳务开具增值税专用发票,即价款和税额分开计算的。小规模纳税企业销售货物或者提供应税劳务,一般情况下只能开具普通发票,不能开具增值税专用发票。

如泰州铸造厂为一般纳税人,增值税率17%,20××年5月向信阳钢铁厂购进原料铁10吨,单价4 700元,货款47 000元,增值税额7 990元;款项通过银行全部支付。5月销售商品100 000元,销项税额17 000元,若企业没有其他购销业务,则原料铁成本为47 000元,增值税额7 990元准予从当月的销项税额中抵扣。

一般纳税人5月应纳增值税=5月销项税额-5月进项税额=17 000-7 990=9 010元

若上述购销情况不变,只是泰州铸造厂为小规模纳税人,增值税率3%,则购进原料铁的进项税额7 990元不能抵扣,直接计入原料铁成本54 990元(47 000+7 990)。

小规模纳税人5月应纳增值税=销售额×征收率=100 000×3%=3 000(元)

2. 消费税

消费税是指对在我国境内生产、委托加工和进口应税消费品的单位和个人征收的一种流转税。应税消费品主要包括五类:其一,过度消费会对人类健康、社会秩序和生态环境造成危害的特殊消费品:烟、酒及酒精、鞭炮与烟火、木制一次性筷子、实木地板等;其二,奢侈品、非生活必需品:包括贵重首饰及珠宝玉石、化妆品、高尔夫球及球具、高档手表、游艇等;其三,高能耗及高档消费品,包括游艇、小汽车、摩托车等;其四,使用和消耗不可再生和替代的稀缺资源的消费品,例如成品油等;其五,具有特定财政意义的消费品,例如汽车轮胎等。消费税的征收方法有从价定率、从量定额和从价定率和从量定额复合计算三种方法。

实行从价定率办法的纳税企业销售应税消费品，其应交消费税额的计算公式为：

应交消费税额＝应税消费品的销售额×比例税率

从价定率方法计征的应纳消费税的税基是不含增值税的销售额。大多数应税消费品采用该种方法计征。

实行从量定额办法的纳税企业销售应税消费品，其应交消费税额的计算公式为：

应交消费税额＝应税消费品的销售数量×定额税率

实行从量定额计征的消费税，根据按税法确定的企业应税消费品的数量和定额税率计算确定。如黄酒、啤酒及汽油等产品采用该种方法计征。

实行混合征收办法的纳税企业计算应交消费税税额时，其应交消费税额的计算公式为：

应交消费税额＝应税消费品的销售数量×定额税率＋应税消费品的销售额×比例税率

如白酒、卷烟则采用该种方法计征。

3. 营业税[①]

营业税是以纳税人从事经营活动的营业(经营)额为纳税对象的一种流转税。在我国境内提供应税劳务、转让无形资产或销售不动产的行为应当缴纳营业税。其计算公式为：

应纳营业税额＝营业额×税率

这里的营业额是指企业提供应税劳务、转让无形资产或者销售不动产向对方收取的全部价款和价外费用。

2016 年 1 月 1 日开始，在我国全面实行了营业税改为增值税，即原来实行营业税征税范围的业务全部改为实行增值税。

4. 城市维护建设税和教育费附加

为了加强城市的维护建设，扩大和稳定城市维护建设资金的来源，国家开征了城市维护建设税。同样，为了开展普及教育，保证教育经费。国家还开征了教育费附加。城市维护建设税和教育费附加分别是以纳税人实际缴纳增值税税额、消费税税额、营业税税额为计税依据征收的一种税。其计算公式为：

应纳税额＝(应交增值税＋应交消费税＋应交营业税)×适用税率

5. 房产税、土地使用税、车船使用税和印花税

房产税是国家对在城市、县城、建制镇和工矿区征收的由产权所有人缴纳的税。房产税依照房产原值一次减除 10%—30%后的余额计算缴纳。没有房产原值作为依据的，由房产所在地税务机关参考同类房产核定。房产出租的，以房产租金收入为房产税的计税依据。

土地使用税是国家为了合理利用城镇土地，调节土地级差收入，提高土地使用效益，加强土地管理而开征的一种税。土地使用税以纳税人实际占有的土地面积为计税依据，依照规定税额计算征收。

---

① 在 2016 年 5 月 1 日在我国全面实行营改增，营业税全面取消，代之以增值税。

车船使用税由拥有并且使用车船的单位和个人缴纳。按照适用税额计算应纳税额。

印花税是对书立、领受购销合同等凭证行为征收的税。应纳税凭证包括：购销、加工承揽、建设工程承包、财产租赁、货物运输、仓储保管、借款、财产保险、技术合同或者具有合同性质的凭证；产权转移书据；营业账簿；权利、许可证照等。纳税人根据应纳税凭证的性质，分别按比例税率或者按定额计算应纳税税额。

6. 所得税

所得税包括企业所得税和个人所得税。在我国境内，取得生产经营所得、其他所得和清算所得的企业和其他取得收入的组织，按照《中华人民共和国企业所得税法》和《中华人民共和国企业所得税法实施条例》规定需要缴纳企业所得税。企业在年度终了，先结出全年实现的利润总额，然后根据税法的有关规定将实现的利润总额调整为企业应纳税所得额，并据以计算出本年应缴纳的企业所得税税额。企业所得税的会计处理方法将在"所得税"章节中介绍。个人所得税是根据个人所得开征的税收，由个人自己承担。但企业职工应缴纳的工资薪金的个人所得税一般是由单位代扣代缴，不影响企业的利润。

（二）应交税费的核算

从前面的核算内容可知企业月末一方面根据收入和利润或应纳税所得额计算发生了各种税金，借记各种税金费用账户，另一方面月末未缴纳形成欠税务机关的负债，贷记"应交税费"账户。至于借记哪些税金费用账户，则要根据发生的税种情形来确定。月末计算出各种税金的核算及在报表上的披露和列报如表 7-2 所示。

表 7-2

发生的税种		借记账户	贷记账户	在报表上的披露和列报
增值税是价外税，不影响一般纳税人企业的收入和成本	进项税额	应交税费—进项税额	银行存款（或应付账款等）	只列报在资产负债表上"应交税费"项目
	销项税额	银行存款（或应付账款等）	应交税费—贷项税额	
消费税、营业税、城市维护建设税和教育费附加均包含在收入内计价的，是价内税。因此企业计算利润时，价内税也是从收入中必须减去项目之一 。		营业税金和费用	应交税费	既列报在利润表的"营业税金和费用"项目；又列报在资产负债表上"应交税费"项目
由于房产税、土地使用税、车船使用税属于财产税和行为税，因此他们和印花税均计入"管理费用"。		管理费用	应交税费	既列报在利润表的"管理费用"项目；又列报在资产负债表上"应交税费"项目
企业所得税根据企业应纳税所得额和税率计算，是盈利企业必须交纳给国家的税金费用		所得税费用	应交税费	既列报在利润表的"管理费用"项目；又列报在资产负债表上"应交税费"项目

如泰州铸造厂曾经投资的某白酒企业集团拥有厂房300万元，车子15辆。企业主营生产销售白酒；兼营酒吧营业服务。税务部门确定该企业增值税率17%，消费税率20%，消费税从量定额税率每500克0.5元，酒吧收入增值税率6%，城建税(也称城市维护建设税)和教育费附加税率分别为7%和3%。该企业当月销售白酒400万元，3 000瓶(每瓶500克)，当月酒吧服务收入100万元。当月的酒进货可抵扣的进项税额51万元，酒吧收入可抵扣的进项税额为0.66万元。该集团房产税扣除房产原值30%后按1.2%计征，车辆合计交车船税7 200元，印花税25元。企业所得额100万元，企业所得税率25%(个人所得税不予考虑)假定收入和增值税通过银行存款收到。

该白酒企业集团会涉及哪些税种？如何计算？

该白酒企业涉及的税种如何在报表中列报？

1.该白酒企业集团会涉及税种：(1)该白酒企业集团销售白酒，故会涉及增值税 、消费税 ；(2)兼营酒吧营业服务，会涉及营业税；(3)由于本月要缴纳增值税 、消费税和营业税，因此地方政府还要再征收城建税和教育费附加税；(4)企业拥有房产、车辆和签订交易业务，所以会发生房产税、车辆使用税和印花税；(5)企业赚取了所得，还要缴纳企业所得税。

销售的酒增值税＝400×17%－51＝17(万元)

消费税＝400×20%＋30 000×0.5/10 000＝81.5(万元)

经营酒吧增值税＝100/(1＋6%)×6%－0.66＝5(万元)

城建税＝(本月应交增值税＋本月应交消费税＋本月应交)×7%＝(17＋81.5＋5)×7%＝7.245(万元)

教育费附加＝(本月应交增值税＋本月应交消费税＋本月应交营业税)×3%＝(17＋81.5＋5)×3%＝3.105(万元)

房产税＝房产原值×(1－30%)×1.2%＝300×(1－30%)×1.2%＝2.52(万元)

车船税＝7 200(元)，印花税＝25(元)

企业所得税＝企业所得额×所得税率＝100×25%＝25(万元)

2.该白酒企业涉及的税种在账户和报表中的反映。

发生的税种				借记账户	贷记账户
增值税22万元	销售白酒	进项税额	51万元	应交税费－进项税额51万元	银行存款51万元
		销项税额	68万元	银行存款68万元	应交税费－销项税额68万元
	经营酒吧	进项税额	0.66万元	应交税费－进项税额0.66万元	银行存款0.66万元
		销项税额	5.66万元	银行存款5.66万元	应交税费－销项税额5.66万元

续 表

发生的税种	借记账户	贷记账户
消费税、城市维护建设税和教育费附加均计入“税金及附加”	营业税金和费用 91.85 万元	应交税费 91.85 万元
房产税、车船税和印花税计入“管理费用”	管理费用 3.242 5 万元	应交税费 3.242 5 万元
企业所得税 25 万元	所得税费用 25 万元	应交税费 25 万元

资产负债表

资产	负债
银行存款522万元	应交税费142.092 5万元 所有者权益379.907 5万元
资产合计：522万元	权益合计：522万元

利润表

主营业务收入500万元
减：税金及附加91.85万元
管理费用3.242 5万元
所得税费用25万元
利润379.907 5万元

(三)应交税费在报表上的列报

应交税费在报表上一般都是根据有关帐户的余额填列。如泰州铸造厂 2014 年 12 月 31 资产负债报表上的“应交税费”项目期末数 414 827.5 元，从报表附注中可知该企业月末由增值税、企业所得税、城建税和教育费附加构成。并且是根据应交增值税 190 699.2 元和应交企业所得税 222 628.3 元，应交城建税 1 100 元和应交教育费附加 400 元合计得来。

第三节　非流动负债项目的解读和列报

一、非流动负债项目

非流动负债项目指负债金额较大，偿还期限较长，往往需要一年以上或一个经营期以上才需要偿还的负债，一般企业要进行扩大再生产，往往以非流动负债作为企业筹资的一种重要方式。非流动负债主要包括长期借款、应付债券、长期应付款、专项应付款等。

对于长期借款、应付债券、长期应付款、专项应付款这些非流动负债通常具有下列特点：

(1)负债金额大、借款期限长，资金用途通常首先用于解决企业扩大再生产所需；然后再根据企业经营情形用于解决经营活动所需；

(2)负债偿还方式根据借款合同规定偿还，可以分期偿还也可以到期一次还本；

(3)借款费用往往分期计提(或摊销)和支付，借款费用根据借款资金的使用用途分别资本化或费用化。当通过长期借款、应付债券、长期应付款、专项应付款等非流动负债筹集的资金用于固定资产、无形资产、研发支出等长期资产的建造开发上，即资金属于建设期使用，计提（或摊销）的借款费用应该予以资本化，计入资产成本。反之，当通过长期借款、应付债券、长期应付款、专项应付款等非流动负债筹集的资金用于产品生产经营活动中，即资金属于生产经营期使用，计提（或摊销）的借款费用应该予以费用化，计入当期损益。

二、长期借款项目的解读和列报

（一）定义和分类

长期借款是企业向银行或其他金融机构借入的期限在一年以上或超过一年的一个营业周期以上（不含 1 年）的各项借款。一般用于固定资产购置和固定资产建造工程，以及流动资产的正常需要。长期借款具有借款数额大，借款期限长的特点，一般用于固定资产的购建、改扩建工程等方面。它是企业非流动负债的重要组成部分。

长期借款按不同标志有不同分类标准：

1. 长期借款按其偿还方式可分为定期偿还和分期偿还两种；
2. 按付息方式可分为还本时一次付息、在借款期限内分期付息两种方式；
3. 按借款条件分为抵押借款、担保借款和信用借款；
4. 按借款币种分为人民币借款和外币借款。

（二）借款的核算及在报表上的列报

为了核算长期借款的借入、归还等情况，企业需要设置“长期借款”账户，

企业借入长期借款时，应按实际收到的金额，借记“银行存款”账户，贷记“长期借款”账户。长期借款用于购建固定资产的，在固定资产尚未达到预定可使用状态前，所发生的应当资本化的利息支出数，计入在建工程成本；固定资产达到预定可使用状态后发生的利息支出，以及按规定不予资本化的利息支出，计入财务费用。期末，按规定计算的应付未付的利息（若到期还本付息），借记“在建工程”、“财务费用”等账户，贷记“长期借款”账户；偿还借款本金、支付利息时应借记“长期借款”账户，贷记“银行存款”账户。

泰州铸造厂曾经在 2011 年 1 月 1 日向银行借入两年期借款 100 万元，款项已经存入银行。该笔借款第一年用于建造厂房，厂房在年末完工交付使用；第二年用于生产经营。借款利率 7%，复利计息，期满后一次还本付息。

（1）2011 年 12 月 31 日，第一年末借款利息＝100 万元×7%＝7（万元），则借款利息 7 万元一方面计入“在建工程”成本；另一方面在资产负债表上“长期借款”披露的是 107 万元；

（2）2012 年 12 月 31 日，第二年末借款利息＝107 万元×7%＝7.49（万元），则借款利息 7.49 万元一方面计入“财务费用”；另一方面在资产负债表上“长期借款”披露的是 114.49 万元。

长期借款在报表上的列报一般根据“长期借款”账户的期末余额直接抄录，若长期

借款偿还时间还有一年了,则要将只剩一年的借款金额从“非流动负债”项目减去,列入“流动负债”项目。

三、其他非流动负债项目的解读和列报

其他非流动负债主要还包括应付债券、长期应付款、专项应付款。

(一)应付债券

应付债券是企业按照法定程序发行、约定在一定期限内还本付息的有价证券。由于企业发行应付债券的期限通常在一年以上,所以,将其归类为非流动负债。发行债券筹集长期资金通常要经银监会批准,负债的额度也要受一定条件的限制。

债券发行者在以债券形式筹集资金时所必须考虑的有关因素,包括发行金额、票面金额、期限、偿还方式、票面利率、付息方式、发行价格、发行费用、税收效应以及有无担保等项内容。债券是政府、金融机构、工商企业等机构直接向社会借债筹措资金时,想向投资者发行,并且承诺按一定利率支付利息并按约定条件偿还本金的债权债务凭证。债券的本质是债的证明书,具有法律效力。债券购买者与发行者之间是一种债权债务关系,债券发行人即债务人,投资者(或债券持有人)即债权人。

根据《证券法》《公司法》和《公司债券发行试点办法》的有关规定,发行公司债券,应当符合下列条件:

1. 股份有限公司的净资产不低于人民币 3 000 万元,有限责任公司的净资产不低于人民币 6 000 万元;

2. 本次发行后累计公司债券余额不超过最近一期期末净资产额的 40%;金融类公司的累计公司债券余额按金融企业的有关规定计算;

3. 公司的生产经营符合法律、行政法规和公司章程的规定,募集的资金投向符合国家产业政策;

4. 最近三个会计年度实现的年均可分配利润不少于公司债券 1 年的利息;

5. 债券的利率不超过国务院规定的利率水平;

6. 公司内部控制制度健全,内部控制制度的完整性、合理性、有效性不存在重大缺陷;

7. 经资信评估机构评级,债券信用级别良好。

所以,通过发行债券筹集资金,相比长期借款,在企业的规模和效益上、发行额度上、报批和发行程序上要经受更为严格的审核,只有部分大中型企业、效益偏好的企业才能发行债券筹集资金。

(二)长期应付款

长期应付款是指企业除长期借款和应付债券以外的其他各种长期应付款项,包括应付融资租入固定资产的租赁费、以分期付款方式购入固定资产发生的应付款项等。长期应付款除了具有数额大、偿还期限长等特点外,还具有分期付款的性质。如融资租入固定资产的租赁费是在整个租赁期内分期支付的,因此,对融资租入的固定资产,长期应付款的内容包括设备的买价、运杂费、途中保险费、安装费、调试费等。

泰州铸造厂曾经在2011年1月1日和宏光集团签订一份2年期租赁合同，泰州铸造厂租赁其专用机械设备，每半年支付宏光集团租金10万元，租赁期满时，泰州铸造厂享有优惠购买该设备的选择权，购买价5万元。

泰州铸造厂这项租赁满足融资租赁的条件，在租赁日的当月报表即2011年1月31日资产负债表上的长期应付款项目披露和列报的金额为＝10×4＋5＝45(万元)。

(三)专项应付款

专项应付款是指企业取得的国家指定为资本性投入的具有专项或特定用途的款项，如属于工程项目的资本性拨款等。专项应付款通常由政府和国家先拨入，企业按规定使用，等工程项目完工，未使用完的资金要还给政府和国家。如某企业收到国家指定的技改投资项目资金拨款300万元，则该企业在收到拨款资金时资产负债表上的长期应付款披露和列报的金额为300万元；2年后技改项目完成，技改项目只使用了250万元，还有50万元就要退回国家。因此，企业收到这种政府和国家的拨款，意味着企业要按政府规定的资金使用用途完成任务并且剩余资金要还给政府的，所以是企业的一项负债。

(四)非流动负债在报表上的披露和列报

由于非流动负债金额大、借款期限长、利息费用大等特点，因此，非流动负债到期的终值和报表每个报告期披露时的负债现值差距较大。为了准确地向报表信息使用者报告企业非流动负债的情况，因此，披露和列报资产负债表日的非流动负债是按列报当期实际负债的金额披露和列报。如某时日资产负债表的“应付债券”项目根据该时日的“应付债券”账户余额披露和列报。即在资产负债表日企业通过发行债券欠投资人的面值和利息的实际负债数。又如某时日资产负债表的“专项应付款”项目根据该时日的“专项应付款”账户余额披露和列报。同理，某时日资产负债表的“长期应付款”项目根据该时日的“长期应付款”账户余额披露和列报。

如泰州铸造厂2014年12月31资产负债表上的负债项目只有长期借款一项，说明没有发生其他非流动负债。泰州铸造厂2014年12月31资产负债表上的“长期借款”项目期末数1 170 000元，从报表附注中可知该企业月末1 170 000元借款是上年遗留下来，是向工商银行借入两年期长期借款。

第四节　案例阶段性解读

一、案例信息

泰州铸造厂2014年年度报告中负债项目披露的信息如下所示：

负　债	期末余额	年初余额
流动负债:		
短期借款	170 000.00	50 000.00
交易性金融负债		
应付票据		
应付账款	500.00	120 000.00
预收款项	300 000.00	
应付职工薪酬	153 900.00	135 000.00
应交税费	414 827.50	
应付利息	2 800.00	700.00
应付股利		
其他应付款		1 740.00
一年内到期的非流动负债		
其他流动负债		
流动负债合计	1 042 027.50	307 440.00
非流动负债:		
长期借款	1 170 000.00	1 170 000.00
非流动负债合计	1 170 000.00	1 170 000.00
负债合计	2 212 027.50	1 477 440.00

且报表附注说明中涉及负债的辅助资料包括:

11.短期借款

(1)短期借款情况

项　目	期末余额	期初余额
1年以内	170 000.00	50 000.00
合计	170 000.00	50 000.00

(2)本期增加120 000元,是2014年12月2日向本市工行借入期限3个月的短期借款120 000元,利率4.5%。

12.应付账款

(1)应付账款情况

项　目	期末余额	期初余额
1年以内		120 000.00
1年半以内	500.00	
合计	500.00	120 000.00

(2)本报告期应付账款中偿还了 119 500 元,还有欠安庆焦化厂 500 元尚未偿还,账龄一年半。

13.预收账款

(1)预收账款情况

项　目	期末余额	期初余额
1 年以内	300 000.00	0
合计	300 000.00	0

(2) 预收账款 300 000 元是收到西海企业购买 11 千瓦电机壳、18.5 千瓦电机壳的订金。

14.应付职工薪酬

项　目	期初余额	本期增加	本期减少	期末余额
一、工资、奖金、津贴和补贴	118 421.05	135 000.00	135 000.00	118 421.05
二、职工福利费	16 578.95	18 900.00		35 478.95
三、社会保险费				
四、住房公积金				
五、辞退福利				
六、其他				
合计	135 000 .00	153 900.00	135 000.00	153 900.00

企业本月发生应计工资额 135 000 元,福利费 18 900 元。

15.应交税费

项　目	期末余额	期初余额
增值税	190 699.20	
企业所得税	222 628.30	
个人所得税		
城市维护建设税	1 100.00	
教育费附加	400.00	
合计	414 827.50	

16.应付利息

项　目	期末余额	期初余额	超过 1 年未支付原因
借款利息	2 800.00	700.00	
合计	2 800.00	700.00	

本期发生借款利息 2 100 元。

17. 其他应付款：

项　目	期末余额	期初余额
总账		1 740.00
明细账：		
上海铸造厂		1 600.00
萧山服务公司		140.00

18. 长期借款

项目	期初余额	本期增加	本期减少	期末余额
长期借款	1170 000.00			1 170 000.00
合计	1170 000.00			1 170 000.00

向工商银行借入两年期长期借款。

二、案例信息解读

(一)总体情况解读

根据泰州铸造厂 2014 年 12 月 31 日的报表情况看，负债总额比年初数绝对数增长了 734 587.5 元，增长率 49.72%；这些增长主要是因为流动负债增长所致，绝对数增长了 734 587.5 元；流动负债占负债总额比率由 20.80%增长到 47.1%，非流动负债年末数相对年初数没有变化。说明企业在 2014 年比 2013 年需要偿还的流动负债更多，更依赖流动资金，需要随时变现的流动资产结构状况要更好，才能不出现债务风险。

(二)分项解读

1. 非流动负债

从泰州铸造厂 2014 年 12 月 31 日的报表的负债具体情况来看，由于非流动负债只有长期借款 117 万元一项，而且是期初遗留下来的，附注上也没有标明是用于泰州铸造厂哪项固定资产和无形资产的改扩建上。因此，只能说明企业在当年非流动负债不需要借入长期负债，没有扩大再生产的需要。一般解读非流动负债往往要将这部分负债用来构建的企业的固定资产和无形资产联系起来考察，若非流动负债筹资成本很高，建造的固定资产和无形资产对企业增量效益不大，这就将削弱企业整体的经济效益。反之，若形成的固定资产和无形资产将形成企业新的利润增长点，则将会给企业带来未来的利益。

2. 流动负债

从泰州铸造厂 2014 年 12 月 31 日的报表的负债具体情况来看，由于流动负债比上年增长了 734 587.5 元，具体情况来看，主要是因为预收账款 300 000 元、应交税费 414 827.5 元及短期借款增长了 120 000 元所致。

(1)短期借款和预收账款

企业当期比上期增长说明企业融资能力较强，尤其预收账款当年增长 300 000 元，说明企业产品比较畅销，客户愿意先付定金再收货，从泰州铸造厂来讲，只要企业具备生产能力及时交货，等于企业无偿预先使用客户的定金。对于泰州铸造厂不构成企业短期偿债压力。短期借款一般要考察其资金使用效率，过多地融入资金(超过实际需要)会增加企业不必要的财务费用，而且还容易引起财务管理上对应收项目的不及时收回和应付项目的不充分占用，降低资金使用效率。

(2)应交税费

从泰州铸造厂 2014 年 12 月 31 资产负债报表上的的“应交税费”项目可知比年初增长了 414 827.5 元，说明企业生产规模扩大，增值税比上期增加了 190 699.2 元，企业盈利能力增强，企业所得税比上期增加了 222 628.3 元。当然应交税费这项负债一是要注意其对企业来讲是有还款压力的，必须在将来一个月内就要清偿的，未经有关部门批复不能推延。二是要注意结合报表附注查看企业涉及的各种税种和税费是否正确计算缴纳。

(3)其他流动负债项目

从泰州铸造厂 2014 年 12 月 31 资产负债报表上可知，涉及的应付账款、其他应付款均属正常的清账。应付职工薪酬期末数与期初数比较变化不大。说明泰州铸造厂支付给职工固定的工资、奖金发放基本有序。这些其他流动负债项目对企业短期偿债能力影响不大。

思考题

1、资产负债表的负债项目的组成包括哪几部分？

2、资产负债表上划分流动负债和非流动负债的意义是什么？

3、哪些是与收入有关的税金？哪些是与企业所得有关的税金？

4、价内税和价外税分别如何区分？职工薪酬包含哪些主要内容？

5、负债项目在报表上如何披露和列支？如何结合报表附注理解和解读？

第八章 资产负债表中所有者权益项目的解读和列报

第一节 资产负债表的所有者权益项目

一、所有者权益项目的概述

所有者权益是指企业资产扣除企业全部负债后由所有者享有的剩余权益。公司的所有者权益又称为股东权益。所有者权益的内容包括所有者投入的资本、留存收益。

所有者投入的资本是指所有者所有投入的资本部分，它既包括构成企业注册资本或者股本部分的金额，也包括投入资本超过注册资本或者股本部分的金额，即资本溢价或者股本溢价。

留存收益是企业历年实现的净利润留存于企业的部分，主要包括盈余公积和未分配利润两部分。所以，所有者权益由实收资本、资本公积、盈余公积和未分配利润组成。故在资产负债表中的所有者权益项目，尤其是在账户式资产负债表中，所有者权益项目列入表格右方最下部分，如表 8-1 所示，反映的是企业年末所有者享有的剩余权益。

表 8-1　资产负债表

编制单位：泰州铸造厂　　2014 年 12 月 31 日　　单位：元

资　产	期末余额	年初余额	负债及所有者权益（或股东权益）	期末余额	年初余额
流动资产：			流动负债：		
（略）			（略）		
			流动负债合计		
流动资产合计			非流动负债：		
非流动资产：			（略）		

续 表

资　产	期末余额	年初余额	负债及所有者权益（或股东权益）	期末余额	年初余额
（略）			非流动负债合计		
			股东权益：		
			实收资本（或股本）	6 000 000.00	6 000 000.00
			资本公积	99 300.00	99 300.00
			盈余公积		
			未分配利润	755 244.90	87 360.00
			所有者权益（或股东权益）合计	6 854 544.90	6 186 660.00
资产总计			负债及所有者权益（或股东权益）合计		

第二节　所有者权益项目的解读和列报

一、实收资本

（一）实收资本的内容

实收资本是指投资人按照企业章程或合同、协议的约定，实际投入企业的各种财产、物资的价值。实收资本在公司章程上也称为公司的注册资本。注册资本指在公司登记机关登记的全体股东认缴的出资额。

实收资本按投资主体，又可以分为国家投资、法人投资、外商投资和个人投资。

投资者可以用货币出资，也可以用实物、知识产权、土地使用权等能以货币估价并能依法转让的非货币资产作价出资。但是，法律、行政法规规定不得作为出资的财产除外。对作为出资的非货币资产应当评估作价，核实资产，不得高估或低估作价，法律法规对评估作价有规定的从其规定。

企业或公司成立后，股东不得抽逃出资。要增加或减少实收资本必须按公司法规定进行变更。

（二）实收资本的确认和计量

由于企业的组织形式不同，实收资本的核算和在报表上的披露也不尽相同。公司的组织形式分为有限责任公司和股份有限公司。有限责任公司是由股东按照章程出资比例出资设立的；股份有限是通过发行股份而设立的。

1. 有限责任公司

有限责任公司收到投资者投入的资本，应通过“实收资本”账户核算，该账户应按各投资者设置明细账，以分别反映各投资者投入资本的详细情况。

有限责任公司初建时,各投资者按合同、协议或公司章程投入企业的资本,全部记入“实收资本”账户。在经营过程中,有限责任公司增资扩股时,如有新投资者加入,新加入的投资者缴纳的出资额大于其按约定比例计算的在注册资本中所占份额的部分,记入“资本公积”账户。企业接受非现金资产投资时,应按投资合同或协议约定价值确定非现金资产价值(但投资合同或协议约定价值不公允的除外)和在注册资本中应享有的份额。

2. 股份有限公司

股份有限公司应设置“股本”账户核算股东投入企业的资本。为提供企业股份构成情况,企业应在“股本”账户下按普通股和优先股及股东单位或姓名设置明细账进行明细核算。

如果股票发行价格与股票面值相等为平价发行;股票发行价格大于股票面值为溢价发行;股票发行价格小于股票面值为折价发行。我国不允许企业折价发行股票。在按面值发行股票的情况下,企业发行股票取得的收入,应全部记入“股本”账户。在溢价发行股票的情况下,企业应将相当于股票面值的部分记入“股本”账户,将发行价格超过股票面值的溢价收入作为股本溢价记入“资本公积——股本溢价”账户。

发行股票过程中发生的相关手续费、佣金等交易费用如果是溢价发行的,应从溢价中抵扣,冲减“资本公积——股本溢价”账户;无溢价发行或溢价金额不足以抵扣的,应将不足抵扣的部分冲减盈余公积和未分配利润。

(三)实收资本(或股本)增减变动的途径

一般情况下,实收资本(或股本)固定不变,但在下列情况下也会发生变动:一是符合增资条件,并经有关部门批准增资;二是企业按法定程序报经批准减少注册资本。

企业增加资本主要有3个途径:接受投资者追加投资、资本公积转增资本和盈余公积转增资本;此外,股份制企业还可以通过发放股票股利以及将可转换债券转换成股票的方式实现增资。但要注意:(1)以法定盈余公积转增资本的,转增后,该项盈余公积的留存数不得低于转增前注册资本的25%;(2)发行可转换债券的股份公司,在可转换公司债券持有人行使转换权利,将其持有的债券转换为股票来增加股本和资本公积。

企业实收资本减少的原因大体有两种:一是资本过剩;二是企业发生重大亏损而需要减少实收资本。当企业因资本过剩减资,一般企业按照法定程序报经批准减少注册资本的。当企业发生重大亏损,在短期内用利润、盈余公积无法弥补时,可以用实收资本(股本)弥补亏损。用实收资本(股本)弥补亏损往往要经股东大会决议,并履行减资手续后才用实收资本(股本)弥补亏损,从而使企业放下包袱转入正常经营。

二、资本公积

(一)资本公积的内容

资本公积是指企业收到投资者的超出其在企业注册资本(或股本)中所占份额的投资,以及直接计入所有者权益的利得和损失。主要包括资本(或股本)溢价和直接计入所有者权益的利得和损失。

资本公积从来源上看，它不是由企业实现的利润转化而来的，从本质上讲应属于投入资本范畴，因此，它与留存收益有根本区别，因为后者是由企业实现的利润转化而来的。

资本公积与实收资本虽然都属于投入资本的范畴，但两者又有区别。实收资本是投资者对企业的投入，并通过资本的投入谋求一定的经济利益，它属于法定资本，与企业的注册资本相一致，因此，实收资本在来源与金额上，有比较严格的限制；资本公积归所有投资者共同享有，它有特定的来源，在金额上也不受限制，也并不一定需要谋求投资回报。

（二）资本公积的确认和计量

资本公积主要核算的内容包括资本溢价和股本溢价及直接计入所有者权益的利得和损失。

资本溢价：是指新投资者出资额中大于按其投资比例计算的部分。除股份有限公司以外的其他类型的企业，在企业创立时，投资者认缴的出资额与注册资本一致，投资者认缴的出资额全部记入“实收资本”账户，不会产生资本溢价。但在企业重组或有新的投资者加入的情况下，常常会出现资本溢价。因为在企业进行正常生产经营后，其资本利润率通常要高于企业初创阶段，另外，企业内部的积累，新投资者加入企业后，对这些资本公积也要分享，所以新加入的投资者往往要付出大于原投资者的出资额，才能取得与原投资者相同的投资比例。新投资者出资额中大于按其投资比例计算的部分，计入“资本公积——资本溢价”账户。

如泰州铸造厂自然人股东肖宏在2012年入股时，投入资金199 300元，拥有企业注册资本10万元股权。

则企业的资本溢价＝199 300－100 000＝99 300（元），反映在当期的资产负债表上的所有者权益：实收资本——肖宏100 000元；资本公积99 300元。

股本溢价；是指股份有限公司通过发行股票的方式来筹集资本时，公司溢价发行股票的收入超出股票面值的溢价收入。即股票的发行收入减去股票面值的差额。具体例子见第三章【例3-3】相关内容。

（三）资本公积的使用用途

经股东大会或类似机构决议，可以用资本公积转增资本。转增资本一方面应冲减资本公积，同时按照转增前的实收资本（或股本）的结构或比例，将转增的金额记入“实收资本（或股本）”账户下各所有者的明细分类账。

三、盈余公积

（一）留存收益和盈余公积的内容

盈余公积和未分配利润构成留存收益。留存收益是指企业从历年实现净利润中提取或形成的留存于企业的内部积累。它来源于公司的生产经营活动所实现的净利润，在性质上与投资人投入的资本一样属于所有者权益。它与实收资本和资本公积的区别在于:实收资本和资本公积来源于企业的投入,而留存收益则来源于企业的净利润。

留存收益由盈余公积和未分配利润两部分组成。盈余公积已经拨定了用途,亦称之为拨定留存收益;未分配利润则未拨定用途,亦称之为未拨定留存收益。

所以,盈余公积是指按税后利润的一定比例提取、具有特定用途的留存收益。盈余公积包括法定盈余公积和任意盈余公积。

(二)盈余公积的确认和计量

法定盈余公积是指企业按规定的比例从税后利润中提取的盈余公积。公司制企业法定盈余公积应按税后利润的10%提取;非公司制企业法定盈余公积的提取比率可超过税后利润10%。法定盈余公积累计额达到注册资本的50%时,可以不再提取。值得注意的是,计算提取法定盈余公积基数时,不应包括企业年初未分配利润。

公司制企业可根据股东大会的决议提取任意盈余公积。非公司制企业经类似权利机构批准,也可以提取任意盈余公积。任意盈余公积是企业出于实际需要或采取审慎经营策略,经股东大会或类似机构批准,按照规定的比例从税后利润中提取的企业内部积累。所谓任意,指出于企业自愿而非法规硬性规定,其提取比例由企业自行决定。法定盈余公积与任意盈余公积的区别在于其各自计提的依据不同,前者以国家的法律法规为依据;后者由企业的权利机构自行决定。具体例子见第三章【例3-30】相关内容。

(三)盈余公积的使用

盈余公积的使用用途有:一是用于弥补亏损;二是转增资本;三是发放现金股利和利润。但必须注意:

一是企业用提取的盈余公积弥补亏损,应由董事会提议,经股东大会批准。

二是企业用盈余公积转增资本,必须经股东大会批准。转增资本后,留存的法定盈余公积不得低于注册资本的25%。

三是在特殊情况下,当企业累积的盈余公积比较多,而未分配利润比较少,为了维护企业形象,给投资者以合理回报,对于符合规定条件的企业,也可以用盈余公积发放现金股利或利润。但股利分派后,企业的法定盈余公积不得低于注册资本的25%。

假定某年泰州铸造厂所有者权益如下:

所有者权益(或股东权益):	
实收资本(或股本)	1 100 000 元
资本公积	100 000 元
盈余公积	945 000 元
未分配利润	400 000 元
所有者权益(或股东权益)合计	2 545 000 元

现在,企业出于参加政府招标的要求,注册资本金要扩大到200万元才符合要求。

该企业股东们又不愿意再出资，只得使用资本公积、盈余公积和未分配利润来转增资本。根据公司法规定具体如何转增？

具体转增思路：

第一步：由于资本公积 、盈余公积和未分配利润均可以用来转增资本，所以，首先将资本公积 10 万元全部转增实收资本；其次，未分配利润 40 万元全部转增实收资本；最后盈余公积转 40 万元到实收资本；这样转增后盈余公积达到注册资本的 25%，符合公司法的规定。即：

所有者权益(或股东权益)：	
实收资本(或股本)	2 000 000 元
资本公积	
盈余公积	545 000 元
未分配利润	
所有者权益(或股东权益)合计	2 545 000 元

第二步：按照公司法办理注册资本金的变更登记。

四、未分配利润

未分配利润是指企业净利润分配后剩余部分。也是留存收益的组成部分。未分配利润有两层含义：一是留待以后年度处理的利润；二是未指定特定用途的利润。从数量上来讲，未分配利润是期初未分配利润，加上本期实现的净利润，减去提取的各种盈余公积和分配投资者利润后的余额。具体公式如下：

期末未分配利润＝期初未分配利润＋本期实现的净利润－提取的各种盈余公积－分配投资者的股利或利润
＝可供分配的利润－提取的各种盈余公积－分配投资者的股利或利润

泰州铸造厂 2014 年企业年初未分配利润为 87 360 元，本期取得净利润 667 884.9 元，假如企业按 10%提取法定盈余公积；董事会宣布从净利润中拿出 300 000 元分配给投资者利润。

试计算企业各投资者应分享的利润和年末未分配利润。法定盈余公积＝本期净利润×10%＝667 884.9×10%＝66 788.49(元)。

宣布分配投资者的利润 300 000 元，则每个投资者按其投资比例(见 2014 年 12 月 31 日泰州铸造厂的报表附注中“实收资本”项目)分享：

国家投资者应分享的利润＝300 000×3 000 000/6 000 000＝300 000×50%＝150 000(元)；

宏达公司应分享的利润＝300 000×2 000 000/6 000 000＝300 000×33.33%＝99 990(元)；

凯旋企业应分享的利润＝300 000×831 900/6 000 000＝300 000×13.86%＝

41 580(元);

秦阳公司应分享的利润＝300 000×68 100/6 000 000＝300 000×1.14%＝3 420(元);

肖宏应分享的利润＝300 000×100 000/6 000 000＝30 000×1.67%＝5 010(元)

年末未分配利润＝期初未分配利润＋本期实现的净利润－提取的各种盈余公积－分配投资者的股利或利润＝87 360＋667 884.9－66 788.49－300 000＝388 456.41(元)

这里值得一提的是企业宣布分配投资者利润或股利是由股东大会或董事会决定的,企业只要按照公司法规定提取了盈余公积后,可以将企业所有的未分配利润全部拿来分配也可以一分不分配给投资者,完全由股东大会或董事会决定,任何机构和任何人无权干涉。反之,股东大会或者董事会违反规定,在公司弥补亏损和提取法定公积金之前向股东分配利润或股利的,股东必须将违反规定分配的利润或股利退还公司。

五、所有者权益项目在报表上的列报

所有者权益项目在资产负债表上的披露和列报,是按所有者权益各项目在资产负债表日的实际余额进行披露和列报的。

实收资本项目反映企业在资产负债表日实际收到投资人投入企业的资本。其中,有限责任公司以"实收资本"披露和列报,反映实际收到投资人资本金的金额;根据当期"实收资本"账户余额列报;股份有限公司以"股本"披露和列报,反映股票的面值总额,根据"股本"账户余额列报。

资本公积项目反映企业收到投资人出资额大于其在注册资本或股本中所占份额的部分等。根据当期的"资本公积"账户余额列报;盈余公积项目反映的是企业已经计提的盈余公积金,根据"盈余公积"账户余额列报;未分配利润项目反映的是企业当期末止未分配的利润,根据企业"本年利润"和"利润分配"具体结转情况分析列报。

如泰州铸造厂在2014年12月31日,所有者权益6 854 544.9元,是由实收资本6 000 000元、资本公积99 300元、未分配利润755 244.9元构成。其中:

实收资本6 000 000元,从报表附注中可知,投资人分别是国家资本占3 000 000元,占股权50%;法人股:宏达公司2 000 000元,占股权33.33%;凯旋企业831 900元,占股权13.86%;秦阳公司68 100元,占股权1.14%;自然人肖宏100 000元,占股权1.67%;

资本公积99 300元从报表附注中可知是资本溢价取得;

未分配利润755 244.9元从报表附注中可知是上年初未分配利润87 360元加上本期实现的净利润667 884.9元得到。

第三节　案例阶段性解读

一、案例信息

泰州铸造厂 2014 年年度报告中负债项目披露的信息如下所示：

股东权益	期末余额	年初余额
实收资本(或股本)	6 000 000.00	6 000 000.00
资本公积	99 300.00	99 300.00
盈余公积		
未分配利润	755 244.90	87 360.00
所有者权益(或股东权益)合计	6 854 544.90	6 186 660.00

且报表附注说明中涉及负债的辅助资料包括：

19.实收资本

项　目	期初余额	本期增加	本期减少	期末余额
国家资本	3 000 000.00			3 000 000.00
宏达公司	2 000 000.00			2 000 000.00
秦阳公司	68 100.00			68 100.00
肖宏	100 000.00			100 000.00
凯旋企业	831 900.00			831 900.00
合计	6 000 000.00			6 000 000.00

20.资本公积

项　目	期初余额	本期增加	本期减少	期末余额
资本溢价	99 300.00			99 300.00
资本公积合计	99 300.00			99 300.00

21.盈余公积和未分配利润

(1)盈余公积：该企业成立以来，未提取。

(2)未分配利润情况。

项　目	金额	提取或分配比例(%)
年初未分配利润	87 360.00	
加：本期实现的净利润	667 884.90	
减：提取法定盈余公积		
应付股利		
期末未分配利润	755 244.90	

二、案例情况解读

(一)总体情况解读

根据泰州铸造厂2014年12月31日的报表情况看,所有者权益总额比年初数绝对数增加了667 884.9元,增长率达到10.8%,说明企业净资产规模在增长。比较其组成项目可知,企业的实收资本、资本公积和盈余公积年末数相对年初数无变化,主要是未分配利润年末数比年初数增长了667 884.9元导致的。说明两点:其一,企业的所有者权益的增长或净资产规模的增长并非依靠投入资本,而是依靠企业的留存收益;其二,企业的盈余公积一直为零,说明企业未按国家规定提取盈余公积,违背《公司法》规定的。

(二)分项解读

1. 实收资本

从2014年12月31日泰州铸造厂的报表情况看,实收资本年末数相比年初数无变化,而且从其资本结构的构成上也无变化。投资者分别由国家资本、法人股和自然人构成,占股权比例分别为50%;宏达公司33.33%;凯旋企业13.86%;秦阳公司1.14%;肖宏1.67%;这就意味着一是该企业仍旧为国家控股,企业重大的经营决策国家具有决策权。二是所有者按这些投资比例分享企业的损益和承担风险。

2. 资本公积

从2014年12月31日泰州铸造厂的报表情况看,资本公积年末数相比年初数无变化,说明企业当年既没有发生资本溢价,也没有发生用资本公积转增资本或者发生直接影响资本公积增减的业务。

3. 盈余公积

从2014年12月31日泰州铸造厂的报表情况看,盈余公积余额为零,企业在该年没有提取法定盈余公积是不符合《公司法》的规定的。

4. 未分配利润

从2014年12月31日泰州铸造厂的报表情况看,未分配利润年末数相比年初数增加了667 884.9元,增长率764%,未分配利润增加全部依赖的是本年的净利润。说明本年度产生了非常好的经济效益。但本年度未提取盈余公积,也未进行红利股息的分配。

思考题

1. 资产负债表的负债项目的组成包括哪几部分?
2. 所有者权益的投入资本和留存收益有何区别?分别有何经济意义?
3. 资产负债表的所有者权益与利润表之间有何关系?
4. 未分配利润如何计算?
5. 所有者权益项目在报表上如何披露和列支?如何结合报表附注理解和解读?

第九章 利润表的解读和列报

第一节 利润表的概念和作用

一、利润表的概念

利润表是反映企业在一定会计期间经营成果的报表。例如，反映 1 月 1 日～12 月 31 日经营成果的利润表，由于它反映的是某一期间的情况，所以又称为动态报表。根据新企业会计准则，利润表从属于资产负债表。利润表反映了因为盈利活动而引起的资产负债表中的权益变化，并最终通过所有者权益表现出来。但现实经济生活中，人们对于利润表的重视显然超过了资产负债表。利润表是企业经济效益的综合体现，它所提供的信息是动态信息。换句话说，利润表给企业做的是一个活生生的“录像”，而在这个“录像”中专门记录企业在一定时期内有多少收入、多少费用、多少利润。具体格式如表 9-1 所示。

表 9-1 利润表

编制单位：泰州铸造厂 2014 年 单位：元

项 目	行次	本期金额	上期金额
一、营业收入		1 540 960.00	1 320 000.00
减：营业成本		566 800.00	453 255.00
税金及附加		1 500.00	14 252.25
销售费用		36 447.04	20 000.00
管理费用		47 386.80	219 747.75
财务费用（收益以“—”号填列）		2 100.00	5 000.00
资产减值损失		2 112.96	959.59
加：公允价值变动收益（损失以“—”号填列）			
投资收益（损失以“—”号填列）			

续 表

项　目	行次	本期金额	上期金额
二、营业利润(亏损以“—”号填列)		884 613.20	606 785.41
加:营业外收入		6 900.00	
减:营业外支出		1 000.00	500 000.00
三、利润总额(亏损以“—”号填列)		890 513.20	106 785.41
减:所得税费用		222 628.30	26 696.35
四、净利润(净亏损以“—”号填列)		667 884.90	80 089.06
五、每股收益:			
(一)基本每股收益		×	
(二)稀释每股收益		×	
其他综合收益		×	
综合收益总额		×	

简单的说,利润表中利润的度量主要取决于资产和负债的计量,利润表可以被看作反映企业一定期间净资产的变动表。通过参考大量阅读资料,本文所定义的利润表,是依据“收入－费用＝利润”来编制的,反映上市公司一定期间内公司的营业收入减去营业支出之后的净收益的会计报表。通过利润表反映的收入、成本和费用等情况,能够反映公司生产经营的收益情况、成本耗费情况,表明公司生产经营成果;同时,通过利润表提供的不同时期的比较数字(本月数、本年累计数、上年数),可以分析公司今后的利润的发展趋势、获利能力,了解投资者投入资本的完整性。

二、利润表的作用

利润表的作用主要体现在以下几方面:

(1)反映企业在一定期间内的经营成果。利润表可以反映企业在一定期间内的经营成果,或者说它可以反映企业这段时间是赚钱还是赔钱,企业可以从中得到一个结果,以便评价自身的经营成果与效率水平,从而衡量自身在经营管理上的成功程度。

(2)有助于评价企业的获利能力。评价一个企业是否具有持久的盈利能力,主要看主营业务利润或营业利润。如果一个企业主营业务利润多,或营业利润多,则企业具有盈利能力;如果企业的营业外收入很多,可以认为企业能够创造利润,但不能判断企业是否具有盈利能力。根据利润表提供的经营成果数据,比较企业在不同时期以及与同一行业的不同企业在相同时期的有关指标,分析与企业利润相关的情况,可以评估、预测企业的获利能力,从而做出相关决定。

(3)可以帮助判断企业的价值。对一个企业的价值进行衡量时,企业的获利能力通常是评价其价值的一个重要因素。比如某企业是一个上市企业,该企业本身的价值与其获利能力是有联系的,所以可以借助于获利能力来评价企业的价值。

(4)预测企业未来盈利变化的趋势。从横向看,利润表可以反映现金的来源与金额,企业的利息有多少钱需要偿还以及企业的利润,通过这些数字,可以预测企业未来盈利能力。从纵向来看,通过分析企业各项收入、成本、费用与利润的变动关系,可预测企业今后的发展趋势和获利能力。

第二节 利润表三要素

一、收入

收入是指企业在日常活动中形成的、会导致所有者权益增加、与所有者投入资本无关的经济利益的总流入。

收入具有以下特征:

1. 收入是企业在日常活动中形成的经济利益的总流入

日常活动,是指企业为完成其经营目标所从事的经常性活动以及与之相关的活动。

企业销售商品、咨询公司提供咨询服务、软件研发企业为客户开发软件、安装公司提供安装服务、商业银行对外贷款、租赁公司出租资产等活动,均属于企业为完成其经营目标所从事的经常性活动,由此形成的经济利益的总流入构成收入。

企业对外出售不需用的原材料、对外转让无形资产使用权、对外进行权益性投资(取得现金股利)或债权性投资(取得利息)等活动,虽不属于企业的经常性活动,但属于企业为完成其经营目标所从事的与经常性活动相关的活动,由此形成的经济利益的总流入也构成收入。

收入形成于企业日常活动的特征使其与产生于非日常活动的利得相区分。企业所从事或发生的某些活动也能为企业带来经济利益,但不属于企业为完成其经营目标所从事的经常性活动,也不属于与经常性活动相关的活动,例如,工业企业处置固定资产、无形资产,因其他企业违约收取罚款等,这些活动形成的经济利益的流入属于企业的利得而不是收入。利得通常不经过经营过程就能取得或属于企业不曾期望获得的收益。

2. 收入会导致企业所有者权益的增加

收入形成的经济利益总流入的形式多种多样,既可能表现为资产的增加,如增加银行存款、应收账款等;也可能表现为负债的减少,如减少预收账款;还可能表现为两者的组合,如销售实现时,部分冲减预收账款,部分增加银行存款。收入形成的经济利益总流入能增加资产或减少负债或两者兼而有之,根据“资产－负债＝所有者权益”的会计等式,收入一定能增加企业的所有者权益。这里所说的收入能增加所有者权益,仅指收入本身的影响,而收入扣除与之相配比的费用后的净额,既可能增加所有者权益,也可能减少所有者权益。

企业为第三方或客户代收的款项,如企业代国家收取的增值税等,一方面增加企业的资产,另一方面增加企业的负债,并不增加企业的所有者权益,因此不构成本企业的收入。

3. 收入与所有者投入资本无关

所有者投入资本主要是为谋求享有企业资产的剩余权益,由此形成的经济利益的总流入不构成收入,而应确认为企业所有者权益的组成部分。

二、费用

费用是指企业在日常活动中发生的、会导致所有者权益减少的、与向所有者分配利润无关的经济利益的总流出。费用具有以下特征:

1. 费用是在企业在日常活动中发生的

在此,日常活动是指企业为完成其经营目标所从事的经济活动以及与之相关的其他各种活动。例如,工业企业制造并销售产品、商业企业购买并销售商品、咨询公司提供咨询服务、软件开发企业为客户开发软件、安装公司提供安装服务、租赁公司出租资产等经营活动及与之相关的活动。费用是在企业日常活动中发生的,若不是企业日常生产经营活动或与之相关的活动中发生的经济利益的流出,不必然属于费用。例如,企业为需紧急救治的员工代垫医疗费,不是在企业日常的经营活动发生的,因而不属于费用。

2. 费用是企业经济利益的流出

费用是企业经济利益的流出,这种经济利益的流出是为了企业现时乃至今后获取更大、更久远的利益。因此,费用与产生于非日常活动的损失不同。企业从事或发生的某些活动或事项也能导致经济利益流出企业,但不属于企业的日常活动。例如,因违约支付罚款,对外捐赠,因自然灾害等非常原因造成财产毁损等,这些活动或事项造成的经济利益的流出属于企业的损失而不是费用。

3. 费用会导致企业所有者权益的减少

费用既可能表现为资产的减少,如减少银行存款、库存商品等;也可能表现为负债的增加,如增加应付职工薪酬、应交税费(应交营业税、消费税等)等。根据“资产一负债=所有者权益”的会计等式,费用一定会导致企业所有者权益的减少。很显然,若一项经济利益的流出并不必然减少企业的所有者权益,也就不构成费用。例如,企业以银行存款偿还一项负债,只是一项资产和一项负债的等额减少,对所有者权益没有影响,因此,不构成企业的费用。

4. 费用与向所有者分配利润无关

向所有者分配利润或股利也属于企业的日常活动并且也伴随企业经济利益的流出,但是它属于企业利润分配的内容,不构成企业的费用。

三、利润

我国《企业会计准则——基本准则》规定,利润是指企业在一定会计期间的经营成果,利润包括收入减去费用后的净额、直接计入当期利润的利得和损失等。利润的确认主要依赖于收入和费用以及利得和损失的确认,其金额的确定也主要取决于收入、费用、利得、损失金额的计量。利润的实现表现为资产的增加或负债的减少,其结果是所有者权益的增加。利润按照其构成的不同可以分为:营业利润、利润总额和净利润。

第三节 收入项目的解读和列报

一、收入项目的内容

（一）营业收入

营业收入包括主营业务收入和其他业务收入。主营业务收入是指企业经常性的、主要业务所产生的收入。如制造业的销售产品、半成品和提供工业性劳务作业的收入；商品流通企业的销售商品收入；旅游服务业的门票收入、客户收入、营业收入、餐饮收入等。主营业务收入在企业收入中所占的比重较大，它对企业的经济效益有着举足轻重的影响。

其他业务收入是指除上述各项主营业务收入之外的其他业务收入。包括材料销售、外购商品销售、废旧物资销售、下脚料销售，提供劳务性作业收入，房地产开发收入，咨询收入，担保收入等其他业务收入。其他业务收入在企业收入中所占的比重较小。

（二）投资收益

投资收益是指企业对外投资所取得的收益减去投资损失后的净额。通常联系的是企业对外投资的情况，也就是交易性金融资产和长期股权投资的内容。

（三）营业外收入

营业外收入是指企业发生的与其日常活动无直接关系的各项得利。营业外收入并不是企业经营资金耗费所产生的，不需要企业付出代价，实际上是经济利益的净流入，不可能也不需要与有关的费用进行配比，所以可以直接计入当期利润。营业外收入主要包括非流动资产处置利得、盘盈利得、罚没利得、捐赠利得、确实无法支付而按规定程序经批准后转作营业外收入的应付款项等。

二、收入的确认与计量

收入的确认实际上是指收入在何时入帐，并在哪一期间的利润表上反映。对它的确认不仅关系到企业在一定时期内经营成果的体现，同时也关系到国家税收收入的合理征收。我国收入准则中根据销售商品、提供劳务、他人使用本企业资产分别规定了收入的确认原则。

（一）销售商品

企业销售商品时，如同时满足下列 4 个条件，即确认为收入：(1)企业已将商品所有权的主要风险和报酬转移给买方（风险主要是指商品由于贬值、损坏、报废等造成的损失；报酬是指商品中包含的未来经济利益，包括商品因升值等给企业带来的经济利益。）；(2)企业既没有保留通常与所有权相联系的继续管理权，也没有对已售出的商品实施控制；(3)与交易相关的经济利益能够流入企业（如企业销售商品时，估计价款收回的可能性不大，即使收入确认的其他条件均已满足，也不应当确认收入)；(4)相关的收入和成本能够可靠的计量(如销售过程中由于某种不确定因素，也有可能出现售价变动的情况，则新售价未确定前不应确认收入)。

企业销售商品应同时满足上述4个条件，才能确认收入。否则，即使货款已经收到也不能确认收入。但在下列特殊情况下，企业销售商品应按下列具体情况确认收入：

(1)商品需要安装和检验的销售，一般在购买方接受交货以及安装、检验完毕前不予确认收入，但如果安装程序简单，或检验是为最终确定合同价格而必须进行的程序，则在商品发出时或装运时就可确认。

(2)附有销售退回条件的商品销售，则要根据企业对已售商品退回的估计准确度来确定收入。如果企业能够按照以往经验对退货的可能性作出合理估计的，应在发出商品时，将估计不会发生退货的部分确认收入；反之，如果企业不能合理确定退货的可能性，则在售出商品的退货期满时确认收入。

(3)代销商品，一般视受托方和委托方签订的代销权限情况来确定收入。如果受托方和委托方签订协议，委托方按协议价收取所代销的货款，实际售价由受托方自定，实际售价与协议价的差额也归受托方。受托方将商品销售后，应按实际售价确认收入，委托方则在收到受托方开具的代销清单时，才确认收入；如果受托方和委托方签订协议，受托方根据所代销的商品数量向委托方收取手续费。受托方将商品销售后，按应收取的手续费确认收入，同时开具代销清单给委托方，委托方按代销清单确认收入。

(4)分期收款销售，企业应按合同约定的收款日期分期确认收入。

(二)提供劳务

提供劳务取得的总收入，一般按照企业与接受劳务方签订的合同或协议的金额确定。但根据劳务完成的时间不同，确定劳务收入的情况也有所差异。若在同一年度内开始并完成的劳务，应在劳务完成时按合同或协议的金额确认收入；若劳务的开始和完成分属不同的会计年度，且在资产负债表日能对该项交易的结果作出可靠的估计的，应按完工百分比法确认收入。反之，在资产负债表日不能对交易的结果作出可靠的估计，应按已经发生并预计能够补偿的劳务成本确认收入，并按相同金额结转成本；如预计已经发生的劳务成本不能得到补偿，则不确认收入，同时将已经发生的劳务成本确认为当期费用。

(三)提供他人使用本企业资产

提供他人使用本企业资产所获取的收入主要包括他人使用本企业货币资金所取得的利息收入和他人使用本企业无形资产所取得的使用费收入。对该收入的确认必须(1)与交易相关的经济利益能够流入企业；(2)收入的金额能够可靠地计量，两个条件均满足才能确认。利息收入的计量应在每个会计期末，按未收回的存款或贷款的本金、存续期间和适当的利率计算并确认；使用费收入按有关的合同协议的规定计算并确认。

例：20×2年9月20日，泰州铸造厂与乙企业签订产品委托代销合同。合同规定，采用视同买断方式进行代销，乙企业代销泰州铸造厂电子设备100台，每台销售价格为

(不含增值税价格,以下同)50 万元。

至 12 月 31 日,泰州铸造厂向乙企业发出 80 台电子设备,收到乙企业寄来的代销清单上注明已销售 40 台泰州铸造厂电子设备。泰州铸造厂在 20×2 年度确认销售 80 台泰州铸造厂电子设备的销售收入,并结转了相应成本。泰州铸造厂 20×2 年度确认的收入是否正确?

上述情况属于代销商品销售收入的确认。对于代销商品销售收入的确认,应当以收到的代销清单上注明的销售数量及销售价格确认代销商品的销售收入。泰州铸造厂向乙企业发出 A 电子设备 80 台,但收到乙企业寄来的代销清单上注明的销售数量为 40 台,所以应确认为销售数量 40 台。

三、收入的核算

收入的核算包括主营业务收入的核算和其它业务收支的核算。(见第三章第五节内容)

四、收入信息在报表上的列报

利润表中各收入项目,是以“权责发生制”原则为基础,采用“来源法”分别进行披露的。

对于收入的确认而言,权责发生制的基本含义是,凡属于本期的收入,不论其款项是否在本期实际收到,均应作为本期的收入确认;凡不属于本期的收入,即使其款项在本期实际收取,也不能作为本期的收入确认。

收入按“来源法”列式,即按照企业收入的不同来源分别披露。收入分为营业收入和营业外收入,其中,营业收入又分为主营业务收入和其他业务收入,同时,利润表中的投资收益(或损失)、公允价值变动收益(或损失)也是影响利润增加(或减少)的两个项目。将其分开进行信息披露,有助于会计信息使用者了解企业利润的构成情况,从而判断影响收入的主要因素。

为了使利润的确认与计量做到真实、可比,收入信息的披露要遵循配比原则的要求,即收入与其存在因果关系的费用之间存在配比关系。

如泰州铸造厂 2014 年的利润表上的营业收入的本期数从报表附注上可知,是根据主营业务收入 1 539 200.00 元加上其他业务收入 1 760.00 元得来,而且主营业务收入 1 539 200.00 元主要是销售 18.5 千瓦电机壳产品 867 200.00 元和销售 11 千瓦电机壳产品 672 000.00 元得来;(2)营业外收入本期数 6 900 元增加从报表附注上可知是因为接受设备捐赠 6 760 元和债权人注销,无法偿还的应付款项 140 元转化来的。符合营业外收入的核算内容。

第四节　费用项目的解读和列报

一、费用项目的内容

(一)营业成本

营业成本反映的是企业主营业务成本和其他业务成本之和。其中主营业务成本是指企业确认销售商品、提供劳务等经常性活动所发生的成本。企业一般在确认销售商品、提供劳务等主营业务收入时,或在月末,将已销售商品、已提供劳务的成本结转入主营业务成本。其他业务成本是指企业确认的除主营业务活动以外的其他经营活动所发生的成本。包括销售材料的成本,出租固定资产的折旧额,出租无形资产的摊销额,出租包装物的成本或返销额等。

(二)税金及附加

税金及附加是指企业经营活动应负担的相关税费,包括营业税、消费税、城市维护建设税、资源税和教育费附加等。

(三)销售费用

销售费用是指企业在销售产品和材料、提供劳务过程中发生的各项费用,包括企业在销售商品过程中发生的包装费、保险费、展览费和广告费、商品维修费、预计产品质量保证损失、运输费、装卸费等费用,以及企业发生的为销售本企业商品而专设的销售机构的职工薪酬、业务费、折旧费、固定资产修理费等费用。

(四)管理费用

管理费用是指企业的行政管理部门为组织和管理生产经营活动所发生的各项费用,包括企业在筹建期间发生的开办费、应由企业统一负担的公司经费、(包括行政管理部门职工薪酬、物料消耗、低值易耗品摊销、办公费和差旅费)、工会经费、董事会费、聘请中介机构费、咨询费、诉讼费、业务招待费、房产税、车船税、土地使用税、印花税、技术转让费、矿产资源补偿费、研究费用、排污费以及固定资产修理费用等。

(五)财务费用

财务费用是指企业为筹集生产经营所需资金而发生的筹资费用,包括利息支出(减利息收入)、汇兑损益以及相关的手续费、企业发生的现金折扣或收到的现金折扣等。

(六)营业外支出

营业外支出是指直接计入当期利润的损失,主要包括非流动资产处置损失、非货币性资产交换损失、债务重组损失、公益性捐赠支出、非常损失、盘亏损失等。

(七)所得税费用

所得税费用是指按资产负债表债务法核算的、应从当期利润总额中扣除的所得税费用，包括当期所得税（当期应交所得税）和递延所得税。

二、费用的确认与计量

费用确认，简言之，就是指在什么时候，将已经发生的费用登记入哪一个会计期间。费用确认的恰当与否直接关系到企业当期利润计算的准确性和合理性。如果费用的确认期间不合理，就无法保证企业当期利润计算的准确性。费用的确认应遵循以下原则：

（一）划分收益性支出与资本性支出原则

划分收益性支出与资本性支出原则，是指若一项支出的效益及于几个会计年度（或几个营业周期），该项支出应予以资本化，不能作为当期的费用；如果一项支出的效益只能及于一个会计期间（或营业周期）内，该项支出应确认为费用。这一原则为一项支出是否可以确认为费用，给出了属性上的判定原则。正确地区分收益性支出与资本性支出，保证了正确地计量资产的价值和正确地计算各会计期的产品成本、期间费用及损益。

（二）配比原则

配比原则，是指费用确认应当与当期收入相配比，即为当期收入所发生的费用，应当确认为当期的费用。配比原则的基本含义在于，当收入已经实现时，为实现该收入所消耗的某些资产（如物料用品）、或被出售商品、以及提供的劳务（如专设的销售部门人员提供的劳务）的成本或费用，应当在确认该项收入的期间予以确认。如果收入要到未来期间实现，相应的成本或费用应递延分配于未来的实际受益期内。因此，费用的确认，要根据费用与收入的相关程度来确定其归属期。

（三）权责发生制原则

权责发生制原则规定了具体在什么时点上确认费用。企业会计制度规定，凡是当期已经发生或应当负担的费用，不论款项是否付出，都应作为当期的费用；凡是不属于当期的费用，即使款项已在当期支付，也不应当作为当期的费用。

划分收益性支出与资本性支出原则，是根据支出的属性特征为费用的确认提供了判定原则；配比原则则为费用的归属期确认提供了判定原则；权责发生制则为确认费用的发生时点提供了判定原则。

根据上述费用确认原则，在会计实务工作中，针对具体的费用项目，应遵循 3 个确认标准：

（1）按费用与收入的直接关系加以确认

凡是与本期收入有直接因果关系的耗费，就应当确认为该期间的费用。这种因果关系具体表现在两个方面：一是经济性质上的因果性，即应予以确认的费用与期间收入项目具有必然的因果关系，也就是有所得必有所费，不同收入的取得是由于发生了不同的费用；二是时间上的一致性，即应予以确认的费用与某项收入同时或结合起来加以确认，这一过程也就是收入与费用配比的过程。例如，如果企业销售出去的商品是直接与所产生的营业收入相联系的，那么，该项销售商品的成本就可以随同本期实现的销售收入而作为该期的费用;如果企业采用分期收款方式销售商品,应按合同约定的收款日期分期确认收入。在这种情况下,按商品全部销售成本与全部销售收入的比率,计算出本期应结转的营业成本,并与本期所确认的营业收入相配比。

如从泰州铸造厂报表附注中可知,2014 年销售 18.5 千瓦电机壳取得 867 200.元收入,同时生产这些已售的 18.5 千瓦电机壳也耗费了生产成本 325 200 元;销售 11 千瓦电机壳取得 672 000 元收入,同时生产这些已售的 11 千瓦电机壳也耗费了生产成本 240 000 元;

所以,在报告期末就将已售的 18.5 千瓦电机壳 325 200 元和已售的 11 千瓦电机壳 240 000 元全部结转为本期的主营业务成本 565 200 元。

(2)直接作为当期费用确认

在企业中,有些支出不能提供明确的未来经济利益,并且,如果对这些支出加以分摊也没有意义,这时,这些费用就应采用这一标准,直接作为当期费用予以确认,例如,固定资产日常修理费等。这些费用虽然与跨期收入有联系,但由于不确定性因素,往往不能肯定地预计其收益所涉及的期间,因而就直接列作当期的费用。

(3)系统、合理的分摊方式确认

如果费用的经济效益有望在若干个会计期间发生,并且只能大致和间接地确定其与收益的联系,该项费用就应当按照合理的分配程序和方法,计算分摊确认各相关期间的费用。如固定资产的折旧和无形资产的摊销都属于这一情况。

三、费用的核算(见第三章第四节内容)

四、费用信息在报表上的列报

利润表中有关费用项目,是按“权责发生制”原则的要求,采用“功能法”进行信息披露的。

对于费用而言,权责发生制的基本含义是,凡属于本期的费用,不论其款项是否在本期实际付出,均应作为本期的费用确认;凡不属于本期的费用,即使其款项在本期实际支付,也不能作为本期的费用确认。

费用按“功能法”进行信息披露,即按照费用在生产经营活动中发挥的功能进行分类披露。如营业成本是销售商品的生产成本,税金及附加是与取得收入直接相关的税金和费用,管理费用是与企业管理活动相关的费用,财务费用是与企业融资活动相关的费用,而销售费用则是与企业销售活动相关的费用。

如泰州铸造厂 2014 年利润表上的费用项目主要有营业成本、税金及附加、销售费用、管理费用、财务费用、资产减值损失、营业外支出和所得税费用。从报表附注查出可知:

(1)2014 年利润表上的营业成本本期数 566 800 元是根据主营业务成本 565 200 加

上其他业务成本 1 600 元得来；

(2)2014 年利润表上的税金及附加本期数 1 500 元，从报表附注上可知是根据 2014 年本期发生的城市维护建设税 1 100 元和教育费附加 400 元得来。而城市维护建设税 1 100 元和教育费附加 400 元是根据流转税(即本期实际缴纳的增值税，因为本期没有发生营业税和消费税)计算而来；

(3)2014 年利润表上的销售费用、管理费用、财务费用的本期数分别 36 447.04 元、47 386.8 元和 2 100 元，从报表附注上查出，销售费用、管理费用、财务费用的明细开支项目均符合会计规范，并且计算合计金额正确；

(4)2014 年利润表上的资产减值损失的本期数 2 112 元，从报表附注中查出是因为应收账款计提了坏账损失，结合报表附注中应收账款项目计提的坏账比例与期初数(2013 年年末数)是一致的，符合一致性原则；

(5)2014 年利润表上的营业外支出本期数 1 000 元，从报表附注中可以查出是因为本期进行了固定资产处置损失 1 000 元所致，符合营业外支出的核算内容；

(6)2014 年所得税费用的本期数 222 628.3 元，从报表附注中可以查出该企业无纳税调整事项，当期企业应纳税所得额恰好等于当期利润总额。根据该企业当年利润 890 513.2×25%=222 628.3(元)，说明企业所得税计算正确。

第五节 利润项目解读和列报

一、利润的构成

利润是指企业在一定会计期间的经营成果，包括收入减去费用后的净额、直接计入当期利润的利得和损失等。在利润表中，利润分为营业利润、利润总额和净利润 3 个层次。相关计算公式如下：

1. 营业利润

营业利润源自企业的日常活动，是企业利润的主要来源，其表达式为：

营业利润=营业收入-营业成本-税金附加-销售费用-管理费用-财务费用-资产减值损失+公允价值变动收益+投资收益

其中，“资产减值损失”项目，反映企业各项资产发生的减值损失；“公允价值变动收益”项目，反映企业按照相关准则规定应当计入当期损益的资产或负债公允价值变动净收益，如交易性金融资产当期公允价值的变动额；

2. 利润总额

利润总额，又称税前会计利润，是企业在一定会计期间实现的利润总额，其表达式为：

利润总额=营业利润+营业外收入-营业外支出

3. 净利润

净利润，也称税后利润，反映企业在一定会计期间的最终经营成果，其金额为利润

总额扣除所得税费用后的净额,即:

净利润=利润总额-所得税费用

二、利润的信息在报表上的列报

利润在利润表上的项目均是根据营业利润、利润总额和净利润计算所得。

(1)2014 年利润表上的营业利润本期数 884 613.2 元,是根据营业利润=营业收入-营业成本-税金附加-销售费用-管理费用-财务费用-资产减值损失+公允价值变动收益+投资收益=1 540 960-566 800-1 500-36 447.04-47 386.8-2 100.00-2 112.96=884 613.2(元)。

(2)2014 年利润表上的营业利润本期数 884613.2 元,是根据利润总额=营业利润+营业外收入-营业外支出=884 613.2+6 900-1 000=890 513.2(元)。

(3)2014 年利润表上的净利润 667 884.9 元,是根据净利润=利润总额-所得税费用=884 613.2-222 628.3=667 884.9(元)。

第六节　利润表与资产负债表的勾稽关系

一、利润分配的顺序

企业取得的净利润,应当按照国家的有关规定和董事会的决议进行分配。企业本年实现的净利润加上年初未分配利润为可供分配的利润。可供分配的利润应按下列顺序分配:

(1)提取法定盈余公积金;

(2)提取法定公益金;

(3)提取任意公积金;

(4)分配投资者利润;

(5)未分配利润。

若企业发生亏损,可以用以后年度实现的利润弥补,也可以用以前年度提取的盈余公积弥补,企业以前年度亏损未弥补完,不能提取法定盈余公积和法定公益金。企业在提取法定盈余公积和法定公益金前,不得向投资者分配利润。

二、净利润和未分配利润的关系

根据上述利润分配的顺序,可以推导出在企业的净利润和未分配利润之间形成了下列关系:

年末未分配利润=年初未分配利润+本年净利润-提取盈余公积-分配投资者利润

正是因为企业的净利润和未分配利润之间存在上述关系,所以,利润表和资产负债表之间形成勾稽关系。因为本年净利润属于利润表中的项目,未分配利润属于资产负债表中的所有者权益项目。因此,利润表中的净利润最终会转化成资产负债表的所有者权益的未分配利润项目上去的。即利润表中实现的净利润会增加资产负债表中的所有者权益中的未分配利润，利润表中发生的亏损会减少资产负债表中的所有者权益中的未分配利润。因此，若资产负债表中的所有者权益的未分配利润项目与利润表中的净利润之间不存在勾稽关系，就说明报表有错误，若资产负债表中的所有者权益的未分配利润项目与利润表中的净利润之间存在勾稽关系，说明报表编制正确。

如泰州铸造厂 2014 年 12 月 31 日资产负债表中所有者权益中的未分配利润 755 244.9 元从报表附注中可知是上年初未分配利润 87 360 元加上 2014 年本年实现的净利润 667 884.9 元得到。说明泰州铸造厂的资产负债表和利润表之间存在勾稽关系。

第七节　案例阶段性解读

一、案例信息

泰州铸造厂 2014 年年度利润表披露的信息见表 9-1，且报表附注说明中涉及报表附注辅助资料包括：

22. 营业收入和营业成本

(1)营业收入、营业成本

项　目	本期发生额	上期发生额
主营业务收入	1 539 200.00	1 012 000.00
其他业务收入	1 760.00	308 000.00
主营业务成本	565 200.00	346 500.00
其他业务成本	1 600.00	106 755.00

(2)主营业务(分产品)

产品名称	本期发生额		上期发生额	
	营业收入	营业成本	营业收入	营业成本
18.5 千瓦电机壳	867 200.00	325 200.00	648 000.00	210 300.00
11 千瓦电机壳	672 000.00	240 000.00	364 000.00	136 200.00
合计	1 539 200.00	565 200.00	1 012 000.00	346 500.00

23. 税金及附加

项　目	本期发生额	上期发生额	计缴标准
营业税		10 062.25	应税劳务
城市维护建设税	1 100.00	3 072.67	应纳流转税额

续 表

项 目	本期发生额	上期发生额	计缴标准
教育费附加	400.00	1 117.33	应纳流转税额
合计	1 500.00	14 252.25	/

24.销售费用

项 目	本期发生额	上期发生额
广告宣传费	33 360.00	18 000.00
装卸费用	1 200.00	800.00
运输费用	1 887.04	1 200.00
合计	36 447.04	20 000.00

25.管理费用

(1)管理费用明细情况开支

项 目	本期发生额	上期发生额
办公费	9 595.80	44 557.75
工资性支出	28 625.00	60 000.00
固定资产折旧费	5 700.00	8 000.00
财产保险	700.00	12 000.00
汽车费		22 000.00
差旅费	1 486.00	22 190.00
材料消耗		40 000.00
无形资产摊销		
科研开发费		3 000.00
业务招待费	1 280.00	8 000.00
合计	47 386.80	219 747.75

(2)厂部发生材料消耗 40 000 元系厂部办公楼进行暖气改造耗用。

26.财务费用

项 目	本期发生额	上期发生额
利息收入	200.00	810.00
利息支出及手续费	2 300.00	5 810.00
合计	2 100.00	5 000.00

27.资产减值损失

(1)资产减值损失的情况

项　目	本期发生额	上期发生额
一、坏账损失	2 112.96	959.59
合计	2 112.96	959.59

(2)按应收账款余额百分比法计提坏账准备,坏账比例按1%计提。

28.营业外收入情况

项　目	本期发生额	上期发生额
接受设备捐赠	6 760.00	
债权人企业注销,应付债款不用偿还	140.00	
合计	6 900.00	0

29.营业外支出情况

项　目	本期发生额	上期发生额
固定资产处置损失	1 000.00	200 000.00
对外捐赠		300 000.00
合计	1 000.00	500 000.00

30.所得税费用

(1)所得税费用情况

项　目	本期发生额	上期发生额
按税法及相关规定计算的当期所得税	222 628.30	26 696.35
合计	222 628.30	26 696.35

(2)假定该企业无纳税调整事项,当期企业应纳税所得额恰好等于当期利润总额。

二、案例信息解读

(一)总体情况解读

如表9-2所示,泰州铸造厂2014年度营业利润为884 613.2元,投资收益是0,营业外收益5 900元,利润总额为890 513.2元。企业当年的利润主要来自企业主营的经营活动利润。营业利润占利润总额的比率为99.34%;从不同期间比较,2014年盈利状况比2013年提高许多,利润增长率为733.93%;净利润增长率也为733.93%。主要原因:其一,2014年相比2013年,主营业务收入增长了52.09%,毛利增长了308 500元;其二,2014年营业外收益增长,即2014年没有发生对外捐赠和固定资产处置比较少等引起营业外支出大幅减少所致;其三,期间费用中的管理费用大幅下降所致。

表 9-2 泰州铸造厂利润构成情况表 单位:元

项目 \ 年度	2014		2013	
	金额	占利润总额的比例	金额	占利润总额的比例
营业利润	884 613.20	99.34	606 785.41	568.23
投资收益	0	0	0	0
营业外收益	5 900.00	0.66	−500 000.00	−468.22
利润总额	890 513.20	100.00	106 785.41	100.00

(二)分项解读

根据泰州铸造厂 2014 年的利润表数据,结合年报中披露的附注信息对利润表进行分项解读。

1. 营业收入

(1)营业收入的构成情况

如表 9-3 所示,2014 年泰州铸造厂主营业务收入占营业收入总额的比例为 99.89%,其他业务收入比为 0.11%,与 2013 年有较大变化,营业收入构成情况发生较大变化,以主营业务为主。营业收入总额较上年有所增长,主要来源于 11 千瓦电机壳的销量增加。

表 9-3 营业收入构成情况表 单位:元

项目	本年发生额	占比%	上年发生额	占比%
主营业务收入	1 539 200.00	99.89	1 012 000.00	76.67
其他业务收入	1 760.00	0.11	308 000.00	23.33
营业收入总计	1 540 960.00	100.00	1 320 000.00	100.00

(2)主营业务收入的分产品情况

根据上述资料,该公司主要经营 18.5 千瓦电机壳和 11 千瓦电机壳两种产品。两种产品的营业收入及其营业成本情况如表附注中所示。根据上述数据计算得到如表 9-4 所示分产品毛利率。两类产品的毛利率,整体上较平稳,11 千瓦电机壳的销售比重较去年有所增加,而 18.5 千瓦电机壳的毛利率较上年减少 5 个百分点。

表 9-4 分产品毛利率表 单位:%

项目	本年情况		上年情况	
	占营业收入比例	毛利率	占营业收入比例	毛利率
18.5 千瓦电机壳	0.56	0.63	0.64	0.68
11 千瓦电机壳	0.44	0.64	0.36	0.63
合计	1	——	1	——

2. 营业成本

营业成本是企业经营业务所发生的实际成本总额,包括主营业务成本和其他业务成本。营业成本是取得营业收入所发生的代价，通过对成本的分析，可以对企业产品水平有所了解，与销售价格相对比，还可以分析企业的盈利情况。企业的营业成本水平的高低，既有不可控的因素，也有企业可以控制的因素。因此，对营业成本水平的评价，应该结合内外部多种因素来进行。从附注中可以看到主营业务成本较上年有所上升，其他业务收入大幅下降，但是该公司的毛利率下降到63.21%，同比下降2.45%。

3. 税金及附加

对税金及附加进行分析时，应将该项目与企业的营业收入配比，并进行前后期间比较。因为企业在一定期间取得的营业收入要按国家规定缴纳各种税金及附加。如果两者不匹配，则企业存在"偷税"、"漏税"之嫌。税金及附加与营业收入的比例本年为0.1%，比去年(1.1%)减少1%，减少原因为营业税今年为零，另外其他税金也减少。这项目的减少可能与企业的其他业务收入及成本有关。

4. 期间费用

期间费用包括销售费用、管理费用和财务费用，这部分费用与产品的产量无直接关系，而与费用发生的期间有关，在发生的当期从损益中扣除。销售费用是与当期商品销售直接相关的费用。从企业管理层可以对诸如广告费、营销人员薪酬等方面控制这部分费用以降低成本，但是这种控制对企业的长期发展不利，也可能影响有关人员的工作积极性。因此，在企业业务正常的情况下，企业的销售费用与营业收入保持一定比例，不会大规模降低。

根据该公司利润表，销售费用与营业收入的比例2014年为2.37%，2013年1.52%，增加比例较大。主要是增加了广告费用，以加大宣传力度。

泰州铸造厂2014年管理费用为47 386.8元，比2013年219 747.75元降低近80%。从整体上来看，在营业收入增加的情况下，管理费用降低，企业的管理水平提高。管理费用的降低主要是办公费用、工资、汽车费、差旅费、业务招待费大规模降低。由此可以推断，企业2014年厂部行政管理制度进行了改革，缩减了行政开支，尤其如汽车、差旅、业务接待开支这些消费开支，另外材料消耗的大幅下降是因为2013年厂部办公楼进行暖气改造耗用的，2014年没有这项材料开支，说明企业暖气改造成功的。

财务费用2014年比上年降低2 900元，降低的主要原因是利息的支出。

5. 资产减值损失

解读资产减值损失时，应结合报表附注，了解资产减值损失的具体构成情况，既企业当年主要是哪些项目发生了减值。同时还要结合资产负债表中有关资产减值的幅度，从而对合理预测企业未来财务状况提供帮助。

根据泰州铸造厂的报表及其资料可知资产减值损失增加的主要原因是应收账款的增加导致需要多计提坏账准备。结合应收账款的附注，2014年末和2013年末一样按应收账款余额百分比法计提坏账准备，坏账比例按1%计提。符合可比性原则。

6. 营业外收支

营业外收入、营业外支出指的是与日常经营活动无直接关系的各项利得、损失，它们的发生具有偶然性，因此两者间不存在配比关系。营业外收支的净额，通常不是利润总额的主要构成部分,对此前面已进行过解读,在此不再赘述。

7. 所得税费用

泰州铸造厂2014年按税法及相关规定计算的当期所得税为222 628.3元,较上年有所降低。2014年从报表附注中可以查出该企业无纳税调整事项,当期企业应纳税所得额恰好等于当期利润总额。是根据该企业当年利润890 513.2×25%=222 628.3元,说明企业所得税计算正确。2013年所得税费用没有其他附注事项,比2014年所得税费用高的原因无法分析。

8. 净利润

净利润是利润总额减去所得税后的余额,是企业经营业绩的最终结果,也是利润分配的源泉,净利润的增长是企业成长性的基本表现。2014年泰州铸造厂净利润667 884.9元比2013年80 089.06增加了587 795.84元,主要原因是2014年相比2013年,主营业务收入有所增加,但期间费用中管理费用、营业外支出的大幅下降所致,并且所得税费用也有一定程度的下降等原因所致。

思考题

1. 利润表的结构由哪几部分构成?
2. 营业利润表示什么含义?如何计算?
3. 资产减值损失和公允价值变动收益分别核算什么内容?
4. 资产负债表和利润表之间依靠什么联系?
5. 企业净利润的分配顺序?

第十章 财务报告的分析

第一节 财务报告的分析概述

一、财务报告的组成

财务报告是指企业对外提供的反映企业某一特定日期的财务状况和某一会计期间的经营成果、现金流量等会计信息的文件。财务报告分为年度、半年度、季度和月度财务报告。

年度、半年度财务报告应当包括会计报表、会计报表附注和财务情况说明书，其中，会计报表应当包括资产负债表、利润表、现金流量表和所有者权益（股东权益）变动表。会计学中一般将会计报表和会计报表附注合称为“财务报表”。《企业会计准则第30号——财务报表列报》（2014年修订）规定，财务报表是对企业财务状况、经营成果和现金流量的结构性表述。财务报表至少应当包括下列组成部分：（1）资产负债表；（2）利润表；（3）现金流量表；（4）所有者权益（或股东权益，下同）变动表；（5）附注。财务报表上述组成部分具有同等的重要程度。这些概念之间的关系如图10-1所示。

- 财务报告
  - 财务报表
    - 会计报表
      - 资产负债表
      - 利润表
      - 现金流量表
      - 所有者权益（股东权益）变动表
    - 会计报表附注
  - 财务情况说明书

图10-1 年度、半年度财务报告的组成

季度、月度财务报告通常仅指会计报表（至少应当包括资产负债表和利润表）。

会计学中一般将会计期间短于一个完整的会计年度的财务报告成为“中期财务报告”，如半年度报告、季度报告、月度报告等。

二、财务分析的作用

财务分析是指以企业财务报告等资料为基础和起点，采用一系列专门的方法，运用一定的程序,对所关注的被分析企业的有关财务问题及其相关财务行为能力的现实状况、发展过程和未来趋势所作的分析,为企业的投资者、债权人、经营者和其他财务分析主体的决策提供依据。

(一)财务分析可正确评价企业过去

财务分析通过对企业财务报告等资料的分析,可以了解企业的财务状况、营运能力和盈利能力,从而能够正确地评价企业过去的财务状况和经营成果,合理评价经营者的工作业绩,而且还能对企业投资者和债权人的行为产生积极的影响。

(二)财务分析可全面反映企业现状

财务报告等资料是企业各项生产经营活动的综合反映。财务分析,根据不同分析主体的分析目标,采用不同的分析手段和方法,可得出反映企业在某方面现状的指标,如反映企业偿债能力的指标、企业营运状况的指标、企业盈利能力的指标等,有助于经营者全面把握企业的发展态势,进而剖析企业财务现状形成的原因,并据以寻求解决问题的途径和方法。

(三)财务分析可用于预估企业未来

无论是企业的经营管理者还是企业的投资者、债权人等利益相关者,他们都关心企业的未来发展是否有可持续性、企业的增长方式是否平衡、科学合理。通过财务分析可以判断企业的未来发展趋势,预测企业的经营前景,从而为企业经营管理者和利益相关者进行经营决策和投资决策提供重要依据。

三、财务分析的基本方法

(一)比率分析法

比率分析法是指利用财务报表中两项相关数值的比率揭示企业财务状况和经营成果的一种分析方法。根据分析的目的和要求的不同,比率分析主要有以下 3 种:

1. 构成比率。构成比率又称结构比率,是某个经济指标的各个组成部分与总体的比率,反映部分与总体的关系。其计算公式为:

构成比率=某个组成部分数额/总体数额

利用构成比率,可以考察总体中某个部分的形成和安排是否合理,以便协调各项财务活动。

2. 效率比率。它是某项经济活动中所费与所得的比率,反映投入与产出的关系。利用效率比率指标,可以进行得失比较,考察经营成果,评价经济效益。

3. 相关比率。它是根据经济活动客观存在的相互依存、相互联系的关系,以某个项目和与其有关但又不同的项目加以对比所得的比率,反映有关经济活动的相互关系。如流动比率。

比率分析法的优点是计算简便,计算结果容易判断,而且可以使某些指标在不同规模的企业之间进行比较,甚至也能在一定程度上超越行业间的差别进行比较。但采用这一方法时对比率指标的使用该注意以下几点：

(1)对比项目的相关性。计算比率的子项和母项必须具有相关性，把不相关的项目进行对比是没有意义的。

(2)对比口径的一致性。计算比率的子项和母项必须在计算时间、范围等方面保持口径一致。

(3)衡量标准的科学性。运用比率分析，需要选用一定的标准与之对比，以便对企业的财务状况作出评价。通常而言，科学合理的对比标准有：①预定目标；②历史标准；③行业标准；④公认标准。

(二)比较分析法

比较分析法是指通过某项财务指标与性质相同的指标评价标准进行对比，揭示企业财务状况和经营成果的一种分析方法。

常用的指标评价标准：

(1)行业标准，反映某行业水平的指标评价标准。

(2)历史标准，反映本企业历史水平的指标评价标准。

(3)目标标准，反映本企业目标水平的指标评价标准，常采用预算标准。

(三)趋势分析法

趋势分析法又称水平分析法，是将两期或连续数期财务报告中相同指标进行对比，确定其增减变动的方向、数额和幅度，以说明企业财务状况和经营成果变动趋势的一种方法。

趋势分析法的具体运用主要有以下3种方式：

1.重要财务指标的比较

它是将不同时期财务报告中的相同指标或比率进行比较，直接观察其增减变动情况及变动幅度，考察其发展趋势，预测其发展前景。

对不同时期财务指标的比较，可以有两种方法：

(1)定基动态比率。它是以某一时期的数额为固定的基期数额而计算出来的动态比率。其计算公式为：

定基动态比率＝分析期数额÷固定基期数额

(2)环比动态比率。它是以每一分析期的前期数额为基期数额而计算出来的动态比率。其计算公式为：

环比动态比率＝分析期数额÷前期数额

2.会计报表的比较

会计报表的比较是将连续数期的会计报表的金额并列起来，比较其相同指标的增减变动金额和幅度，据以判断企业财务状况和经营成果发展变化的一种方法。

3.会计报表项目构成的比较

这是在会计报表比较的基础上发展而来的。它是以会计报表中的某个总体指标作为100％，再计算出其组成项目占该总体指标的百分比，从而来比较各个项目百分比的增减变动,以此来判断有关财务活动的变化趋势。

但在采用趋势分析法时,必须注意以下问题:

(1)用于进行对比的各个时期的指标,在计算口径上必须一致;

(2)剔除偶发性项目的影响,使作为分析的数据能反映正常的经营状况;

(3)应用例外原则,应对某项有显著变动的指标作重点分析,研究其产生的原因,以便采取对策,趋利避害。

(四)因素分析法

因素分析法也称因素替换法、连环替代法,它是用来确定几个相互联系的因素对分析对象——综合财务指标或经济指标的影响程度的一种分析方法。采用这种方法的出发点在于,当有若干因素对分析对象发生影响作用时,假定其他各个因素都无变化,顺序确定每一个因素单独变化所产生的影响。

第二节　财务报表的比率分析

为便于说明财务比率的计算和分析方法,本节以泰州铸造厂的财务报表数据为例,该公司的资产负债表和利润表(见第四章第四节表 4-17;4-18)。

一、偿债能力分析

债务一般按到期时间分为短期债务和长期债务,偿债能力分析也由此分为短期偿债能力分析和长期偿债能力分析两部分。

(一)短期偿债能力分析

短期偿债能力是指企业以流动资产偿还流动负债的能力,它反映企业偿还到期短期债务的能力,是衡量企业当前财务能力,特别是流动资产变现能力的重要标志。反映企业短期偿债能力的财务比率主要有流动比率、速动比率和现金比率。

1. 流动比率

流动比率是流动资产与流动负债的比值,表示企业每元流动负债有多少流动资产作为偿还的保证,反映了企业的流动资产偿还流动负债的能力。其计算公式为:

流动比率=流动资产÷流动负债

流动比率究竟多高才算合适,并没有统一、标准的数值,实践中需要结合企业的行业特性、信用等级等因素进行具体分析。一般情况下,流动比率越高,反映企业短期偿债能力越强,流动负债得到偿还的保障越大。但是,过高的流动比率可能意味着企业流动资产占用较多,会影响资金的使用效率,进而可能会影响企业的获利能力。

从理论上讲,流动比率维持在 2∶1 是比较合理的。但是,由于行业性质不同,流动比率的实际标准也不同。所以,在分析流动比率时,应将其与同行业平均流动比率或本企业历史的流动比率进行比较,才能得出合理的结论。

根据泰州铸造厂的财务报表数据:

2014 年末流动比率＝2 527 575.4÷1 042 027.5＝2.43

2013 年末流动比率＝1 613 679÷307 440＝5.25

泰州铸造厂的流动比率降低了 2.82(5.25－2.43)，即为每 1 元流动负债提供的流动资产保障减少了 2.82 元，意味着泰州铸造厂短期偿债能力的恶化。总体上流动负债的增长速度远高于流动资产的增长速度，而流动负债增加的主要原因是短期借款和预收款项的增加。

流动比率假设全部流动资产都可以变为现金并用于偿债，全部流动负债都需要还清。实际上，经营性流动资产是企业持续经营所必需的，不能全部用于偿债，经营性应付项目可以滚动存续，无需动用现金全部结清，因此，流动比率是短期偿债能力的粗略估计。

2. 速动比率

速动比率是企业速动资产与流动负债的比值。所谓速动资产，是指流动资产减去变现能力较差且不稳定的存货、预付账款、一年内到期的非流动资产和其他流动资产等之后的余额，如图 9-2 所示。由于剔除了存货等变现能力较弱且不稳定的资产，因此，速动比率较之流动比率能够更加准确、可靠的评价企业资产的流动性及其偿还短期负债的能力。其计算公式为：

速动比率＝速动资产÷流动负债

与流动比率一样，不同行业的速动比率有差别很大。例如，采用大量现金销售的商店，几乎没有应收款项，速动比率大大低于 1 很正常。相反，一些应收款项较多的企业，速动比率可能要大于 1。传统经验认为，速动比率维持在 1∶1 较为正常，它表明企业的每 1 元流动负债就有 1 元易于变现的流动资产来抵偿，短期偿债能力有可靠的保证。速动比率过低，企业的短期偿债风险较大；速动比率过高，企业在速动资产上占用资金过多，会增加企业的机会成本。

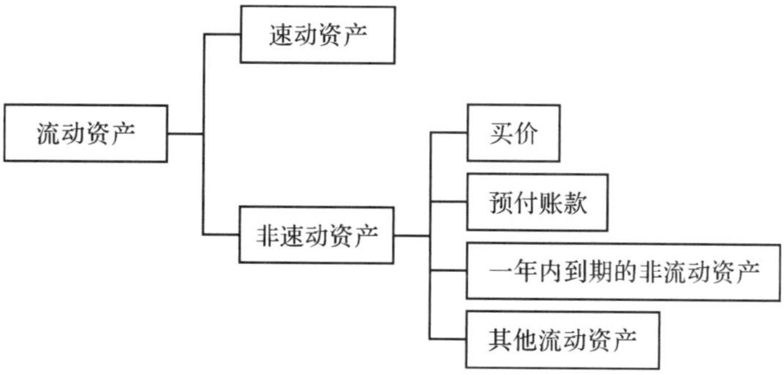

图 10-2　速动资产与非速动资产的划分

根据泰州铸造厂的财务报表数据：

2014 年末速动比率＝(2 527 575.4－797 180)÷1 042 027.5＝1.66

2013 年末速动比率＝(1 613 679－960 500)÷307 440＝2.12

泰州铸造厂的速动比率降低了 0.46(2.12－1.66)，剔除存货后，泰州铸造厂速动比率下降幅度低于流动比率的下降幅度，但由于流动负债的增长过快，导致速动比率还是出现了一定的下降。

3. 现金比率

速动资产中,流动性最强、可直接用于偿债的资产称为现金资产。现金资产包括货币资金、交易性金融资产等。与其他速动资产不同,它们本身就是可以直接偿债的资产,而其他速动资产需要等待不确定的时间,才能转换为不确定金额的现金。

现金资产与流动负债的比值称为现金比率,其计算公式如下:

现金比率=(货币资金+交易性金融资产)÷流动负债

根据泰州铸造厂的财务报表数据:

2014 年末现金比率=(1 014 311.4+200 000)÷1 042 027.5=1.17

2013 年末现金比率=556 179÷307 440=1.81

泰州铸造厂的现金比率降低了 0.64(1.81-1.17),尽管 2014 年末货币资金和交易性金融资产增长较快,但由于流动负债同期出现了更大幅度的增长,导致现金比率还是出现了下降。

(二)长期偿债能力分析

1. 资产负债率

资产负债率是总负债占总资产的百分比,其计算公式如下:

资产负债率=(总负债÷总资产)×100%

资产负债率反映总资产中有多大比例是通过负债取得的,它可以衡量企业清算时对债权人利益的保护程度。一般情况下,资产负债率越低,说明企业长期偿债能力越强。但是,也并非说该指标对谁都是越小越好。从债权人来说,该指标越小越好,这样的企业偿债越有保证。从企业所有者来说,如果该指标较大,说明利用较少的自有资本投资形成较多的生产经营用资产,不仅扩大了生产经营规模,而且在经营状况良好的情况下,还可以利用财务杠杆的原理,得到较多的投资利润,如果该指标过小则表明企业对财务杠杆利用不够。但资产负债率过大,则表明企业的负债负担重,企业资金实力不强,不仅对债权人不利,而且企业有濒临倒闭的危险。此外,企业的长期偿债能力与获利能力密切相关,因此企业的经营决策者应当将偿债能力指标(风险)与获利能力指标(收益)结合起来分析,予以平衡考虑。

根据泰州铸造厂的财务报表数据:

2014 年末资产负债率=(2 212 027.5÷9 066 572.4)×100%=24.40%

2013 年末资产负债率=(1 477 440÷7 664 100)×100%=19.28%

由于负债的上升幅度超过了资产的上升幅度,泰州铸造厂的资产负债率上升了 5.12%(24.40%-19.28%),但总体上仍较低。

2. 产权比率

产权比率是指负债总额与所有者权益总额的比率,是企业财务结构稳健与否的重要标志。其计算公式为:

产权比率=(负债总额÷所有者权益总额)×100%

该比率反映了所有者权益对债权人权益的保障程度,即在企业清算时债权人权益的保障程度。该指标越低,表明企业的长期偿债能力越强,债权人权益的保障程度越高，承担的风险越小。

根据泰州铸造厂的财务报表数据：

2014 年末产权比率＝(2 212 027.5÷6 854 544.9)×100％＝32.27％

2013 年末产权比率＝(1 477 440÷6 186 660)×100％＝23.88％

泰州铸造厂的产权比率上升了 8.39％(32.27％－23.88％)，由于负债比率的提高，泰州铸造厂净资产对负债的保障程度有所下降。

3. 利息保障倍数

利息保障倍数是指息税前利润相对于利息费用的倍数。其计算公式为：

利息保障倍数＝息税前利润÷利息费用

＝(净利润＋利息费用＋所得税费用)÷利息费用

式中，利息费用是指本期发生的全部利息，包括流动负债的利息费用，长期负债中进入损益的利息费用以及进入固定资产原价中的资本化利息。

利息保障倍数越高，说明企业支付利息费用的能力越强，该比率越低，说明企业难以保证用经营所得来及时、足额地支付负债利息。因此，它是企业是否举债经营，衡量其偿债能力强弱的主要指标。

若要合理地确定企业的利息保障倍数，需将该指标与其它企业，特别是同行业平均水平进行比较。根据稳健原则，应以指标最低年份的数据作为参照物。但是，一般情况下，利息保障倍数不能低于 1。

根据泰州铸造厂的财务报表数据：

2014 年利息保障倍数＝(667 884.9＋2 100＋222 628.3)÷2100＝425.05

2013 年利息保障倍数＝(80 089.06＋5 000＋26 696.35)÷5000＝22.36

与 2013 年相比，泰州铸造厂 2014 年利息保障倍数增长显著，这主要是由于 2014 年盈利能力强，利润大幅增加所致。

二、营运能力分析

营运能力分析是指通过计算企业资金周转的有关指标分析其资产利用的效率，是对企业管理层管理水平和资产运用能力的分析。

1. 总资产周转率

总资产周转率是销售收入净额与平均总资产的比率。它反映的是企业全部资产的周转速度，可以用总资产周转次数和总资产周转天数来衡量，其计算公式为：

总资产周转次数＝销售收入净额÷平均资产总额

总资产周转天数＝360÷总资产周转次数

＝360÷(销售收入净额÷平均资产总额)

平均资产总额＝(期初资产总额＋期末资产总额)÷2

总资产周转率高，说明全部资产的经营效率高，取得的收入多；该周转率低，说明全部资产的经营效率低，取得的收入少，最终会影响企业的盈利能力。企业应采取各项措施来提高企业的资产利用程度，如提高销售收入或处理多余的资产。

根据泰州铸造厂的财务报表数据：

假定2013年年初资产总额为6 420 000元。

2014年总资产周转次数=1 540 960÷(7 664 100+9 066 572.4)/2=0.18(次)

2013年总资产周转次数=1 320 000÷(6 420 000+7 664 100)/2=0.19(次)

2014年总资产周转天数=360÷0.18=2 000(天)

2013年总资产周转天数=360÷0.19=1 895(天)

与2013年相比,泰州铸造厂2014年的总资产周转速度稍慢,比2013年总资产周转一次要慢105天,总体而言,该企业资金使用效率较低。

2. 应收账款周转率

应收账款周转率是一定时期内销售收入净额与应收账款平均余额的比率,是反映应收款项周转速度的一项指标。其计算公式为:

应收账款周转次数=销售收入净额÷应收账款平均余额

应收账款周转天数=360÷应收账款周转次数

=360÷(销售收入净额÷应收账款平均余额)

应收账款平均余额=(期初应收账款+期末应收账款)÷2

应收账款周转率反映了企业应收账款变现速度的快慢及管理效率的高低,周转率越高表明:(1)收账迅速,账龄较短;(2)应收账款流动性强,短期偿债能力强;(3)可以减少收账费用和坏账损失,从而相对增加企业流动资产的投资收益。

根据泰州铸造厂的财务报表数据:

假定2013年年初应收账款余额为57 000元。

2014年应收账款周转次数=1 540 960÷(45 000+209 184)/2=12.12(次)

2013年应收账款周转次数=1 320 000÷(57 000+45 000)/2=25.88(次)

2014年应收账款周转天数=360÷12.12=30(天)

2013年应收账款周转天数=360÷25.88=14(天)

与2013年相比,泰州铸造厂2014年的应收账款周转速度降低了,比2013年慢了16天,需加强应收账款管理。

3. 存货周转率

存货周转率也称存货周转次数,是企业一定时期内的销售成本与存货平均余额的比率,它是反映企业的存货周转速度和销货能力的一项指标,也是衡量企业生产经营中存货营运效率的一项综合性指标。其计算公式为:

存货周转次数=销售成本÷存货平均余额

存货周转天数=360÷存货周转次数

=360÷(销售成本÷存货平均余额)

存货平均余额=(期初存货+期末存货)÷2

公式中的"销售成本",由于企业外部分析者难以获得相关的资料,通常以利润表中的"营业成本"代替。

一般来说,存货周转率越高越好,存货周转率越高,表明其变现的速度越快,周转额越大,存货占用水平低,存货积压的风险就越小,企业的变现能力以及资金使用效率就越好。但是存货周转率分析中,应注意剔除存货计价方法不同所产生的影响。

根据泰州铸造厂的财务报表数据：

假定2013年年初存货余额为823 000元。

2014年存货周转次数＝566 800÷(960 500＋797 180)/2＝0.65(次)

2013年存货周转次数＝453 255÷(823 000＋960 500)/2＝0.51(次)

2014年存货周转天数＝360÷0.65＝554(天)

2013年存货周转天数＝360÷0.51＝706(天)

泰州铸造厂2014年的存货周转次数为0.65次，存货周转天数为554天。相比2013年，虽然其存货周转速度有所加快，但整体上仍非常慢，需加强存货管理，加快存货周转速度。

三、盈利能力分析

盈利能力反映的是企业赚取利润的动力。在评价盈利能力时，常用的指标有销售毛利率、销售净利率、总资产净利率、净资产收益率。对于上市公司而言，还可以计算每股收益、市盈率等。

1.销售毛利率

销售毛利率是企业的销售毛利与销售收入的比率。其计算公式为：

销售毛利率＝销售毛利÷销售收入×100％

＝(销售收入－销售成本)÷销售收入×100％

销售毛利率越大，表明企业选择的经营项目的盈利水平越高。

根据泰州铸造厂的财务报表数据：

2014年销售毛利率＝(1 540 960－566 800)÷1 540 960×100％＝63.22％

2013年销售毛利率＝(1 320 000－453 255)÷1 320 000×100％＝65.66％

泰州铸造厂2014年的销售毛利率为63.22％，比2013年下降了2.44％，主要是因为营业成本的上升速度超过了营业收入的上升速度。

2.销售净利率

销售净利率是指净利润与销售收入的比率。其计算公式为：

销售净利率＝净利润÷销售收入×100％

销售净利率越高，说明企业的盈利能力越强。

根据泰州铸造厂的财务报表数据：

2014年销售净利率＝667 884.9÷1 540 960×100％＝43.34％

2013年销售净利率＝80 089.06÷1 320 000×100％＝6.07％

泰州铸造厂2014年的销售净利率为43.34％，比2013年上升了37.27％，相比2013年，虽然该企业2014年营业成本在上升，但同时税金及附加、管理费用和营业外支出都急剧减少，最终导致其销售净利率大幅上升。

3.总资产净利率

总资产净利率是指净利润与平均总资产的比率，它反映每1元总资产创造的净利润。其计算公式如下：

总资产净利率=净利润÷平均资产总额×100%

平均资产总额=(期初资产总额+期末资产总额)÷2

显然,总资产净利率越高,说明企业的获利能力越强。

根据泰州铸造厂的财务报表数据:

假定 2013 年年初资产总额为 6 420 000 元。

2014 年总资产净利率=667 884.9÷(7 664 100+9 066 572.4)/2×100%=7.98%

2013 年总资产净利率=80 089.06÷(6 420 000+7 664 100)/2×100%=1.13%

泰州铸造厂 2014 年的总资产净利率为 7.98%,比 2013 年上升了 6.85%,说明该企业资产利用的效率在提高,盈利能力在上升。

4. 净资产收益率

净资产收益率是指净利润与平均股东权益的比率,它反映每 1 元股东权益赚取的净利润,可以衡量企业的总体盈利能力。其计算公式如下:

净资产收益率=净利润÷平均净资产×100%

平均净资产=(期初净资产+期末净资产)÷2

权益净利率的分母是股东的投入,分子是股东的所得。对于股权投资者来说,具有非常好的综合性,概括了企业的全部经营业绩和财务业绩。

根据泰州铸造厂的财务报表数据:

假定 2013 年年初净资产为 6 003 542 元。

2014 年净资产收益率=667 884.9÷(6 186 660+6 854 544.9)/2×100%=10.24%

2013 年净资产收益率=80 089.06÷(6 003 542+6 186 660)/2×100%=1.31%

泰州铸造厂 2014 年的净资产收益率 10.24%,比 2013 年上升了 8.93%,说明该企业的盈利能力在上升,但总体上并不高。

第三节　主要财务报表的概括分析

财务报告分析可以通过比率分析考核企业的盈利能力、偿债能力和资产运营状况。但这些量化指标必须结合财务报告的基本内容才能使其展现数据背后企业的真实状况。由于财务报告主要由会计报表和报表附注构成。会计报表是其主要部分。因此,财务报告的分析还要结合会计报表的主要组成部分分析其构成及其内在的勾稽关系,从性质上了解和掌握企业的基本财务状况和经营成果。

一、资产负债表的分析

资产负债表是反映企业财务状况信息的会计报表。根据这张报表能够了解企业的资产质量、债务偿还能力和权益变动情况。

(一)资产质量的分析

首先,主要针对资产的组成内容进行分析:流动资产质量分析;投资性资产质量分析;固定资产和无形资产质量分析;其次,对资产质量结构进行分析;最后,还要对影响总资产的质量的一些异常因素进行分析。

(1)流动资产质量分析。主要针对应收账款和存货,即应收账款占流动资产的比例、账龄、周转速度以及与同行业比较;存货占流动资产的比例、周转速度、存货的构成以及与同行业进行比较。因此,企业既要采用自身技术指标进行前后各期对比,又要在同行业之间进行相同指标对比分析。首先,企业计算出自身技术指标:流动资产周转率、应收账款周转率和存货周转率后与企业前期进行纵向比较以及与同业之间或同业平均水平之间进行横向比较;然后通过比较分析得出企业的应收项目有否存在坏账,存货有否发生跌价或积压的风险,货币资金有否使用效率不高等导致流动资产周转不快等现象,或者得出流动资产运转情况非常良好,流动资产质量非常好等结果。

2.长期资产的质量分析。主要关注长期股权投资、可供出售的金融资产、投资性房地产、固定资产和无形资产等。

长期资产包括可供出售的金融资产、持有至到期投资、长期股权投资、投资性房地产、固定资产和无形资产等,分析要点主要包括:

首先,要衡量指标长期资产的适合率(所有者权益+长期负债)/长期资产,理论上一般比例>1,即长期资本应该不小于长期资产,长期资产的资金应该由长期资本解决,不能由营运资本来提供;

其次,固定资产要关注其更新速度、折旧政策以及固定资产周转率;无形资产要结合其研发费用的支出、企业的技术储备与市场保持能力等进行分析;

最后,要注意交易性金融资产及其他金融资产在报表的分析,在对交易性金融资产进行质量分析时:(1)需要考察财务报表附注中所披露的投资明细。债券类投资风险较小,收益不高但是比较稳定;股票类投资的风险较大,可能有较高的收益也可能会发生较大的亏损,对企业经营成果的影响较大。(2)在分析这类资产的质量时,尤其要结合对资本市场的预期来判断。资本市场的上涨或下降预期直接预示着交易性金融资产价值的变动。如果该项投资被认为是交易性金融资产,股市年末处于牛市时,报表的资产和收益均会增加;年末处于熊市时,报表的资产和收益均会减少。

3.资产质量的其他评价。对企业的异常资产(包括虚拟资产、不良资产和贬值资产)要给予特别关注。一般异常资产就不良资产的区域而言,主要集中在其他应收款、周转缓慢的存货、因巨额亏损而严重贬值的各项投资性资产、利用率不高且难以产生效益的固定资产、无明确对应关系的无形资产、长期待摊费用等。分析者应该在对上述项目的质量逐项分析的基础上,结合其规模以及变化方向,判别出主要的不良资产区域,并进一步分析问题产生的根源,透视企业的资产管理质量。

4.资产结构的质量分析。企业一般要比较总资产增长率,同时还要比较资产结构的质量分析。比较包括总资产中流动资产和固定资产所占的比重;流动资产中应收账款和存货所占的比重;存货资产中适销对路、冷背呆滞、残损变质等部分各自所占的比例。这些结构均要结合具体的行业特性来比较,进行趋势分析才能得出结论。

(二)权益的分析

首先要分析负债和所有者权益的结构比例,一般来说,企业负债总额应小于所有者权益总额才是正常的。倘若一个企业负债总额大于所有者权益总额,对于债权人来讲,企业的经营风险都由债权人承担容易引发偿债风险;对于所有者或股东来说,假如企业一旦经营不善或由于外来突发事件的产生导致债务危机,会引发债权人成为企业的新所有者或新控股股东,使原有的所有者或股东控股权会受影响,被新所有者或新控股股东控制。当然,也可能会产生最坏的结局导致企业破产。

1. 负债质量的分析

负债质量的分析体现在:首先,债务指标的衡量;其次,债务结构的合理性;最后,关注影响企业偿债能力的特别项目。

首先,债务指标的衡量一般根据前节内容阐述的衡量流动负债和长期负债的指标来分析,但在分析这些指标过程中还要结合报表的具体项目内容来分析,如流动比率和速动比率计算出来的结果比同行业平均数低,但该企业预收账款占流动负债比率比同行业高出许多,这种情况表明该企业的流动比率、速动比率偏低是预收账款的影响导致的,则不一定显示短期偿债能力较差。因为企业预收账款是反映企业预收购买客户的定金,是企业一种无成本的资金来源,企业利用该资金可以节约大量的利息支出。而且只要该企业生产能力上没有问题,企业的预收账款就会随着产品的产出转化成企业的收入款。所以,这种情况的企业反而可能是偿债能力较强的。

其次,债务结构的合理性,作为企业的债务结构主要是流动负债和长期负债的比例。一般来说,流动负债占负债总额比重越大,其所面临的财务风险就越高。因为,企业在短期内要偿还巨额的流动负债,企业又没有闲置的现金流,就必然要抽走企业的经营资金偿还债务,而企业的供应商及债权人一旦知道企业资金周转困难,马上会断供及催款,企业想再进行债务筹资将会异常艰难,只有转让股权或出售优质资产,当然还要企业有优质的资产和有人受让股权,否则,企业就将破产。倘若企业是企业长期负债占负债总额比率高的话,财务安全性会更好一些。因为企业要在将来较长时间偿还债务,只要企业发展良好,保持较好的盈利能力和筹资能力,企业就有足够的经营现金流量维持经营并能偿还债务,则这种潜在的财务危机就不会演变成现实。总的来说,企业债务的合理结构是:“长债长投”即持有更多的长期资产的企业在债务筹资时应该使用更多的长期负债;“短债短投”即持有更多的流动资产的企业在债务筹资时应该使用更多的短期负债,而不是长期负债;因为如果实行“短债长投”,即债务期限比资产期限短,一旦企业发生债务危机,长期资产无法很快变现,资产可能产生不了足够的现金流来偿还债务。

最后,关注影响企业偿债能力的特别项目,对于有些项目虽然在表内没看出异常,但却暗藏风险,会影响企业的盈利或引发企业的债务危机。如:(1)预计负债反映企业确认的对外提供担保、未决诉讼、产品质量保证、亏损性合同等可能产生的负债;(2)报表附注中的或有负债,它是过去的交易或事项形成的潜在义务,其存在必须通过未来不确定事项的是否发生予以证实。因此,或有负债未来可能形成企业的负债也可能不形成企业的负债。分析负债项目则必须关注大额的已贴现的商业票据形成的或有负债、大额的未决诉讼仲裁形成的或有负债及为其他单位提供债务担保形成的大额或有负债。

2. 所有者权益(股东权益)的分析

所有者权益属于企业的所有者或所有股东的资本，是企业永久性的资金来源项目。所有者或股东对企业资金的要求：要求经营者进行合法经营，对其投入的资金进行保值和增值。因此，对所有者权益分析，首先，分析所有者权益的总额，即一方面将企业所有者权益的现有指标与企业本身前期指标进行纵向比较，了解企业所有者权益是增长还是缩减；另一方面将企业所有者权益的现有指标与同行业其他企业进行横向比较，了解企业所有者投资的规模；其次，进行所有者权益具体项目的分析，一般来讲，企业的实收资本或股本相对稳定，变化不大，主要关注其所有者或大股东的资质、背景等，了解其资本实力、投资所好和风险态度。资本公积一般属于企业的资本溢价和股本溢价，变化不大。留存收益是所有者权益中最不稳定的部分，包括盈余公积和未分配利润。企业有盈余公积尤其是拥有较多的未分配利润，表明企业盈余不错，若有足够的现金流，说明企业能够有支付现金股利的能力等；反之，企业未分配利润为负数，表明企业经营亏损。

二、利润表的分析

企业分析利润表除了使用盈利指标分析外，还必须重点分析利润的构成，了解其利润的稳定性和长久性。由于企业的利润总额由营业利润和营业外收益组成。因此，必须结合营业利润和营业外收益对利润形成的稳定性和持久性进行分析。首先，应剖析营业利润的构成和了解营业利润的长期性来源项目，营业利润是由经营利润(营业收入扣除营业成本、期间费用和税金及附加后再加上投资收益得到的)加上账面浮盈或浮亏(公允价值变动净收益减去资产减值损失得到的)构成。经营利润才是营业利润的主要来源，是企业真正赚到的收益。账面浮盈或浮亏是由于市场情况变化带来的账面盈亏，不是企业真正实现的，企业若有投资性资产，在股市楼市处于牛市，企业必然会出现账面浮盈。反之，在股市楼市处于熊市，企业必然会出现账面浮亏。因此，对于企业的营业利润必须将经营利润与账面浮盈或浮亏分开来分析。其次，了解营业外收益的偶然性。营业外收益是企业营业之外所获取的利得，其发生是偶然性和一次性的，不会长久稳定地给企业带来收益，因此，影响企业的收益只能是一个会计报告期的收益。所以，企业在进行盈利指标分析时，尤其在比较营业利润、净资产收益率及每股收益指标时，一定要结合企业这些具体的利润结构特征来分析。

第四节　泰州铸造厂 2014 年与 2013 年的财务报表分析

上节介绍了企业的财务报表的分析既要基于财务报表的比率分析，也要结合主要财务报表进行概括性的分析。因此下面分别进行这两方面的分析：

一、基于财务报表的比率分析

根据 2014 年和 2013 年泰州铸造厂的资产负债表和利润表的财务数据分析，使用财务比率分析计算如表 10-1 所示：

表 10-1

评价项目		指标	2014 年	2013 年	指标评价说明①
偿债能力	短期债务	流动比率	2.43	5.25	3 个短期债务指标均符合经验数据，短期偿债能力较好；2014 年相比 2013 年，偿债能力稍变弱
		速动比率	1.66	2.12	
		现金比率	1.17	1.81	
	长期债务	资产负债率(%)	24.40	19.28	资产负债率和产权比率按常规来讲偏低，2014 年比 2013 年略升高，但利息保障倍数 2014 年比 2013 年增长显著，说明 2014 年盈利能力强，利润大幅增加所致。债权人利益完全能得到保障
		产权比率(%)	32.27	23.88	
		利息保障倍数	425.05	22.36	
营运能力	总资产周转速度	总资产周转次数(%)	0.18	0.19	应收账款周转速度来看，总体还不错，但 2014 年比 2013 年速度有所放缓。存货周转速度 2014 年比 2013 年有所提速，说明 2014 年商品销售情况比 2013 年更好。总资产周转速度 2014 年比 2013 年偏慢，可能是非流动资产周转慢等导致的
		总资产周转天数(%)	2 000 天	1 895 天	
	应收账款周转速度	应收账款周转次数(天)	12.12(次)	25.88(次)	
		应收账款周转天数(天)	30(天)	14(天)	
	存货周转速度	存货周转次数(%)	0.65(次)	0.51(次)	
		存货周转天数(%)	554(天)	706(天)	
盈利能力		销售毛利率(%)	63.22	65.66	2014 年与 2013 年相比，从销售毛利来讲基本持平，略微下降，但销售净利率、总资产净利率和净资产收益率都显著增长许多，说明企业通过期间费用及其他项目节省开支创利。
		销售净利率(%)	43.34	6.07	
		总资产净利率(%)	7.98	1.13	
		净资产收益率(%)	10.24	1.31	

二、结合主要财务报表的概括性分析

通过上述财务指标的计算，只能粗略说明了 2014 年相比 2013 年的偿债能力、营运能力和盈利能力的增减情况，但其增减的原因，是要结合报表的具体项目来分析的。

(一)盈利能力分析

2014 年相比 2013 年，销售毛利率基本持平，但销售净利率、总资产净利率和净资产收益率都显著增长，总体盈利能力提高许多。结合其报表和报表附注的解读可知，泰州铸造厂 2014 年度营业利润为 884 613.2 元，投资收益是 0，营业外收益 5 900 元，利润

① 由于企业缺乏同行业行业数据，无法从财务比率说明其在行业中的偿债能力、营运能力和盈利能力。只是进行两个年度的比较，让学生掌握报表的基本分析方法。

总额为890 513.2元。企业当年的利润主要来自企业主营的经营活动利润。营业利润占利润总额的比率为99.33%，从不同期间比较，2014年盈利状况比2013年提高许多，利润增长率为733.92%，净利润增长率也为733.92%。主要原因：其一，2014年相比2013年，主营业务收入增长了52.09%，毛利增长了308 500元；其二，2014年营业外收益增长，即2014年没有发生对外捐赠和固定资产处置比较少等引起营业外支出大幅减少所致；其三，期间费用中的管理费用大幅下降所致。

(二)营运能力分析

(1)2014年比2013年应收账款周转率有所下降，存货周转率有所提高，说明2014年放宽了企业信用，商品销售情况比2013年更好。总资产周转速度2014年比2013年偏慢，可能是非流动资产周转慢等导致的，但究其真正原因，必须结合其报表和报表附注。根据报表和报表附注的解读可知，年末比年初流动资产绝对数增加了913 896.4元，相对增长了56.53%，在一定程度上说明企业流动资产规模有了很大程度的提高，企业短期偿债能力增加。再根据增加的金额分析，流动资产增加的项目大多来自于交易性金融资产、应收票据及应收账款，说明企业的确放宽了销售信用条件，使商品存货库存在当年减少了163 320元，从而使存货周转率有所提高

(2)2014年比2013年总资产周转速度基本持平稍偏慢，根据报表和报表附注的解读可知，2014年年末的非流动资产比年初增加(6 538 997－6 050 421)＝488 576(元)，比年初增加了8.08%，在一定程度上表明了企业资产的规模在不断扩大。非流动资产的增加主要来源于持有至到期投资项目(年初为零，本年新增该项资产300 000元)，固定资产增加3.15%，长期待摊费用增加35.7%，这些非流动资产周转时间均在1年或一个经营期以上，而且持有至到期投资项目、长期待摊费用项目短期内是无法给企业带来收益的，况且2014年和2013年非流动资产占总资产比率分别达到72.12%，78.94%，因此，2014年总资产周转速度与2013基本持平，稍偏慢是合理的。

(三)偿债能力分析

(1)2014年3个短期债务指标均符合经验数据，短期偿债能力较好。2014年相比2013年，偿债能力稍变弱。资产负债率和产权比率按常规来讲偏低，2014年比2013年略升高，但利息保障倍数2014年比2013年增长显著，长期偿债能力良好。根据泰州铸造厂2014年12月31日的报表情况看，负债总额比年初数绝对数增长了734 587.5元，增长率49.72%。这些增长主要是因为流动负债增长所致，绝对数增长了734 587.5元；流动负债占负债总额比率由20.80%增长到47.1%，非流动负债年末数相对年初数没有变化。说明企业在2014年比2013年需要偿还的流动负债更多，更依赖流动资金，需要随时变现的流动资产结构状况要更好。

(2)从流动资产绝对数来看，2014年末比年初流动资产绝对数增加了913 896.4元，相对增长了56.53%，流动资产增加的项目大多来自于交易性金融资产、应收票据及应收账款，因此，一方面流动资产的短期变现能力比较强，企业还利用流动资金进行多元投资；但另一方面交易性金融资产的变现能力还受到金融市场股票、债券市场价格变化的影响，要面临市场风险。如应收票据是银行承兑则没有收款风险，但应收账款最

终的变现还受制于对方单位是否按合约及时还款,如果对方单位到时不能归还货款,企业会出现坏账损失,因此,还需面临信用风险。从流动负债来看,2014 年比上年增长了 734 587.5 元,主要是因为预收账款增长了 300 000 元、应交税费增长了 414 827.5 元及短期借款增长了 120 000 元所致。尽管预收账款是无息使用的资金,但应交税费和短期借款和应交税费一般难以延期,故该企业短期负债还是存在一定的风险的。

(四) 发展能力分析

1.2014 年相比 2013 年泰州铸造厂流动资产规模增长 56.53%,非流动资产规模增长 8.08%,所以,总资产规模也增长显著,而且企业流动资产的增长是短期易变现的应收项目和交易性金融资产,存货库存也趋向良好。非流动资产增长的持有至到期投资是国债投资。企业没有出现被抵押的资产,因此,企业资产质量良好、结构合理。

2.2014 年相比 2013 年泰州铸造厂长期债务基本稳定,流动负债有所增大,企业短期负债还是存在一定的风险的,但由于企业 2014 年比 2013 年利润和净利润增长显著迅猛,企业的盈利能力完全能够保障短期的偿债能力。

因此,从现有报表数据和财务指标分析,该企业是一个良好的企业,若企业产品发展符合社会大环境发展趋势,企业接下去的年度若能注意产品研发投入增大,企业未来发展还是可持续的。

当然,企业报表的分析还包括现金流量表的分析和所有者权益变动表的分析,以及使用连续几个报告期进行纵向和横向的趋势分析,以及使用杜邦分析体系和哈弗财务分析框架进行战略性的分析。鉴于学习的对象为初学者以及后续课程会详细介绍这些报表的编制和分析,在此不做赘述。

思考题

1.财务报表分析的意义是什么?

2.财务报表的分析的基本方法有哪些?

3.如何评价企业的短期偿债能力和长期偿债能力?

4.简述企业盈利能力、营运能力和偿债能力之间的关系?

5.财务报表的比率分析能全面反映企业的财务状况和经营成果吗?为什么?

主要参考书目

[1] 辛金国，林素燕. 会计学[M]. 北京：清华大学出版社，2011.
[2] 陈引，于沛，胡素华. 会计学[M]. 北京：科学出版社，2011.
[3] 张捷. 基础会计[M]. 北京：中国人民大学出版社，2012.
[4] 张晓明. MBA/EMBA 财务报表解读与分析[M]. 北京：科学出版社，2012.
[5] 袁广达，姚晖，张巍. 会计学[M]. 北京：经济科学出版社，2013.
[6] 徐金仙，陈引. 基础会计[M]. 上海：立信会计出版社，2013.
[7] 陈引. 会计学[M]. 北京：科学出版社，2013.
[8] 周晓苏. 会计学[M]. 北京：清华大学出版社，2013.
[9] 张晓明. MBA/EMBA 财务报表解读与分析[M]. 北京：科学出版社，2013.
[10] 董惠良，李相波. 会计学[M]. 北京：高等教育出版社，2013.
[11] 陈红，姚荣辉. 基础会计[M]. 北京：清华大学出版社，2014.
[12] 吴晖，楼燕芬，徐金仙. 财务会计[M]. 杭州：浙江工商大学出版社，2014.
[13]《企业会计准则第 2 号——长期股权投资》，2014.
[14]《企业会计准则第 30 号——财务报表列报》2014.
[15]《企业会计准则第 9 号——职工薪酬》，2014.
[16]《企业会计准则第 4 号——固定资产》，2014.
[17] 陈亮. 会计学[M]. 北京：经济科学出版社，2014.
[18] 刘永泽，陈文铭. 会计学[M]. 大连：东北财经大学出版社，2015.
[19] 中国注册会计师协会. 税法[M]. 北京：经济科学出版社，2015.
[20] 陈今池. 现代会计理论[M]. 上海：立信会计出版社，2003.
[21] 许永斌，樊晓琪. 会计综合实训教程[M]. 上海：立信会计出版社，2008.